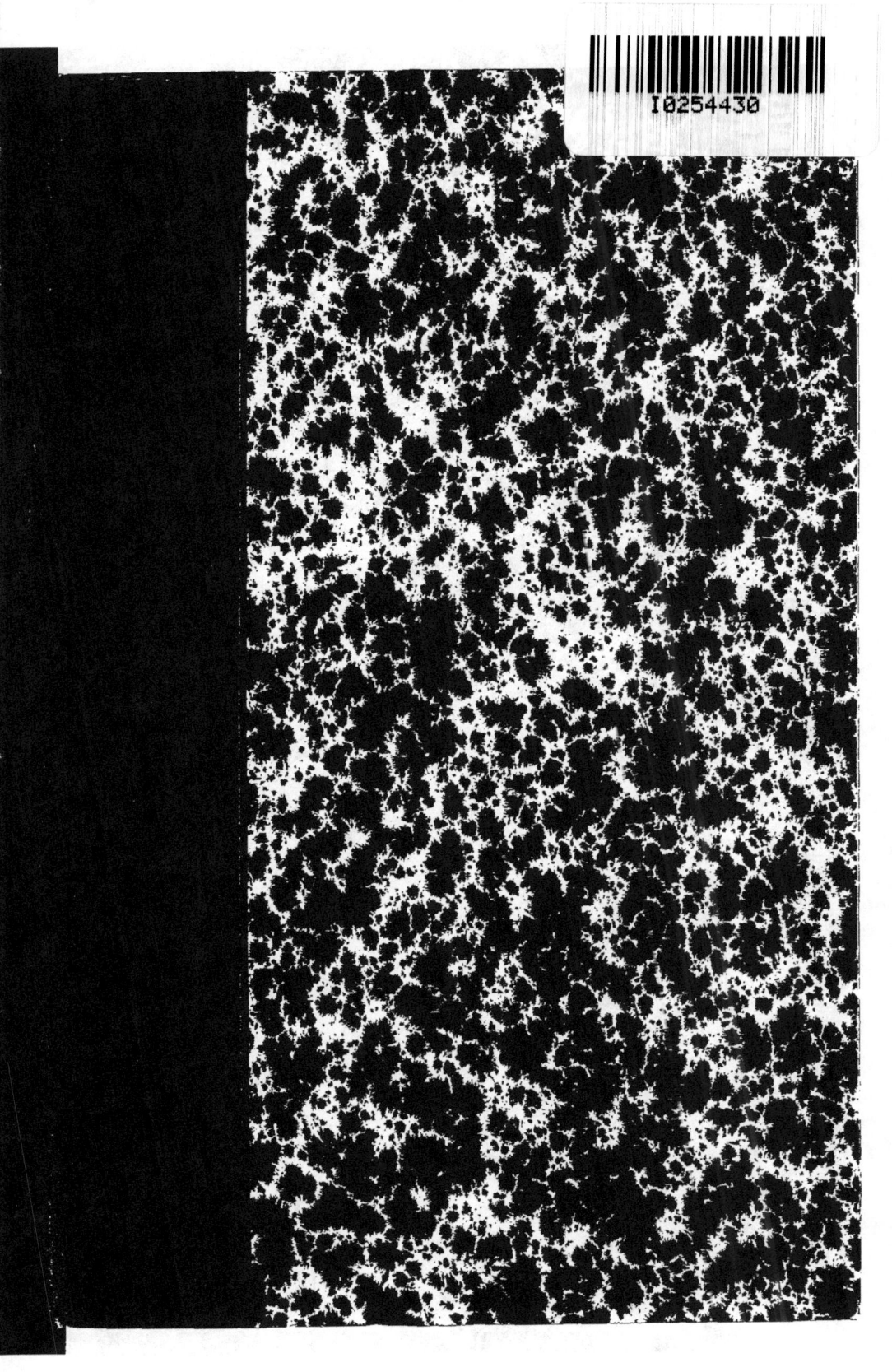

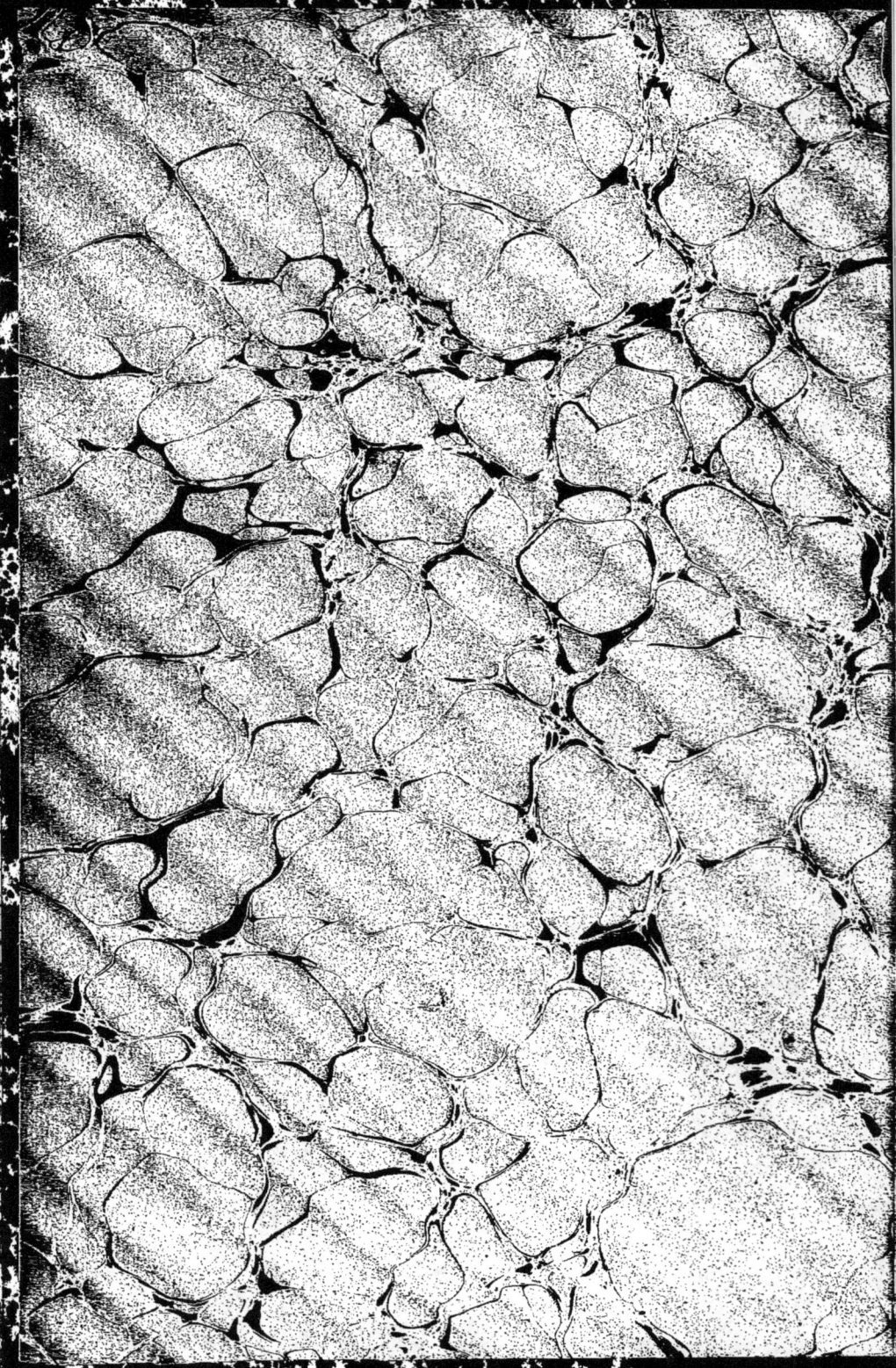

MÉMOIRES

DE

SAINT-HILAIRE

PUBLIÉS
POUR LA SOCIÉTÉ DE L'HISTOIRE DE FRANCE

PAR

Léon LECESTRE

TOME CINQUIÈME

1707-1710

A PARIS
LIBRAIRIE RENOUARD
H. LAURENS, SUCCESSEUR
LIBRAIRE DE LA SOCIÉTÉ DE L'HISTOIRE DE FRANCE
RUE DE TOURNON, N° 6

M DCCCC XIV

Exercice 1914
1er volume.

MÉMOIRES
DE
SAINT-HILAIRE

IMPRIMERIE DAUPELEY-GOUVERNEUR

A NOGENT-LE-ROTROU.

MÉMOIRES
DE
SAINT-HILAIRE

PUBLIÉS

POUR LA SOCIÉTÉ DE L'HISTOIRE DE FRANCE

PAR

Léon LECESTRE

TOME CINQUIÈME

1707-1710

A PARIS
LIBRAIRIE RENOUARD
H. LAURENS, SUCCESSEUR
LIBRAIRE DE LA SOCIÉTÉ DE L'HISTOIRE DE FRANCE
RUE DE TOURNON, N° 6

M DCCCC XIV

EXTRAIT DU RÈGLEMENT.

Art. 14. — Le Conseil désigne les ouvrages à publier, et choisit les personnes les plus capables d'en préparer et d'en suivre la publication.

Il nomme, pour chaque ouvrage à publier, un Commissaire responsable, chargé d'en surveiller l'exécution.

Le nom de l'éditeur sera placé en tête de chaque volume.

Aucun volume ne pourra paraître sous le nom de la Société sans l'autorisation du Conseil, et s'il n'est accompagné d'une déclaration du Commissaire responsable, portant que le travail lui a paru mériter d'être publié.

Le Commissaire responsable soussigné déclare que le tome V des Mémoires de Saint-Hilaire, *préparé par* M. Léon Lecestre, *lui a paru digne d'être publié par la* Société de l'Histoire de France.

Fait à Paris, le 15 février 1915.

Signé : Noël VALOIS.

Certifié :

Le Secrétaire adjoint de la Société de l'Histoire de France,

HENRI COURTEAULT.

MÉMOIRES
DE
SAINT-HILAIRE

TROISIÈME PARTIE

(Suite.)

Année 1707[1]. — Sur la fin de l'année 1706, les Impériaux assiégèrent Modène, et s'en rendirent maîtres par capitulation. De Bar, brigadier françois[2], s'étoit retiré dans la citadelle avec sa garnison, et y avoit été bloqué pendant deux mois par les Impériaux. Ayant eu ordre de la cour de remettre cette citadelle au duc à des conditions convenables, quand il y seroit arrivé, il lui envoya un officier de sa garnison pour lui faire honnêteté, et lui offrir en même temps de lui remettre sa citadelle, s'il vouloit lui permettre, et à sa garnison, d'en sortir avec armes et bagages, et les marques d'honneur qu'on accorda à ses troupes lorsqu'elles en sortirent en 1704. Le duc accepta cette

---

1. Nous rappelons que les passages placés entre crochets sont ceux qui avaient été supprimés dans l'édition de 1766.
2. Alexandre de Bar, brigadier d'infanterie depuis 1702.

offre; il fit aussi payer argent comptant tous les vivres et munitions qui y étoient, ainsi qu'on les lui avoit payés quand on se rendit maître de sa place. De Bar et sa garnison furent conduits à Mantoue[1].

On négocie avec le prince Eugène pour le retour des troupes françoises et autres du Mantouan et Lombardie. Conclusion et conditions du traité, qui s'exécute de bonne foi de part et d'autre. — Le Roi, ayant perdu l'envie qu'il avoit à la fin de la campagne dernière de faire rentrer ses armées en Italie, pour réparer, s'il y avoit moyen, les pertes que les deux Couronnes y venoient de faire, envoya ordre au prince de Vaudémont et au comte de Médavy de négocier avec le prince Eugène, autorisé par l'Empereur, l'évacuation de Mantoue, du Mantouan, des places de la Lombardie et du château de Milan, qui étoient encore occupés par les armées des deux Couronnes, à condition que ses troupes se retireroient saines et sauves en France. Le traité en fut signé le 13 mars[2], et portoit en substance que les officiers généraux et les troupes auroient la liberté de retourner en France, avec leur artillerie, armes et bagages, pour s'y rendre à petites journées par la route la plus commode, à travers le Piémont et la vallée de Suse, sans que le duc de Savoie, ni quelque autre puissance que ce fût, pussent leur refuser le pas-

---

1. Il y a dans les *Mémoires militaires*, t. VI, p. 750-753, les « Points et articles des demandes faites par M. de Bar et annotés par le comte de Wallis, commandant à Modène, 6 février 1707 ».

2. Les pièces relatives à cette négociation et le traité qui stipula le libre retour des troupes françaises sont dans les *Mémoires militaires*, p. 381, 384 et 753-768; voyez les *Mémoires de Saint-Simon*, t. XIV, p. 449.

sage ni les commodités nécessaires pour la subsistance des hommes et des chevaux; de plus, qu'on leur en fourniroit pour l'artillerie, et les voitures nécessaires pour les bagages, les malades et les blessés. Cette artillerie consistoit en trente-huit pièces de moyen calibre, des munitions pour tirer cinquante coups chacun et quinze coups par chaque cavalier et soldat. Ce traité fut ratifié par le duc de Savoie, et exécuté de bonne foi de part et d'autre. [Je finis ici le triste récit de cette guerre d'Italie par cette courte réflexion : O Ciel! tes décrets sont impénétrables aussi bien qu'inévitables!]

Malgré tous les malheurs qui étoient arrivés à la France pendant la dernière campagne, le Roi redoubla de courage, et les peuples firent des efforts incompréhensibles pour le remettre en état de continuer la guerre, si on ne pouvoit la finir par une bonne et honorable paix.

L'électeur de Bavière avoit entamé pendant l'hiver, de la part de la France, quelques négociations avec les États-Généraux des Provinces-Unies, qui n'eurent point lieu, parce qu'eux et les Alliés firent des propositions trop déraisonnables pour les écouter. Ainsi on se prépara à leur résister de toutes parts, et à faire une campagne plus heureuse que la précédente, s'il étoit possible. Toutes les troupes furent bien recrutées et réparées, et nos armées se trouvèrent considérablement augmentées par le retour de nos troupes qui avoient été en Italie.

Campagne de Flandres de l'année 1707. — Notre armée de Flandres fut composée de cent vingt-trois bataillons, cent quatre-vingt-sept escadrons, quatre-vingts pièces de canon, et plus d'officiers généraux qu'il n'étoit peut-être nécessaire. Elle fut commandée par l'électeur de Bavière, qui eut sous lui M. de Vendôme.

Au par-dessus de cette armée, nous avions encore un petit camp volant du côté de la Flandre, commandé par le comte de la Motte.

L'armée des ennemis fut commandée par le duc de Marlborough, et n'étoit pas tout à fait aussi nombreuse que la nôtre, en ce qu'ils n'eurent que quatre-vingt-dix-neuf bataillons et cent soixante-sept escadrons; mais ils avoient le double d'artillerie. Notre armée se trouva toute assemblée le 24 mai; elle alla camper, sa droite à Gosselies, et sa gauche au Piéton.

Le duc de Marlborough, qui étoit arrivé à la Haye dès le 18 avril, après y avoir conféré avec les États et ses officiers généraux[1], et leur avoir donné ses ordres pour le commencement de la campagne, en partit au bout de quelques jours, pour aller négocier à la cour de Berlin, de la part de la reine d'Angleterre, et près du roi de Suède, qui étoit alors [à Altranstadt] en Saxe, où il tenoit en échec le roi Auguste, qu'il venoit de détrôner en Pologne[2]. On a dit que ce Mylord ne fut pas content des négociations de son voyage; quoi qu'il en fût, il n'y séjourna pas longtemps, et s'en vint

1. Un « État des officiers généraux et brigadiers destinés à servir à l'armée des Pays-Bas, 28 mars 1707 », a été publié dans les *Mémoires militaires*.

2. Il ne semble pas que Marlborough ait été envoyé vers Charles XII, mais plutôt auprès de l'électeur de Brandebourg, roi de Prusse, et du roi Auguste de Pologne, pour obtenir leur neutralité pendant la campagne qui allait s'ouvrir (*Mémoires de Lamberty*, t. IV, p. 432-436).

joindre son armée, qui s'étoit assemblée près de Bruxelles, à Anderlecht, puis vint camper à Soignies.

L'Électeur arriva le 28 à Sombreffe, où l'armée se campa sur trois lignes en colonnes renversées. Sur ce mouvement, les ennemis levèrent leur camp de Soignies, et reprirent la route de Bruxelles, puis marchèrent à Louvain, où ils passèrent la Dyle, et vinrent camper à Bossut : de là ils couvroient en même temps Bruxelles, Malines, Louvain et le côté d'Anvers. Le duc de Marlborough en détacha quelques bataillons qu'il envoya dans les places de la Meuse, pour fortifier les garnisons, qui étoient très foibles.

L'Électeur décampa de Sombreffe le 2 juin, par le plus vilain temps du monde, et vint à Gembloux, où l'armée campa sur trois lignes, depuis Sauvenière[1] jusqu'à Blanmont[2], sa droite appuyée sur la petite rivière de l'Orneau[3], et sa gauche vers la Thille[4] ; on fit aussi camper quelques troupes de l'autre côté de la Méhaigne, pour couvrir le quartier général.

Les ennemis, de leur côté, marchèrent sur la Geete, et mirent leur droite à Hougaerde, et leur gauche à Waldruck[5], ayant un bois devant eux, la rivière de Geete à leur droite, un gros ruisseau et des flaques d'eau impraticables à leur gauche. Il n'y avoit qu'un seul débouché pour aller à eux, de manière qu'il

---

1. Village à deux kilomètres sud-est de Gembloux; le manuscrit estropie ce nom en *Fauventières*.
2. Hameau de la commune de Chastre-Villeroux, sur la route de Bruxelles à Namur.
3. Petit ruisseau, sous-affluent de la Sambre, qui passe à Gembloux et à Sauvenière.
4. La Thille ou Thyle, affluent de droite de la Dyle.
5. Nous n'avons pu identifier cette localité.

n'étoit pas possible de les attaquer dans ce camp, vu même qu'il ne paroissoit pas de la prudence, après toutes nos disgrâces de la campagne précédente, d'aller hasarder un combat contre eux; il convenoit mieux de les empêcher de rien entreprendre. Pendant que les ennemis furent dans ce camp, où ils demeurèrent longtemps, ils firent un détachement de vingt-cinq bataillons, qui alla camper contre Bruxelles, et le comte de la Motte, qui commandoit un camp volant sur la frontière de Flandres, reçut ordre de l'Électeur de faire rentrer dans nos places de Flandres l'infanterie qu'il avoit avec lui, et de venir se camper à Châtelet[1], près de Charleroy, avec sa cavalerie; il y fut renforcé par deux régiments, aussi de cavalerie, qu'on lui envoya de notre armée. Elle resta dans son camp de Gembloux jusqu'au 12 juillet, que celle des ennemis décampa d'Hougaerde. Il ne se passa rien de considérable pendant le temps qu'ils séjournèrent au camp ci-dessus : il n'y eut que quelques petites rencontres de partis de cavalerie et d'infanterie, avec des avantages alternatifs; mais un de nos partisans, appelé du Moulin[2], eut l'adresse de se couler jusqu'à Malines, et la hardiesse d'entrer dans la ville, dont il tira quelque argent, et enleva quelques bourgmestres pour les contributions, et les mena à notre armée.

Le 10 juillet, sur le soir, l'Électeur eut nouvelle que les ennemis avoient décampé sur les onze heures du

---

1. A l'est de Charleroy, au point de jonction d'un petit affluent de la Sambre.
2. C'est dans le courant de mai que le partisan du Moulin accomplit cet exploit : *Histoire militaire*, par le marquis de Quincy, t. V, p. 278.

matin, et avoient jeté des ponts sur la Dyle, ce qui fit croire que le duc de Marlborough avoit dessein d'aller à Notre-Dame-de-Hal, de venir de là occuper le camp de Genape, et par ce moyen gagner une marche sur notre armée. Sur cet avis, l'Électeur donna ordre que personne ne sortît du camp, et qu'on ne prodiguât point les fourrages, de crainte que la nouvelle ne fût fausse, et que les ennemis n'eussent envie, par cette démarche, de nous faire quitter le camp de Gembloux, ce qu'il ne vouloit pas faire qu'il ne fût assuré que toute leur armée marchoit. A cet effet, il envoya quantité de partis pour lui en porter des nouvelles.

Le 11 au soir, il apprit que les ennemis renvoyoient tous leurs équipages à Bruxelles, et qu'ils marchoient à lui, après avoir retiré les troupes qu'ils avoient mises dans les garnisons, et tous leurs partis. Un peu après, les sauvegardes rapportèrent que leur armée s'avançoit par la plaine de Roux-Miroir[1]. Nos partis et les paysans de ce côté-là vinrent dire la même chose et qu'elle étoit déjà à Tourinnes-lès-Ourdons [et Orbais[2]], se disposant à venir passer le ruisseau de Walhain[3]. Comme il étoit à la tête de notre armée, et que le village étoit occupé par nos troupes, on en fit sortir tous les équipages, et, quoique cette nouvelle ne fût pas véritable, on ne laissa pas de prendre une furieuse alarme dans notre armée. On fit même tirer

1. Roux-Miroir est une commune du canton de Jodoigne, au sud-ouest de Tirlemont. Le manuscrit porte *Beaumirois*.
2. Tourinnes-lès-Ourdons est dans le canton de Perwez-le-Marché ; Orbais est un peu à l'est de Tourinnes.
3. Walhain-Saint-Paul est une commune du même canton de Perwez. *Wartem* dans le manuscrit.

trois coups de canon sur les dix heures du soir, pour avertir qu'on se tînt prêt à marcher ou à combattre. On battit la générale et l'assemblée en même temps, et l'armée se mit en bataille, ayant toute l'artillerie dispersée à la tête de la ligne.

Elle resta dans cette situation jusqu'à minuit, que l'Électeur fut assuré qu'il n'y avoit que deux mille chevaux ennemis, qui étoient venus jusqu'à Tourinnes-lès-Ourdons, pour couvrir la marche de leur armée, qui tiroit sur Genape. Effectivement cela étoit vrai ; ils passoient la Dyle sur plusieurs ponts qu'ils avoient faits à Wavre et Limal[1], et ensuite gagnèrent Genape.

Sur cette nouvelle, notre armée décampa de Gembloux le 12 à la pointe du jour, et, marchant sur sept colonnes, elle alla passer par Blanmont, Gentinnes[2], Villers-Perwin[3] et Obaix[4], et vint camper sur le Piéton[5], la gauche au ruisseau de Seneffe et la droite à Chapelle-lès-Herlaimont[6].

Les ennemis font un gros détachement pour suivre l'arrière-garde de notre armée et tâcher de l'entamer. — Sur le midi du lendemain, les ennemis firent un détachement de tous les grenadiers de leur armée, de plusieurs bataillons anglois et de quarante escadrons,

---

1. Le manuscrit porte *Ravze et Florival ;* nous pensons qu'il faut lire Wavre et Limal, deux localités sur la Dyle, en amont de Louvain, dont il a déjà été parlé dans le tome III, p. 384.
2. Dans le canton de Genappe, à l'est de ce bourg, entre la Thille et l'Orne.
3. Dans le Hainaut, canton de Gosselies.
4. Obaix est du canton de Seneffe, à l'ouest de Villers-Perwin.
5. La rivière du Piéton est un affluent de la Sambre.
6. Dans le canton de Fontaine-l'Évêque, au sud de Gouy-lès-Piéton.

qui devoient être soutenus de soixante autres. Tout ce corps devoit charger l'arrière-garde de notre armée; car ils ne doutoient pas qu'elle ne se mît en marche sur cette nouvelle. Le poste de Seneffe, qu'elle occupoit, n'étoit pas avantageux; c'étoit le même où leur armée avoit été battue par Monsieur le Prince en 1674[1]; mais depuis quinze jours une pluie continuelle avoit tellement gâté les chemins, qu'il fut impossible au comte de Tilly[2], qui commandoit les ennemis, d'arriver à la vue de notre camp avant minuit. Il en découvrit quelques feux, et s'arrêta pour attendre le jour.

Cependant l'Électeur, étant averti, prit le parti de décamper à l'entrée de la nuit. Albergotti fut chargé de faire l'arrière-garde, avec deux régiments de dragons, vingt compagnies de grenadiers, les brigades de Piémont et de Vendôme, et cent gardes du Roi.

Sur les trois heures après minuit, on vint dire à l'Électeur que notre arrière-garde étoit sur le point d'être attaquée par un gros détachement [du corps dont j'ai parlé, commandé par le prince d'Auvergne[3]] qui suivoit Albergotti depuis la pointe du jour, à la portée du mousquet, faisant de temps en temps des tentatives pour tâcher de l'entamer, sans toutefois oser l'entreprendre définitivement, à cause du bon ordre dans lequel Albergotti se retiroit par un pays couvert et des défilés.

1. Tome I, p. 153-157.
2. Celui dont il a déjà été parlé dans le tome III, p. 120.
3. François-Égon de la Tour, dit le prince d'Auvergne, né en 1675, avait déserté en 1702 pour passer au service des Hollandais, et le Parlement de Paris l'avait alors condamné à mort par contumace; il mourut le 2 juillet 1710.

L'Électeur et M. de Vendôme croient qu'ils vont être attaqués et mettent l'armée en bataille. — L'Électeur et M. de Vendôme y accoururent; toute l'armée se mit en bataille dans une assez belle plaine où elle se trouva, et on envoya ordre à l'artillerie, qui avoit marché par Marimont, Binche, Estinnes[1] et Givry[2], d'entrer dans les lignes, où elle devoit rester jusqu'à nouvel ordre. La tête n'en étoit encore qu'à vue, lorsqu'elle eut ordre de rebrousser chemin pour venir rejoindre l'armée au delà de la Haine, à quatre grandes lieues de l'endroit où elle se trouvoit; car on ne doutoit pas alors qu'il n'y eût combat, et il n'avoit marché avec les troupes que vingt pièces de canon, et des munitions de guerre à proportion. Mais, comme on fut bientôt informé que les ennemis n'avoient pas marché, et qu'ils cessoient de suivre notre arrière-garde pour se retirer à leur armée, l'Électeur fit marcher la nôtre, qui vint camper à Saint-Denis[3], près de Mons.

Celle des ennemis s'en alla à Nivelle. Le lendemain, l'Électeur se remit en marche, et vint camper, sa gauche vers Brugelette et Cambron, et sa droite contre Lens, ayant devant elle la petite rivière de Cambron, et son flanc droit couvert par l'étang de Lens et plusieurs marécages; l'artillerie la vint rejoindre dans ce camp, après avoir passé la Haine à Saint-Ghislain.

1. Il a été parlé de Marimont et de Binche dans le tome I, p. 153, et d'Estinnes dans le tome II, p. 207.
2. Givry est une localité qui a été déjà mentionnée dans le tome II, p. 207, et dont le nom a été alors écrit par erreur Civry.
3. Saint-Denis-en-Brocqueroye : tome I, p. 302.

Les ennemis, le même soir, vinrent camper, en partie, dans la plaine de Montigny-lès-Lens[1], et l'autre le lendemain sur le midi ; mais leur artillerie et leurs gros bagages, à cause du mauvais temps et de la difficulté des chemins, ne purent les joindre que le 16 et le 17. Le duc de Marlborough campa sa droite à Louvignies[2], et sa gauche à Soignies, qui n'étoit qu'à une demi-lieue de notre armée, et les gardes se trouvèrent à vue les unes des autres.

Nous assurâmes tous les passages de la petite rivière de Cambron devant nous, par quelques petits retranchements, qui furent gardés.

Les armées demeurèrent en cette situation pendant plusieurs jours, sans qu'il se passât rien de considérable, et l'Électeur, ayant appris que le duc de Marlborough faisoit raccommoder les chemins du côté d'Ath, se détermina à décamper de Brugelette et de Cambron, pour venir, le même jour, camper à Antoing, sur l'Escaut, près de Tournay, ayant sa droite tirant sur Condé, et sa gauche tout contre Tournay.

Les ennemis, qui marchèrent le même jour, entrèrent, chemin faisant, dans le camp de Brugelette que nous venions de quitter, et s'y campèrent.

Le 3 de septembre, ils traversèrent la Dendre au-dessus d'Ath, et vinrent à Lessines ; le 5, ils passèrent l'Escaut et campèrent à Peteghem et Elsegem[3], et le 7

---

1. Montigny-lès-Lens est dans la direction de Soignies et de Braîne-le-Comte.
2. Hameau de la commune de Chaussée-Notre-Dame, à l'ouest de Soignies.
3. Peteghem-lès-Audenarde et Elsegem sont deux localités au sud-ouest d'Audenarde, au delà de l'Escaut.

ils vinrent camper leur droite à Belleghem[1], et leur gauche près d'Helchin[2]. Le comte de la Motte s'en revint avec son camp volant, et fut camper du côté d'Ypres.

L'Électeur, sur ce mouvement, quitta Antoing, passa l'Escaut, et fit camper l'armée sur la Haute-Deule, depuis Lille, jusques vers le Pont-à-Tressin.

Il ne se passa plus rien de considérable ni pour les fourrages ni pour les partis, si ce n'est qu'un des ennemis s'avança jusques dans le Cambrésis pour mettre le pays en contribution; il y fut joint, et battu par sept de nos escadrons, commandés par Tournefort[3], qui étoit un excellent officier.

Le duc de Marlborough quitta son armée le 6 octobre, et se rendit à la Haye pour y régler les quartiers d'hiver de ses troupes, puis revint les rejoindre à son camp d'Helchin, qu'il sépara incontinent.

Le maréchal d'Owerkerque[4] commanda encore cet hiver leurs troupes en Flandres, et se tint à Bruxelles avec plusieurs officiers généraux, vingt bataillons et autant d'escadrons. Le reste de cette armée occupa plusieurs autres quartiers jusqu'au Rhin.

Notre armée se sépara en même temps pour ses quartiers d'hiver, et nos troupes les eurent dans nos places de Flandres, entre la Sambre et la Meuse, et dans le pays de Luxembourg; plusieurs officiers géné-

---

1. A une dizaine de kilomètres au sud de Courtray.
2. Sur l'Escaut, en amont de Peteghem et d'Elsegem.
3. Henri du Vivier-Lansac, comte de Tournefort, devint maréchal de camp l'année suivante 1708.
4. Tome III, p. 166.

raux restèrent, pendant l'hiver, dans les principales villes de ces cantons-là pour les commander, et il n'y eut que la maison du Roi qui s'en revint en France.

Campagne d'Allemagne de 1707. — Le maréchal de Villars va commander l'armée d'Allemagne. Disposition de son armée le long du Rhin. Il fait faire de nouvelles lignes le long de la Lauter. — Il faut parler à présent des opérations de l'armée d'Allemagne. Le maréchal de Villars ayant rendu compte à la cour de la campagne précédente et du projet qu'il avoit fait pour celle-ci, le Roi lui donna une armée de soixante-six bataillons, de cent huit escadrons, et de soixante-quatre pièces de canon, avec les équipages nécessaires pour agir sur cette frontière.

Dès qu'il fut arrivé à Strasbourg, il commença par faire passer le Rhin, sur le pont de Kehl, à quarante-cinq escadrons et à dix bataillons, qui formèrent un camp près du village du même nom; il posta le reste de son armée tout le long du Rhin, depuis Offendorf[1] jusqu'à Lauterbourg, et depuis cette petite ville jusqu'à Wissembourg, tout le long des lignes qui avoient été faites, et qu'on appela les lignes de la Lauter.

Disposition et consistance de l'armée impériale sous le marquis de Bareith, qui lui fut opposé, le prince Louis de Bade étant mort pendant l'hiver précédent. — L'armée des Impériaux, qui étoit composée de quarante-sept bataillons, de soixante-neuf escadrons et de soixante-seize pièces de canon, fut commandée par le

---

1. Il a été parlé de ce village dans le tome IV, p. 332.

marquis de Bareith, le prince de Bade étant mort pendant l'hiver précédent[1].

Les ennemis gardoient l'île de Dalonde, qui étoit parfaitement bien retranchée, d'où ils communiquoient par un pont à l'armée qui occupoit les lignes de Stolhoffen ou de Bühl, auxquelles il y avoit plusieurs années qu'on travailloit, et elles se trouvoient en un si haut point de perfection, qu'elles avoient été regardées jusqu'alors comme inexpugnables, et pouvoient se soutenir avec peu de troupes; tellement qu'ils jugèrent en avoir encore de reste pour en répandre le long des bords du Rhin de leur côté, depuis leur armée jusque vers Philipsbourg, et nous empêcher d'y faire des ponts et de pénétrer dans l'Empire, regardant cette opération comme un point capital; mais, quelques précautions qu'ils eussent prises, elles se trouvèrent inutiles, ainsi que je le vais dire.

Avant d'en venir là, j'estime assez à propos de faire une courte description de la situation de ces fameuses lignes, qui avoient coûté tant de peine et de travail, et qui, malgré cela, furent emportées sans presque de défense, par les bonnes dispositions, la vigilance et la fortune du maréchal de Villars, qui y eut aussi beaucoup de part.

Description des lignes de Stolhoffen ou de Bühl. — Ces lignes étoient fort étendues et commençoient au pont que les ennemis avoient sur le Rhin, au moyen duquel ils communiquoient avec l'île de Dalonde, ainsi que je l'ai déjà dit, et la pouvoient soutenir en cas d'attaque. Ces mêmes lignes le mettoient totalement à

---

1. Le prince de Bade était mort dans son château de Rastadt, le 4 janvier, à cinquante-deux ans.

couvert; ensuite elles passoient au village de Stolhoffen, et tout l'espace entre ce lieu et le Rhin étoit inondé, au moyen de bonnes digues maçonnées, qui avoient été faites par des Hollandois que le prince de Bade avoit fait venir exprès. Quoique ces inondations fussent impraticables d'elles-mêmes, elles étoient encore défendues par de bons retranchements à redans et des redoutes d'espace en espace bien palissadées. La chaussée qui conduit à Stolhoffen étoit défendue par des ouvrages de terre palissadés, et les mêmes inondations et fortifications continuoient tout le long des lignes depuis Stolhoffen jusqu'au petit bourg de Bühl, qui étoit bien retranché, et fortifié par des ouvrages de terre palissadés. Ces mêmes lignes continuoient depuis ce lieu jusqu'au sommet des montagnes, qui étoient retranchées jusques au haut; mais les inondations finissoient à Bühl, où le terrain commençoit à s'élever jusques au haut des montagnes.

Le maréchal de Villars se met en mouvement pour commencer la campagne et passe le Rhin sur le pont de Kehl. — Il faut à présent revenir au maréchal de Villars, qui partit de Strasbourg le dernier mai, et alla joindre le camp qu'il avoit à Kehl, et qu'il mena camper proche Offenbourg. Il affecta d'y parler au bourgmestre, et s'avança ensuite avec un détachement jusqu'à un village, qui n'étoit qu'à deux lieues des lignes ennemies, afin que les paysans leur donnassent avis, comme ils ne manquèrent pas de le faire, qu'il étoit là, qu'ils l'avoient vu, et se persuadassent qu'il vouloit faire sa principale attaque aux lignes du côté de Bühl.

Vivans est détaché avec un corps considérable de troupes pour aller faire un pont sur le Rhin entre Neu-

bourg et Hagenbach et surprend ce passage aux Impériaux. — Pendant ce mouvement, le marquis de Vivans[1], aidé du comte de Broglio[2], avoit assemblé auprès de Lauterbourg vingt bataillons, quarante-cinq escadrons, trente-quatre pièces de canon, avec les bateaux nécessaires pour faire un pont sur le Rhin, entre Neubourg et Hagenbach. Péri, qui commandoit en l'île du Marquisat, où nous avions neuf bataillons et quantité de pièces de canon, eut ordre de faire faire un grand feu sur les ennemis du côté de Stolhoffen, au jour convenu. Lée[3], qui avoit eu ordre de se poster vis-à-vis de l'île de Dalonde, avec plusieurs bataillons et dix pièces de canon, eut aussi ordre de faire grand feu sur les ennemis, et de tâcher, au moyen de plusieurs barques qu'on avoit fait descendre de Strasbourg par le Rhin, de leur faire croire qu'on les vouloit attaquer dans cette île, afin de les obliger à faire diversion, en y jetant une augmentation de troupes. Ainsi les attaques de Péri et de Lée ne devoient être proprement que de fausses attaques dans la même intention, et le marquis de Vivans étoit chargé de la

1. Jean de Vivans de Noaillac, marquis de Vivans, fils du Vivans dont il a été parlé dans le tome II, p. 337, avait servi comme mestre de camp de cavalerie depuis 1689; brigadier en 1696, maréchal de camp en 1702, il était lieutenant général depuis octobre 1704. C'est lui qui, en 1706, avait déjà fait partie de l'armée d'Allemagne, et c'est par erreur que, dans notre tome IV, p. 337, nous l'avons identifié avec son père.

2. Il s'agit ici de François-Marie, comte de Broglie, fils de Victor-Maurice; il était alors maréchal de camp de la promotion de 1704; il devint maréchal de France en 1734, eut le titre de duc de Broglie en 1742 et mourut en 1745.

3. Il a été parlé de MM. de Lée et de Péri dans le tome IV, p. 68 et 127.

véritable, et de la besogne la plus lente, la plus difficile et la moins certaine pour un parfait concert de toutes les attaques en même temps, ainsi qu'il avoit été résolu.

Il arriva sur les bords du Rhin au lieu dont j'ai déjà parlé avec ses troupes et son équipage de pont. Il s'y trouvoit une petite île, qui avoit été reconnue pendant l'hiver, et qui étoit toute couverte de broussailles qui ôtoient la vue de ce qui se pouvoit passer entre elle et la rive du fleuve de notre côté, dans laquelle on savoit que les ennemis n'avoient établi aucun poste, comme cela se trouvoit effectivement. Vivans y fit passer dans ses bateaux des détachements d'infanterie, qui s'y retranchèrent d'abord, et on commença le pont jusqu'à cette île, sans que les ennemis s'en aperçussent; on y fit passer aussi dix pièces de canon.

Incontinent après cela, il fit passer de l'autre côté du Rhin dans des bateaux un grand nombre de grenadiers, qui abordèrent sans aucun obstacle; d'autres grenadiers se jetèrent à la nage pour aller joindre les autres, et il y passa des corps entiers dans les bateaux qui alloient et revenoient sans cesse. Ils se retranchèrent incontinent sur le bord de la rivière. Environ deux mille hommes des ennemis se présentèrent pour attaquer cette tête, et furent obligés de se retirer bientôt après une légère escarmouche. On fit le pont sur le bras du Rhin du côté des ennemis, et toutes les troupes de Vivans passèrent.

Le 22ᵉ jour de mai, sur les six heures du soir, avoit été choisi pour attaquer les ennemis de la manière qui avoit été projetée et dont je viens de parler[1]. Le

---

1. Sur cette affaire, on peut voir le récit de la *Gazette*,

maréchal s'étoit avancé ce jour-là à demi-lieue de Bühl avec ses troupes, jusqu'à une garde de cavalerie des ennemis, qui se trouva à la tête du village d'Ottersweier[1], et la fit pousser. Il alla se camper à une portée de canon de Bühl; puis il monta sur une hauteur voisine, et reconnut très distinctement de cet endroit la partie des lignes qui étoit entre Bühl et le sommet de la montagne. Il ne vit en cet espace que six bataillons, deux régiments de dragons et un de cavalerie.

Le prince de Dourlach[2] commandoit dans les lignes de ce côté-là. Il mit des troupes en mouvement pour leur faire prendre leurs postes, dès qu'il vit celles du maréchal de Villars, qui examina avec attention toute leur manœuvre, malgré plusieurs coups de canon qu'on lui tiroit, et qui portoient sur la hauteur où il étoit.

Pendant ceci, le maréchal de Villars attendoit, avec une grande impatience, le bruit du feu qui devoit se faire, tant du côté du marquis de Vivans que de l'île du Marquisat et de devant l'île de Dalonde, et, n'en entendant rien, quoique son premier dessein ne fût point de faire attaquer de son côté, il en changea, et fit ses dispositions pour attaquer du côté de Bühl le

---

p. 260-262, celui du *Mercure* de juin, p. 314-322, et les *Mémoires de Villars*, t. II, p. 223-228; mais il convient surtout de rapprocher de nos Mémoires le récit de l'*Histoire militaire*, t. V, p. 289-298, par le marquis de Quincy, qui assistait à l'opération.

1. Le bourg d'Ottersweier est entre Bühl et Achern.

2. Charles-Guillaume, prince de Bade-Dourlach, né en 1679, était maréchal de camp général des armées de l'Empereur; il succéda à son père comme margrave en 1709 et mourut en 1718.

lendemain dès le point du jour, sur ce qu'il avoit remarqué que les ennemis avoient de ce côté-là fort peu de troupes à lui opposer. Il fit faire pendant la nuit quantité de fascines et d'échelles ; mais il n'en eut que faire, ainsi qu'on le va voir. Ce qui le détermina d'autant plus à faire son attaque, c'est que, sur le soir du jour précédent, il avoit entendu les feux des îles du Marquisat et de Dalonde, qui ne devoient commencer qu'après celui du marquis de Vivans, qui étoit trop éloigné de lui pour le pouvoir entendre.

Le maréchal de Villars se rend maître des lignes de Bühl et de Stolhoffen. Le marquis de Bareith envoie ordre aux troupes qu'il avoit dans les lignes de se retirer. — Le 23 à la pointe du jour, le maréchal se rendit près des lignes ; mais un gros brouillard l'empêcha de découvrir d'abord que les ennemis les occupoient encore ; ils lui tirèrent quelques coups de canon. Mais, dès que ce brouillard fut tombé, il vit que les ennemis s'étoient entièrement retirés. Les troupes marchèrent aussitôt à Bühl, où elles entrèrent dès les cinq heures du matin. Le marquis de Bareith, qui commandoit cette armée, leur en avoit envoyé l'ordre, sur ce qu'il avoit appris, à Mühlburg où il étoit, que Vivans avoit passé le Rhin du côté de Neubourg, et que les lignes et les retranchements étoient attaqués par trois autres endroits. Ainsi le prince de Dourlach, avec les troupes qu'il avoit du côté de Bühl, se jeta dans les montagnes, après avoir abandonné les lignes, l'artillerie qui y étoit, et les magasins, et le reste de cette armée se retira du côté de Dillingen.

Le maréchal fait faire un ouvrage à corne pour couvrir la tête du pont qui venoit d'être fait de l'île du Mar-

quisat à *Sellingen et raser les lignes de Stolhoffen*. — Le maréchal de Villars, étant ainsi entré dans les lignes, donna des ordres pour les faire raser incontinent, et pour faire conduire au Fort-Louis l'artillerie et les vivres qui s'y étoient trouvés. Comme il n'avoit reçu aucune nouvelle de Vivans, de Péri, ni de Lée, à cause du long détour qu'il auroit fallu prendre, autre[1] que par le feu des deux derniers qu'il avoit entendu, il s'avança du côté de Stolhoffen, où il trouva Péri avec ses neuf bataillons, qui de son côté avoit passé les retranchements sans aucune opposition, et l'envoya camper à Rastadt. Il fit marquer son camp à Hugelheim[2], et un terrain au village de Sellingen[3] pour y faire un ouvrage à corne, afin de couvrir la tête du pont du Rhin, qui fut bientôt fait, et s'assurer un passage par le Fort-Louis. Le lendemain, le maréchal, ayant eu des nouvelles de Vivans, vint camper à Rastadt, où il le joignit avec ses troupes, après avoir laissé Quadt[4], brigadier, dans les lignes de Wissembourg, avec quelques régiments.

Le maréchal de Villars suit le marquis de Bareith avec son armée et marche à lui à Pforzheim, où il étoit alors campé. — M. de Villars ayant fait raser les lignes de Stolhoffen, et pourvu à l'ouvrage à corne de Sellingen et à ses subsistances, décampa de Rastadt le 28, y ayant laissé de bons ordres pour la conservation du beau château qui y est, et vint camper à Ettlingen,

---

1. Aucune nouvelle autre.
2. C'est un village à peu de distance de Rastadt.
3. Sellingen est en face du Fort-Louis, au nord de Stolhoffen, sur la rive droite du Rhin.
4. Guillaume-Henri de Quadt de Landscron, fils d'un protestant allemand converti, avait eu le régiment de son père en

dans la résolution de suivre le marquis de Bareith, qui avoit rassemblé son armée et avoit augmenté considérablement les garnisons de Fribourg, de Philipsbourg et de Landau. Il se trouvoit alors campé dans un bon poste, sous Pforzheim, avec trente-six bataillons et soixante-dix escadrons, formés en partie de nouvelles troupes qui l'avoient joint depuis l'affaire des lignes. Il faisoit courir le bruit qu'il vouloit y attendre le maréchal de Villars, qui, de son côté, fit ses dispositions pour l'aller attaquer. Il détacha Vivans devant lui, avec quinze cents chevaux, qui en rencontrèrent cinq cents des ennemis, qui furent joints et défaits.

Le maréchal de Villars s'avance dans le Würtemberg. — Le marquis de Bareith n'attendit pas le maréchal dans son camp, comme il en avoit fait répandre le bruit. Quand il sut qu'il marchoit à lui, il en décampa, et y laissa des vivres, des poudres, et quelques autres munitions qui furent envoyées au Fort-Louis. Comme les garnisons de Philipsbourg et de Landau étoient fort nombreuses, et pouvoient fort bien faire une irruption dans les lignes de Wissembourg ou de la Lauter, le maréchal y envoya plusieurs bataillons d'augmentation. Il laissa le gros de son armée à Pforzheim y attendre un grand convoi, qui lui devoit venir du Fort-Louis, et, avec la droite de son armée, il s'avança dans le Würtemberg, et se logea à Stuttgart qui en est la capitale. Il en tira des contributions pour une grosse somme[1], et y apprit que les ennemis, sans

---

1693 et était brigadier depuis 1704; il ne mourut qu'en 1756, lieutenant général depuis 1718.

1. Sur les contributions que Villars tira du Würtemberg et

s'arrêter, avoient marché à Schorndorf[1], à quatre lieues au delà du Neckar.

Toute l'armée s'étant rassemblée à Stuttgart, elle y campa, sa droite à cette ville, et sa gauche à Canstadt sur le Neckar[2]. Le même jour, les ennemis décampèrent de Schorndorf, et vinrent à Gmünd[3], ville impériale.

Le maréchal détacha un parti de cinq cents chevaux, avec quelques fusiliers, pour aller à Schorndorf. L'Isle du Vigier[4], maréchal de camp, qui le commandoit, lui rapporta que les ennemis avoient laissé cinq cents hommes, qui avoient fait feu sur lui.

Après cela, le maréchal détacha Imécourt[5], lieutenant général, et le comte de Broglio, maréchal de camp, l'un avec quinze cents chevaux, et l'autre avec neuf cents, pour aller faire contribuer dans la Souabe

du Palatinat au profit du Roi et au sien, voyez les notes mises à cette occasion aux *Mémoires de Saint-Simon* par M. de Boislisle, t. XV, p. 180-183. Le Würtemberg fut taxé à deux millions deux cent mille livres.

1. Schorndorf, ville sur la Rems, affluent du Neckar.
2. A peu de distance au nord-est de Stuttgart.
3. Ville de Souabe, à onze lieues à l'est de Stuttgart; elle devait son origine à une abbaye bénédictine; Frédéric 1er l'érigea en ville impériale.
4. M. de l'Isle du Vigier n'était pas maréchal de camp, mais seulement brigadier de cavalerie depuis 1702; il avait été d'abord capitaine de carabiniers, puis avait commandé un régiment de cavalerie depuis 1693; il mourut en 1709. Il était frère de mère de l'évêque de Chartres Godet des Marais, confesseur de Mme de Maintenon.
5. Jean de Vassinhac, marquis d'Imécourt, frère aîné de celui que nous avons vu mourir en 1704, avait naguère servi sous Turenne, puis sous le maréchal de Luxembourg; il était lieutenant général depuis 1704 et sous-lieutenant des chevau-légers de la garde; il ne mourut qu'en 1745.

et dans la Franconie, d'où ils revinrent avec de bonnes sommes d'argent. On établit aussi des contributions dans les principautés de Bade et de Dourlach, et cela produisit tout ensemble une très grosse somme[1].

L'armée de France passe le Neckar en suivant celles des ennemis; le maréchal prend Schorndorf. — Le 15 juin, notre armée décampa de Stuttgart et passa le Neckar, prenant les routes de Schorndorf. Saint-Frémond, marchant devant avec six escadrons, aperçut derrière cette ville six cents chevaux des ennemis; le maréchal lui envoya du renfort; il les poussa, et toute la ville fut investie. Elle n'étoit pas mauvaise : car elle étoit enceinte de plusieurs tours, bastionnées à la vérité à demi revêtement, avec un bon fossé bien revêtu, et un château flanqué de quatre tours à l'épreuve du canon; tellement que cette petite ville pouvoit soutenir un siège pendant plusieurs jours. L'embarras du maréchal étoit qu'il n'avoit que quatre pièces de batterie, et cent boulets pour chacune, qui auroient été bientôt consommés; mais son bonheur voulut que les bourgeois, qui n'étoient pas d'humeur à s'exposer au pillage de l'armée, demandèrent à capituler, dont pourtant celui qui commandoit la garnison n'étoit pas d'avis. Sur cela, on ouvrit la tranchée le soir; on avança fort le travail pendant la nuit, et l'on fit dire au commandant impérial que, s'il ne se rendoit dans le moment, on le passeroit au fil de l'épée, lui et sa garnison. Cet officier, qui n'avoit point de plomb pour

1. Outre la contribution imposée au Würtemberg (ci-dessus, p. 21, note 1), le pays de Bade fut taxé à 330,000 livres, celui de Dourlach à 220,000, la Souabe et la Franconie à des sommes correspondantes, de sorte que l'armée ne coûta rien au Roi et que Villars en profita lui-même abondamment.

tirer, et qui vit que la tranchée étoit déjà sur le bord du fossé, demanda à sortir de la place avec sa garnison, ce qui lui fut accordé. On y trouva environ trente milliers de poudre, et cinquante-quatre pièces de canon, dont la meilleure partie étoit de fer.

Ceci fini, le maréchal eut avis que les ennemis avoient fait un détachement, pour couper le parti qu'il avoit envoyé en Souabe [pour lever les contributions jusques au lac de Constance, d'où il rapportoit des sommes considérables et amenoit un grand nombre de baillis pour otages du restant]. Il détacha le marquis d'Hautefort, avec de l'infanterie et de la cavalerie, pour aller au-devant, ou le soutenir en cas de besoin.

Après la prise de Schorndorf, le maréchal étant informé que les ennemis occupoient, à trois lieues de son camp, une gorge auprès de Lorch[1], avec deux mille hommes de pied, du canon, et cinq cents chevaux, sous le commandement de Jahnus[2], lieutenant général des troupes de Franconie, il fit aussitôt ses dispositions pour l'aller attaquer avec quatre brigades d'infanterie, deux régiments de dragons et deux brigades de cavalerie, le tout aux ordres de Saint-Frémond. Le maréchal de Villars y vint aussi en personne. Verseilles[3], qui marchoit à la tête de ces troupes avec un détachement, rencontra six troupes de cavalerie et

1. Bourg avec une abbaye en ruines, au sud de Welzheim.
2. Ce général appartenait à une famille de Thuringe; son fils et son petit-fils devinrent feld-maréchaux au service de l'Autriche.
3. Jacques Badier, marquis de Verseilles, était mestre de camp de cavalerie depuis 1704; il devint brigadier en 1709, maréchal de camp en 1719, lieutenant général en 1734 et mourut en juin 1737.

quelques houssards des ennemis en deçà de leur retranchement; il les poussa jusqu'au pied de l'abbaye de Lorch où il étoit, et leur prit quelque monde, à l'aide des dragons qui le joignirent.

Le maréchal de Villars fait ses dispositions pour faire attaquer le général Jahnus qui gardoit le défilé de Lorch avec deux mille hommes, le déposte, lui tue quelque monde, le fait prisonnier avec cinq ou six cents hommes de ses troupes. — Le maréchal, étant arrivé sur ces entrefaites, trouva le poste de Jahnus très bon et difficile à emporter; cependant il ne laissa pas de faire ses dispositions pour l'attaquer[1]. Saint-Frémond conduisoit deux escadrons de dragons, suivis par la brigade de Navarre, et celle de Saint-Pouange-cavalerie[2]; il eut ordre de marcher aux ennemis par les hauteurs de la droite, et que, s'il les voyoit s'ébranler à l'approche des drapeaux, il les poussât avec les dragons et la cavalerie, sans attendre l'infanterie. Le marquis de la Châtre[3] prit les autres brigades, qu'il fit marcher par les hauteurs de la gauche, et dix pièces de notre canon s'avancèrent, pour battre le milieu de la gorge; elles firent tant de feu qu'elles imposèrent silence à celui des ennemis, qui avoit tiré jusque-là.

Le général Jahnus, se voyant ainsi presque enveloppé et tourné par ses flancs, prit le parti de se retirer; mais ce ne fut pas sans beaucoup de perte; car son infanterie, qui faisoit l'arrière-garde, fut fort entamée,

---

1. Voyez le récit des *Mémoires militaires*, t. VII, p. 216-218.
2. Ce régiment, levé en 1647 en Catalogne, était commandé depuis 1696 par François-Gilbert Colbert, marquis de Saint-Pouange; il devint plus tard Royal-Navarre.
3. Louis, marquis de la Châtre, était lieutenant général depuis 1704.

et une partie passée au fil de l'épée, et le général Jahnus, qui s'y trouva, fut fait prisonnier avec une trentaine d'officiers et six cents soldats.

Le maréchal vient camper à Gmünd, ville impériale, avec toute l'armée, et s'en saisit. — Après cette défaite, le maréchal fit camper ses troupes à Lorch, et, ayant appris que le détachement du marquis d'Hautefort et ceux qui avoient été faire contribuer en Souabe et en Franconie avoient rejoint le reste de l'armée, qui étoit demeurée campée à Schorndorf, il leur envoya ordre d'en décamper, avec toutes les troupes, excepté ce qu'il en falloit pour la garde dudit Schorndorf, et de le venir joindre à Gmünd en Souabe, où il vint le lendemain du jour de cette affaire. Verseilles marcha devant lui avec quatre cents chevaux et deux cents fusiliers; il trouva une garde des ennemis en deçà de Gmünd, qu'il chargea, et en enleva une partie. Le maréchal, qui suivoit de près, arriva devant la ville, et trouva les magistrats qui venoient au-devant de lui avec les clefs. Cette ville impériale est assez grande et fermée seulement d'une simple muraille sèche, flanquée de quelques tours.

L'armée de France va camper au delà de Gmünd à une portée de canon de celle des ennemis. — Il apprit en cet endroit que les Impériaux étoient campés à Iggingen[1], à une lieue de cette ville, dont il fit le tour, et, ayant trouvé au delà une grande plaine, il ordonna qu'on y marquât le camp, qui se trouva à une portée de canon de celui des ennemis.

Le maréchal va les reconnoître et les veut attaquer le lendemain; il devoit être joint par son infanterie. —

1. Iggingen est à l'ouest-nord-ouest de Gmünd.

Le maréchal l'alla reconnoître aussitôt et trouva qu'ils avoient un grand ravin impraticable devant eux, qui pourtant devenoit moins difficile à mesure qu'il avançoit, et jugea même que cette armée se pouvoit tourner par son flanc et par ses derrières. Sur cela il prit la résolution de marcher à eux pour les attaquer le lendemain dès le point du jour, espérant que le reste de ses troupes arriveroit dans cet entretemps; mais la difficulté étoit que le marquis d'Hautefort n'avoit pas encore joint avec celles qu'il amenoit de Schorndorf, à cause de la longueur de la marche; et même les sentiments des officiers généraux se trouvèrent fort partagés sur le parti qu'on devoit prendre, les uns étant d'avis d'attaquer, et les autres soutenant au contraire qu'il n'étoit point de l'intérêt des armes du Roi de risquer une action douteuse dans un pays si éloigné des frontières de France, où, en cas de malheur, la retraite étoit si difficile.

Les ennemis décampent et font une marche de nuit qui les met hors de portée; mais leur arrière-garde ne laisse pas d'être un peu endommagée. — Mais toutes ces difficultés furent bientôt dissipées, en ce que les ennemis décampèrent dès que la nuit fut arrivée. Tout ce que le maréchal put faire, n'en ayant été averti que sur les trois heures du matin, fut d'ordonner à toute la cavalerie de l'aile droite et à tous les dragons de se tenir prêts à marcher, et de monter à cheval lui-même, pour tâcher de charger leur arrière-garde. Il ne put la joindre qu'à deux lieues au delà du camp qu'ils venoient de quitter; il fit charger les dernières troupes, qui achevoient de passer un défilé. On leur tua environ deux cents cavaliers, et on en fit autant de prisonniers, avec quelques officiers. Quelques-uns de nos escadrons, qu'un peu trop de chaleur avoit emportés, passèrent ce défilé, au delà duquel ils trouvèrent le comte de Mercy avec quantité d'escadrons, qui le leur fit repasser assez vite. [Nous perdîmes ainsi quelques officiers, cavaliers et dragons.]

Le maréchal cesse de poursuivre les ennemis qui s'en reviennent sur le Rhin. — Les ennemis poursuivirent leur route, et allèrent camper à Essingen[1], sur le chemin de Nordlingen. Le maréchal cessa de les poursuivre, et s'en retourna à son camp de Gmünd, sur ce qu'il apprit que le marquis de Bareith avoit enfin pris le parti de marcher du côté d'Heilbronn[2], [qu'on disoit qu'il avoit dû prendre plus tôt. Je vais m'expliquer davantage sur ce fait.]

Ce marquis, après avoir abandonné ses lignes, crut fermement que le véritable dessein du maréchal de Villars, après cet événement, étoit de marcher droit en Bavière pour en chasser les Impériaux, et, en remettant cet État sous la puissance de son prince légitime, de porter encore la guerre de ce côté-là; mais on n'en jugea pas de même dans la partie de l'Allemagne où les armées étoient alors, et où la terreur étoit répandue. Le marquis de Bareith envoyoit couriers sur couriers partout, et surtout à la cour de Vienne, où il demandoit des secours de troupes à cor et à cri, exposant en même temps la situation présente des affaires. Sur cela, cette cour jugea sainement que notre armée ne pouvoit se jeter du côté de la Bavière, et que le

1. Village sur la Rems, à sept ou huit milles au sud-ouest d'Aalen.
2. Heilbronn, sur le Neckar, au nord de Stuttgart.

moyen le plus vraisemblable [de la faire sortir de l'Empire sans rien risquer] étoit de faire rapprocher l'armée impériale du Rhin, pour nous y faire revenir. En cela elle ne se trompa pas ; car le maréchal de Villars, ayant appris que l'armée impériale prenoit le chemin d'Heilbronn, au lieu de les chasser toujours devant lui, comme il en avoit le dessein, s'en revint à Gmünd, dont il tira vingt mille écus de contribution, et de là camper à Schorndorf, à Schalachbach[1] et à Winnenden[2], où il envoya le comte de Broglio, avec un détachement, pour s'emparer de Lauffen[3], petite ville sur le Neckar. Sitôt que cet officier général y fut arrivé, il trouva un détachement des ennemis, qui avoit dessein d'y entrer et de s'en saisir ; il le fit charger et on le battit ; celui qui le commandoit y fut même tué.

Le comte du Bourg est détaché pour aller dans les lignes de la Lauter avec vingt-quatre escadrons. — Toute notre armée se rassembla à Winnenden, et le comte du Bourg en fut détaché avec vingt-quatre escadrons pour prévenir les ennemis, en cas qu'ils voulussent faire quelques tentatives sur les lignes de la Lauter.

L'armée de France se rapproche aussi du Rhin. — Le 30 juin, l'armée alla camper à Backnang[4] pour soutenir le comte de Broglio, en cas de besoin, qui

1. Le nom de ce village est donné avec la même orthographe dans l'*Histoire militaire* du marquis de Quincy, laquelle orthographie aussi *Winada* et non *Winnenden* (note suivante).
2. Saint-Hilaire écrit *Winada* ; c'est Winnenden, gros bourg au nord-ouest de Schorndorf.
3. Ville sur le Neckar, au sud d'Heilbronn.
4. Backnang, au nord-est de Winnenden.

manda au maréchal que les ennemis avoient fait une si grande diligence, qu'ils avoient passé le Neckar et campoient ce jour-là à Sontheim[1]. Le maréchal décampa aussitôt, et vint passer cette rivière à Canstadt[2]; de là, continuant sa marche avec beaucoup de célérité, il vint à Illingen, le lendemain [à Wilferdingen, et le jour suivant] à Grötzingen[3], où il apprit que les ennemis étoient campés à Oberhausen, près Philipsbourg, où ils avoient été joints par les troupes du général Thungen[4] et cinq ou six mille Saxons.

Aussitôt le maréchal de Villars ordonna qu'on fît en diligence un pont sur le Rhin, auprès de Lauterbourg, pour communiquer plus facilement avec les lignes, où il envoya tous les grenadiers de l'armée, un régiment d'infanterie et deux de cavalerie d'augmentation, sur un faux avis qu'il reçut que les ennemis avoient passé le Rhin; car, au lieu de cela, ils vinrent se poster à Rheinhausen[5]; ainsi le maréchal fit revenir ses grenadiers à son armée, et le comte du Bourg avec ses troupes. Le maréchal resta jusqu'au 9 à Grötzingen, puis vint à Bruchsal.

L'armée étant ainsi rassemblée, elle se trouva forte

---

1. Sontheim, village entre Heilbronn et Lauffen.
2. Ci-dessus, p. 22.
3. Illingen est sensiblement au nord-ouest de Stuttgart, dans la direction de Karlsruhe; Wilferdingen est sur la route de Pforzheim à Karlsruhe, et Grötzingen un peu plus à l'ouest, très près de Dourlach.
4. Jean-Charles, baron de Thungen, né en Franconie en 1648, avait été grand maître de l'artillerie en 1693 et gouverneur de Mayence; nous le verrons ci-après commander en chef l'armée impériale; il mourut en 1709.
5. Rheinhausen, très proche au nord de Philipsbourg.

de quarante et un bataillons et de quatre-vingt-cinq escadrons, non compris les troupes qui gardoient les lignes. Celle des ennemis étoit pour lors de trente-six bataillons et de soixante-neuf escadrons, et attendoient encore des troupes de Brandebourg, d'Hanovre et de Munster.

Le maréchal fait occuper Mannheim et Heidelberg. — Le poste qu'ils occupoient étoit tout des meilleurs; ils avoient le Rhin et leur pont derrière eux; le front et les flancs de leur armée assurés par des bois et par des marais; tellement que le maréchal n'osa les y aller attaquer, quoiqu'il en eût grande envie, et se réduisit à faire occuper Mannheim, à dessein d'y faire faire un pont; mais il ne put se saisir de la redoute qui est au delà du Rhin; car le marquis de Bareith, qui avoit un pont sur ce fleuve derrière lui, y envoya deux mille hommes, qui s'y retranchèrent.

M. de Villars fit aussi occuper Heidelberg et y établit des fours. A quelques jours de là, les ennemis passèrent le Rhin sur les ponts de Philipsbourg et de Rheinhausen; ce qui obligea le maréchal, crainte de surprise, d'envoyer Saint-Frémond à Stettfeld[1], avec six bataillons et dix-sept escadrons, afin d'être à portée de se jeter dans les lignes en cas de besoin, et d'y joindre Vivans[2], qui y commandoit avec neuf bataillons, dix-huit escadrons et quelques compagnies franches et de galiotes.

Cela fait, le maréchal détacha le comte de Sézanne avec un corps de cavalerie et quelque infanterie, pour aller passer le Neckar à Heidelberg et se poster ensuite

1. Stettfeld, au nord de Bruchsal.
2. Ci-dessus, p. 16.

sur le Tauber[1], pour envoyer de là exiger des contributions le plus avant qu'il pourroit dans la Franconie. Mais, ayant eu avis que les ennemis avoient fait le même jour un pont sur le Rhin, un peu au-dessous de Worms, qu'ils avoient de plus reçu un secours de quatre ou cinq mille hommes et avoient fait passer un corps considérable dans la Franconie, il envoya ordre au comte de Sézanne de tenir bride en main et de revenir sur le Gagst[2]. Ainsi cette expédition fut bornée à l'enlèvement du second président de l'ordre Teutonique, qui étoit dans Marienthal[3], où l'on entra par surprise, et à tirer des contributions en argent ou en billets des pays de Haldewingen, de Limpourg[4] et de quelques bailliages de Mayence et du comté de Hohenlohe[5].

L'armée des ennemis passe le Rhin et va camper à Spire, puis à la Petite-Hollande. — Le maréchal

1. Affluent de gauche du Mein.
2. Affluent de droite du Neckar, qui sépare le Würtemberg du duché de Bade.
3. Depuis la suppression de l'ordre teutonique en Prusse par la conversion au protestantisme du grand maître Albert de Brandebourg, ce qui restait de l'ordre en Allemagne avait élu un grand maître, qui résidait ordinairement à Marienthal en Franconie. En 1707, le grand maître était François-Louis de Bavière-Neubourg, évêque de Worms et de Breslau. Le grand maître avait généralement un coadjuteur; c'est sans doute celui-ci que Saint-Hilaire désigne sous le nom de second président. Sur cet enlèvement, voyez l'*Histoire militaire*, t. V, p. 316.
4. Ces deux noms sont donnés sous une forme un peu différente par l'*Histoire militaire;* on n'a pu les identifier.
5. Ce comté, situé en Franconie, avait pour chef-lieu la ville d'Holloch; la famille de Hohenlohe reçut en 1767, pour toutes ses branches, le titre de princes de l'Empire.

envoya Imécourt, avec l'aile droite de cavalerie de sa seconde ligne, à Neckarau[1] sur le Neckar, pour soutenir le détachement du comte de Sézanne. Mais les affaires ne restèrent pas longtemps en cet état : les ennemis passèrent le Rhin, vinrent camper à Spire et de là à la Petite-Hollande; ce qui obligea le maréchal de se faire rejoindre par tous ses détachements, qui auroient pu être coupés par les ennemis au moyen de leur pont de Philipsbourg, et d'abandonner Mannheim et Heidelberg, après avoir tiré beaucoup de contributions des pays depuis le lac de Constance jusqu'au Mein, et jusqu'aux environs de Nuremberg.

Elle repasse le Rhin et vient se poster à Oberhausen. — Effectivement, l'armée des ennemis, qui étoit campée à la Petite-Hollande, repassa le Rhin à Philipsbourg le 28 et vint se poster à Oberhausen, où le maréchal la tint fort serrée, par différents postes qu'il tenoit à la sortie des bois, et nos partis leur prenoient quantité de chevaux.

L'armée de France décampe de Bruchsal et vient à Graben. — Notre armée resta à Bruchsal jusqu'au 8 août, qu'elle en décampa, pour venir à Graben. Le maréchal reçut ordre de la cour de détacher de son armée pour la Provence six bataillons et un régiment de dragons[2].

Il détacha presque en même temps le marquis de Vivans, qui étoit revenu des lignes, avec environ deux

---

1. Cette localité n'est point sur le Neckar, mais entre cette rivière et le Rhin, au sud de Mannheim.
2. D'après les *Mémoires militaires*, t. VII, p. 230, c'est le 7 juillet que Villars envoya à l'armée du Dauphiné, et non de Provence, quatre bataillons et sept escadrons.

mille chevaux et quelques grenadiers, pour pénétrer par les Montagnes-Noires, et pousser des partis en avant jusques aux frontières du Tyrol, et dans tout le pays qui est entre le lac de Constance, le Danube et l'Iller[1].

L'armée des Impériaux vient à Bruchsal, après à Graben, puis contre Dourlach. — Le marquis de Bareith, ayant été averti des détachements que le maréchal de Villars avoit fait, dont son armée se trouvoit considérablement affoiblie, assembla un conseil de guerre, dans lequel il fut résolu que l'armée impériale marcheroit à Bruchsal, ce qu'elle fit, et qu'elle viendroit ensuite à Graben, puis à Dourlach.

Celle des François va camper à Mühlburg. Les Impériaux veulent se saisir de Dourlach; le maréchal les en empêche. — Le maréchal, qui s'en doutoit bien, se mit en marche, vint camper, sa gauche à Mühlburg[2], et sa droite appuyée sur un marais, près du château de Gottesau[3]. Il fut averti, par le commandant qu'il avoit mis dans Dourlach, que la tête de l'armée ennemie paroissoit, et, sur les neuf heures du soir, il eut un autre avis que cette armée entière arrivoit sur les hauteurs de cette ville. Il y envoya incontinent le duc de Broglio, avec quelques compagnies de grenadiers,

---

1. L'Iller est un affluent de droite du Danube, dans lequel il se jette à Ulm. Le pays ainsi soumis aux contributions était une partie de la Souabe. On voit que le récit de Saint-Hilaire montre combien est justifiée l'accusation portée de tout temps contre Villars d'avoir tiré des sommes énormes de tous les pays dans lesquels il faisait la guerre, sommes dont il gardait une bonne partie.

2. Mühlburg, ville sur l'Alb, entre Carlsruhe et le Rhin.

3. Château fortifié à peu de distance à l'est de Carlsruhe.

et s'y rendit lui-même le lendemain à la petite pointe du jour. Il trouva que les ennemis commençoient à embrasser Dourlach avec deux colonnes d'infanterie. Il ordonna encore au marquis de Nangis[1] de s'y jeter avec trois cents grenadiers et de faire faire un grand bruit d'instruments militaires, pour faire croire que toute l'armée arrivoit. Les dragons de la gauche y vinrent aussitôt au galop et furent suivis de trois brigades d'infanterie et d'une d'artillerie, que l'on posta auprès d'un moulin, au bord d'un ruisseau qui séparoit les deux armées. Pendant le jour, on se canonna de part et d'autre ; le soir, les ennemis se campèrent, leur gauche, où ils avoient beaucoup d'infanterie, commençant sur la hauteur de Dourlach, toute l'armée se prolongeant dans la plaine qui est au-dessous, tirant vers Bruchsal, les montagnes derrière ; le quartier général fut à Grötzingen.

Le maréchal de Villars, de son côté, fit faire un petit mouvement à son armée et plaça sa droite près du château de Gottesau, qui, dans cette situation, se trouva à portée de soutenir les trois brigades qu'il avoit fait avancer contre Dourlach.

Petite canonnade de Dourlach. — Les armées demeurèrent pendant plusieurs jours en cette situation, et on se canonnoit avec assez de vivacité ; les ennemis y perdirent plus de monde que nous, parce qu'ils étoient

---

1. Louis-Armand de Brichanteau, marquis de Nangis, n'était encore que brigadier d'infanterie ; il fut nommé maréchal de camp en 1708 et parvint en 1741 au grade de maréchal de France. Saint-Simon (*Mémoires*, éd. Boislisle, t. XII, p. 17 et 271) l'a peint à cette époque comme le favori des dames et la « fleur des pois » de la cour.

plus en vue, et quelques petits camps avancés qu'ils avoient furent même obligés de se retirer en arrière[1].

Enfin, vers la fin du mois, tous les fourrages, entre les rivières d'Alb et de Murg[2], se trouvant consommés, le maréchal renvoya tous ses gros bagages à Lauterbourg, et se prépara à décamper, pour aller à Rastadt. Dans ce dessein, il fit faire quantité de ponts sur l'Alb, afin de passer plus commodément, de même sur les ruisseaux qui pouvoient embarrasser sa marche, et fit courir le bruit que ces ponts n'étoient faits que pour faire durer ses fourrages plus longtemps, et de les faire avec plus de facilité.

Le maréchal décampe et vient à Rastadt. — Toutes ces mesures étant prises, le maréchal fit marcher à l'entrée de la nuit vers Rastadt ses menus bagages et son artillerie, qui fut suivie par l'armée en belle ordonnance. Le marquis d'Hautefort fut chargé de l'arrière-garde, et de retirer les postes de Dourlach et des environs, qui étoient très proches de ceux des ennemis; ce qu'il fit très heureusement, à la faveur d'une grande pluie, qui endormit leur vigilance, tellement qu'ils ne s'aperçurent de la marche de notre armée que quand le jour fut venu. Elle campa à Rastadt, la droite à Kuppenheim[3], la gauche vis-à-vis de Rastadt, aboutissant à un ravin qui alloit jusqu'à un

---

1. L'*Histoire militaire* du marquis de Quincy raconte cette canonnade et dit qu'elle fit beaucoup de mal aux ennemis (t. V, p. 319-321); voyez aussi les *Mémoires militaires*, t. VII, p. 247.

2. Ces deux rivières sont deux affluents de droite du Rhin, au sud de Carlsruhe et de Dourlach.

3. Kuppenheim est sur la Murg, en amont de Rastadt.

bois derrière elle; le terrain n'étant pas assez étendu pour la ligne droite, le village de Niederbühl[1] se trouva dans le centre, et la rivière de Murg couloit tout le long de la ligne et la couvroit du côté de l'ennemi. On fit remonter le pont de Lauterbourg à Munchhausen[2], afin de communiquer dans cette situation plus aisément avec les lignes de la Lauter ou de Wissembourg. Le maréchal de Villars fit revenir ses gros bagages à son armée.

Le marquis de Bareith quitte le commandement de l'armée impériale, qui est déféré au général Thungen, en attendant l'arrivée de l'électeur d'Hanovre, qui du depuis a été roi d'Angleterre. — Dès que les ennemis se furent aperçus de sa retraite, ils décampèrent et vinrent à Ettlingen[3], où ils se postèrent le long de la rivière d'Alb. Ce fut en ce camp que le marquis de Bareith quitta le commandement de l'armée impériale, sous prétexte de son grand âge et de ses indispositions, après en avoir reçu la permission de l'Empereur. Ce commandement fut déféré au général Thungen, qui étoit resté à Philipsbourg, en attendant l'arrivée de l'électeur d'Hanovre, qui le vint prendre le 8 de septembre, et y mena deux régiments de ses troupes.

Vivans est détaché et va camper à Offenbourg. — Vivans, qui étoit de retour de sa course, d'où il avoit ramené force argent et des otages, fut encore détaché avec treize escadrons, pour aller camper à Offenbourg,

1. Petit village au sud-ouest de Rastadt.
2. Village d'Alsace, sur la rive gauche du Rhin, un peu en amont du confluent de la Murg.
3. Ettlingen, au sud de Carlsruhe, entre cette ville et Rastadt.

à l'entrée de la vallée de la Kinzig, avec ordre de mettre cent cinquante hommes dans le château de Hornberg[1], qui est à une des extrémités de cette vallée, et donnoit l'entrée du pays ennemi du côté du Danube.

Le duc de Würtemberg prend Hornberg dans le fond de la vallée de la Kinzig. — Les Impériaux, qui en connurent la conséquence, y firent marcher le duc de Würtemberg, avec quatre mille hommes et du canon, par les derrières des montagnes; ils s'avancèrent avec un corps de troupes à Bibrach dans la gorge de cette vallée. Vivans y marcha avec ses treize escadrons, et les fit retirer derrière Hornberg, qu'ils attaquèrent. La garnison fut faite prisonnière de guerre, après avoir essuyé quelques coups de canon. Le maréchal envoya aussi un régiment de dragons à Neubourg, près Hagenbach.

L'électeur d'Hanovre, étant arrivé à l'armée, alla reconnoître tout le terrain des environs, et, après s'être fait rendre un compte exact de toutes choses, il tint un conseil de guerre pour aviser à ce qu'il seroit le plus expédient pendant le reste de la campagne. Il fut résolu dans ce conseil que l'armée feroit de nouvelles lignes, depuis le Rhin jusqu'à la montagne, tout le long de la rivière d'Alb, qui n'auroient qu'environ deux lieues d'étendue, et se pourroient plus aisément garder, et avec moins de troupes, que celles de Stolhoffen ou de Bühl. En attendant qu'il pût y faire travailler, il fut décidé que l'on tâcheroit de faire repas-

---

1. Ce château domine un gros bourg dans l'arrière-vallée de la Kinzig; il en a déjà été parlé dans nos précédents volumes.

ser le Rhin au maréchal de Villars, et que, pour en venir plus facilement à bout, il falloit se saisir par surprise du poste d'Hagenbach, qui étoit de l'autre côté du Rhin, par le moyen d'un détachement des garnisons de Philipsbourg et de Landau, afin de pouvoir faire un pont en cet endroit, pour faire passer son armée, et par ainsi obliger le maréchal d'en faire autant. Mais celui-ci en eut bientôt avis, et le prévint, en y envoyant d'augmentation Péri avec neuf escadrons et six bataillons, ce qui fit échouer le dessein du duc, qui fit continuer les nouvelles lignes, à qui on donna le nom d'Ettlingen.

Le comte de Mercy et le prince de Lobkowitz surprennent Vivans à son camp d'Offenbourg et le mettent en déroute. — Il nous arriva ensuite un petit esclandre : l'électeur d'Hanovre, ayant appris que Vivans étoit encore à Offenbourg, contre l'ordinaire des camps volants, qui ne sont que pour voltiger d'un lieu à un autre, fit un détachement de deux mille chevaux et de deux mille hommes de pied choisis, sous le commandement du comte de Mercy et du prince de Lobkowitz[1], qui, après une marche de vingt-cinq lieues par derrière les montagnes, descendirent dans la vallée d'Offenbourg par celle d'Oberkirch[2]. Vivans y envoyoit continuellement des partis, et des ordres aux baillis de lui donner avis de tout; mais son malheur voulut qu'un parti d'houssards qu'il y venoit d'envoyer, sous un capitaine auquel il avoit confiance, lui

1. Ferdinand-Auguste, prince de Lobkowitz, né en 1655 et mort en 1715, fut grand maître de la maison de l'impératrice Amélie, femme de Joseph Ier.
2. Oberkirch, bourg au nord-est d'Offenbourg, sur la Rench.

rapporta sur les onze heures du soir, qu'il avoit été bien avant dans cette vallée, et n'avoit rien trouvé; ce qui fit qu'il crut pouvoir dormir en sûreté. Mais, le 24 à la pointe du jour, le comte de Mercy approcha de son camp, sans aucune opposition, à la faveur d'un brouillard favorable, qui l'empêcha d'être aperçu que lorsqu'il tomba sur quelques dragons à pied armés, qui étoient à la tête du camp et y fourrageoient sans aveu. Quelques coups qui furent tirés donnèrent l'alarme au camp. Le comte de Mercy doubla le pas avec diligence et tomba sur quelques troupes du camp, qui voulurent faire ferme; mais cela ne put durer; car ils ne combattoient que par pelotons, sans avoir eu le temps de monter à cheval. D'ailleurs, la supériorité des ennemis les empêchoient de se joindre, tellement qu'ils furent obligés d'abandonner leur camp un pied chaussé, comme l'on dit, et l'autre nu. Les tentes et une partie des équipages furent prises, avec quelques timbales et étendards, et on se retira en très grand désordre sous le fort de Kehl, après avoir perdu environ trois ou quatre cents hommes et autant de chevaux. Si les Allemands ne s'étoient pas mis à piller le camp, la perte auroit été bien plus grande[1].

Cette aventure doit apprendre combien un officier général qui commande est obligé de se tenir sur ses gardes jusques dans la plus grande tranquillité, et de se confier à sa vigilance plutôt qu'à celle d'autrui.

1. C'est le 24 septembre, de grand matin, que se produisit cette attaque; M. de Vivans perdit tous ses équipages et une bonne partie de ses chevaux (*Mémoires militaires*, p. 264; *Histoire militaire*, p. 326-327, où se trouve l'indication des escadrons qui composaient le camp volant du marquis de Vivans).

Il ne se passa plus rien entre les deux armées qui vaille la peine d'être raconté.

Les ordres pour les quartiers d'hiver arrivèrent : les troupes de France repassèrent totalement le Rhin et furent dispersées, savoir, l'infanterie dans les lignes de la Lauter et dans les places de la Haute et Basse-Alsace, aussi bien qu'une partie de la cavalerie; le reste alla dans les Trois-Évêchés et la Franche-Comté; le maréchal resta quelque temps à Strasbourg[1].

Le duc d'Hanovre, après avoir fait construire les lignes d'Ettlingen, renvoya toutes les troupes impériales le long du Rhin, du Mein et du Neckar, aux ordres du comte de Thungen, qui devoit commander dans le pays pendant l'hiver, et se rendit à Francfort, d'où il s'en retourna dans ses États.

Expédition de Naples par le comte de Thaun[2]. — Le château de Milan s'étant rendu par capitulation aux Impériaux le 2 avril, et Final le 26, le prince Eugène, pour obéir aux ordres qu'il reçut de l'Empereur, fit un détachement des troupes impériales, d'environ neuf mille hommes, pour aller subjuguer le royaume de Naples et s'en rendre maître. On pourra bien s'imaginer que ce corps n'auroit pas été suffisant, s'il avoit fallu en faire la conquête avec l'épée, et si les esprits des Napolitains n'avoient pas été préparés de longue main à changer de maître, par les intrigues du

---

1. Le 1er novembre, Villars mena l'armée sous le fort de Kehl; il passa le fleuve les jours suivants, et l'armée ennemie cessa de son côté toute opération.

2. Ce titre de paragraphe et le suivant sont intervertis dans le manuscrit.

cardinal Grimani[1], avec le cardinal Pignatelli[2], archevêque de Naples, et le duc de Monteleone, son frère[3], gouverneur des châteaux[4], et plusieurs autres seigneurs napolitains.

Avant de passer outre, je crois qu'il est à propos de dire que cette entreprise ne fut pas du goût des alliés de l'Empereur, qui demandoient, par leurs ambassadeurs, que cette conquête fût différée pour employer toutes leurs forces à l'exécution du grand projet qu'ils avoient formé tous ensemble contre la France, alléguant que toutes les parties de la monarchie espagnole tomberoient d'elles-mêmes, dès qu'ils auroient réussi. Apparemment que l'Empereur en ceci eut des vues plus intimes pour son intérêt particulier, puisque, malgré les remontrances de ses alliés, le comte de Thaun, avec son petit corps d'armée, prit le chemin du royaume de Naples par la Romagne et par la marche d'Ancône, et y entra par l'Abruzze.

1. Vincent Grimani (1652-1710), originaire de Venise, avait été nommé cardinal en 1697, malgré l'opposition de la France, et gérait à Rome les affaires de l'Empereur. Saint-Simon le qualifie de « scélérat de premier ordre,... l'homme du monde le plus violent et le plus furieux partisan de la maison d'Autriche ».

2. François Pignatelli, archevêque de Tarente en février 1683, nonce en Pologne en 1700, avait succédé comme archevêque de Naples au cardinal Cantelmi en février 1703; il fut nommé cardinal au mois de décembre de la même année et mourut le 5 décembre 1734.

3. Nicolas Pignatelli, duc de Monteleone, connétable de Sicile, grand écuyer de la reine femme de Charles II d'Espagne, et vice-roi de Sardaigne.

4. Les divers châteaux de la ville de Naples : le château Saint-Elme, le château Neuf et le château de l'Œuf.

Le vice-roi[1], sur les nouvelles qu'il apprit de cette marche, demanda à cor et à cris un secours de huit mille Espagnols ou Wallons, qui devoient être embarqués à Toulon pour venir à son secours, et se disposa le mieux qu'il lui fut possible à défendre les places de ce royaume et à harceler les ennemis avec quelque peu de cavalerie qu'il avoit, pour tâcher par ce moyen de maintenir les habitants du plat pays; mais il fut trahi presque universellement.

Le premier effort des Impériaux fut sur Capoue, qui ne fut défendue que très foiblement par le marquis de Tiberia[2]. De là ils continuèrent leur route vers Naples, d'où le vice-roi sortit, peut-être mal à propos, avec plusieurs personnes de considération, pour se retirer à Gaëte, après avoir pourvu les trois châteaux de tout ce qui étoit nécessaire à leur défense et exhorté les magistrats et les officiers des quartiers de veiller et de contenir le peuple dans le devoir et la soumission. Mais à peine fut-il parti, qu'on vit éclater plusieurs factions dans la ville, les unes de ceux qui avoient été gagnés par les intrigues des Impériaux, les autres de ceux qui ne vouloient pas exposer leur ville à être ruinée par un siège et à être pillée par les Allemands.

Le comte de Thaun, bien informé de ce qui se passoit dans Naples, hâta sa marche pour y arriver et

1. C'était, depuis 1701, le marquis de Villena, duc d'Escalona : notre tome II, p. 334.
2. On n'a pu identifier ce personnage, dont ne parle pas la *Gazette*, mais dont notre auteur a dû prendre le nom à la même source que le marquis de Quincy, qui le cite dans son *Histoire militaire*, t. V, p. 354.

rencontra à Aversa[1] les députés de cette ville, qui venoient au-devant de lui et lui en apportoient les clefs[2].

Cette reddition entraîna, peu de jours après, celle des trois châteaux, quoique le prince de Monteleone, qui y commandoit, eût promis de les défendre jusqu'à la dernière extrémité, et qu'il eût pu les tenir pendant plusieurs mois avant d'être contraint de les rendre[3]. Cette perte fut suivie de la plus grande partie des autres forteresses du royaume, et de la plupart des troupes à la solde du roi d'Espagne, qui abandonnèrent leurs drapeaux et leurs étendards pour suivre ceux de l'Archiduc, et il parut bien, par la facilité que le général Thaun eut de se rendre maître de Naples, et par le peu de troupes et d'artillerie qu'il avoit menées pour ces expéditions, qu'il étoit certain du succès. La cavalerie napolitaine abandonna le prince de Castiglione[4], qui la commandoit, et le livra aux Impériaux[5]; les ecclésiastiques et les moines contribuèrent aussi beaucoup à cette subite révolution.

Les Impériaux, s'étant ainsi rendus maîtres des villes et pays dont je viens de parler, partagèrent leurs troupes en trois corps, dont l'un alla vers la Calabre,

---

1. Aversa, ville avec évêché, dans la province de Caserte, au nord de Naples.

2. Les Allemands entrèrent dans Naples le 7 juillet (*Gazette*, p. 368).

3. La *Gazette* (p. 403) dit qu'ils durent se rendre faute de vivres.

4. Ferdinand de Gonzague, prince de Castiglione, général de la cavalerie du royaume de Naples en 1702, devint vice-roi de Navarre en 1713.

5. Il fut enfermé dans la citadelle de Pavie.

un autre dans l'Abruzze, pour réduire Pescaire[1], qui capitula peu après, faute de vivres, et le troisième, qui étoit le plus considérable, sous le comte de Thaun, marcha à Gaëte pour l'assiéger; mais il n'eut pas grande peine à en faire la conquête, comme on le va voir.

Le vice-roi étoit dedans, avec le duc de Bisaccia[2], le prince de Cellamare[3], et quelques autres grands d'Espagne, avec trois mille hommes de troupes, et se défendit quelque temps assez bien; mais il arriva qu'un Catalan, nommé Verdit, qui étoit dans cette ville avec son régiment, trouva le moyen de la livrer au comte de Thaun, et qu'il ne s'y trouva de bien fidèle que don Joseph Caro, qui étoit de garde au poste de la Marine, et y fit des prodiges de valeur, et, se trouvant déjà fort blessé, ne laissa pas que de s'attacher personnellement au général de Vaubonne[4], qui l'attaquoit avec des bataillons impériaux, le blessa d'un coup de pistolet et lui passa son épée au travers du corps, dont il mourut. Cette ville étant ainsi prise, le vice-roi se retira dans le château, avec les grands d'Espagne qui étoient avec lui, et demanda à capituler; mais il fut contraint de se rendre à discrétion, le comte de Thaun ne l'ayant pas voulu recevoir autrement. Si tant est que ce vice-roi ne se trouva pas dans la dernière extrémité pour se rendre ainsi, il

1. Place forte des Abruzes, sur l'Aterno.
2. Nicolas Pignatelli, duc de Bisaccia.
3. Antoine-Joseph-Michel-Nicolas del Giudice, prince de Cellamare, devint en 1715 ambassadeur de France, se mêla des intrigues de la duchesse du Maine et fut expulsé de France en 1719.
4. Joseph Guibert, marquis de Vaubonne : tome II, p. 414.

paya chèrement la précipitation qu'il eut à le faire ; car il fut arrêté aussi bien que les autres grands d'Espagne et traité avec la dernière dureté, le comte de Thaun l'ayant menacé qu'il le feroit pendre s'il ne se rendoit[1] ; après cela, il l'envoya à Naples, le fit tenir un espace de temps en dérision sur une des places de la ville, puis ordonna qu'on le mît prisonnier dans les châteaux[2].

Campagne de Dauphiné et Provence de 1707. — Pendant que tout ceci se passoit du côté de Naples, M. le duc de Savoie, avec le prince Eugène, avoit assemblé en Piémont une armée de trente mille hommes de pied et de quatre mille chevaux, et commença à se mettre en mouvement.

Le maréchal de Tessé commandant de l'armée de Dauphiné. M. le duc de Savoie et le prince Eugène marchent en Provence avec leur armée. — Le maréchal de Tessé, qui commandoit celle de France en Dauphiné, l'observoit avec beaucoup d'attention, et, dans l'incertitude où il étoit alors des desseins de ces princes, il avoit distribué les troupes de son armée, tant en Savoie que le long des passages du Dauphiné en Piémont, tirant sur la Provence. Il tenoit encore la vallée de Pragelas, la Pérouse et Fénestrelles, avec la vallée de Barcelonnette. Dès qu'il vit que M. de Savoie prenoit la route de Provence et qu'il enfournoit le col de

---

1. C'est le 30 septembre que Gaëte capitula ; la *Gazette* raconta les incidents du siège (p. 453, 463, 477, 525-526 et 536).

2. La *Gazette* de 1708, p. 56, 200 et 236, rapporte ces indignes traitements. Le vice-roi fut envoyé peu après dans la forteresse de Pizzighettone.

Tende, il envoya treize bataillons sous Saint-Pater[1], lieutenant général, pour jeter dans Toulon, où la garnison étoit fort foible et les fortifications très négligées, surtout du côté de la terre.

Je ne m'arrêterai pas ici à décrire la situation de cette ville en détail, parce qu'elle est assez connue; il me suffira de dire qu'elle est environnée presque partout de hauteurs ou montagnes escarpées, qui se dominent les unes les autres et commandent la place, qui est dans la plage, sur le bord de la mer. Mais j'estime qu'il est à propos, avant que de passer outre dans ma narration, de m'étendre un peu plus que je n'ai fait sur les motifs qui engagèrent les Alliés à entreprendre l'expédition dont j'ai dessein de parler.

Le soulèvement arrivé ci-devant dans les Cévennes[2], dont les esprits n'étoient pas encore calmés, fit croire aux Alliés qu'ils réussiroient facilement à les faire révolter de nouveau; qu'ils entraîneroient avec eux les religionnaires du Dauphiné et du Poitou et les mécontents qu'il pouvoit y avoir dans les provinces, pourvu qu'ils pussent y introduire une armée capable de les soutenir et leur donner les assistances nécessaires; ou que tout au moins, en prenant d'abord quelques places de réputation, ils se frayeroient facilement une entrée dans le royaume, ce qui le réduiroit à d'étranges extrémités et leur donneroit le moyen de nous faire faire la paix à quelques conditions que ce pût être, si tant est qu'ils n'eussent pas pris le dessein de subjuguer tout le royaume et de le partager entre eux, ainsi qu'on disoit qu'ils en avoient dressé le projet.

1. Tome III, p. 219.
2. En 1703 : tome III, p. 225-237.

Ils trouvoient encore en celui-ci un grand avantage, en ce que, si cela réussissoit dans toute l'étendue qu'ils l'envisageoient, ils nous ôtoient toute communication avec l'Espagne qui auroit tombée d'elle-même, par conséquent le roi détrôné et son compétiteur mis à sa place, [pendant qu'ils occuperoient nos armées dans l'intérieur du royaume et sur les autres frontières où ils avoient pris un grand avantage, notamment du côté de Flandres.]

Ils [embrassèrent ce vaste projet avec de grandes espérances d'y réussir et y] firent entrer le duc de Savoie, qui devoit avoir une grande part à notre dépouille et être le principal instrument dont ils se devoient servir en exécution de celui-ci, secondé du prince Eugène et des troupes de l'Empereur. Mais ce duc exigea d'eux de grands subsides, qu'ils n'hésitoient pourtant pas de lui accorder avec les autres secours qu'il leur demanda, sous condition, toutefois, qu'il n'en toucheroit que la moitié lorsqu'il seroit arrivé en Provence avec l'armée, et l'autre quand il auroit pris Toulon, qui étoit leur premier objet, et où nous avions un grand nombre de vaisseaux, avec un arsenal prodigieux de marine.

Les Alliés armèrent donc, pour l'exécution de ce projet, une grande quantité de vaisseaux de guerre, de galiotes à bombes et de barques, qui furent chargés de tout l'argent promis au duc de Savoie, de trois ou quatre mille hommes de troupes réglées et de force menus secours. L'amiral Shovell[1] eut le commandement de cette armée navale et passa de bonne heure

---

1. Tome III, p. 240.

le détroit[1] pour venir devant Final, où il embarqua encore quatre régiments impériaux avec du gros canon d'augmentation, des munitions de guerre et tous les vivres et rafraîchissements qu'ils purent tirer de Livourne, Gênes, Savone et autres endroits, comme aussi les gros bagages de l'armée de terre qui devoit agir sous M. de Savoie, qu'il n'avoit pu mener avec lui, à cause de la difficulté des passages des montagnes.

Contretemps préjudiciable au duc de Savoie. — Toutes ces dispositions achevées, le duc de Savoie fit marcher son armée avec beaucoup de célérité, par le col de Tende et les montagnes jusques au Var, et essuya dans sa marche beaucoup de peines et de fatigues par les défilés. Quand il fut arrivé sur les côtes de Provence, un gros temps qui survint empêcha que l'armée navale, revenue des côtes de Gênes, ne put lui fournir les vivres nécessaires à temps, tellement que la sienne souffrit beaucoup de la faim. Toute cette armée passa contre Antibes, qu'elle n'attaqua pas, crainte de retardement pour la grande entreprise qu'elle se proposoit.

Le marquis de Sailly se présente sur le bord du Var, faisant mine d'en vouloir défendre le passage. Il est contraint de se retirer du côté de Toulon, après avoir fait une fort belle manœuvre. — L'avant-garde de M. de Savoie étant arrivée sur le bord du Var[2], trouva de l'autre côté de cette rivière, Sailly, lieutenant général[3],

---

1. Le détroit de Gibraltar.
2. Cette rivière séparait la Provence du comté de Nice.
3. Aymard-Louis, marquis de Sailly (1655-1725), brigadier en 1691 et maréchal de camp en 1696, était lieutenant général depuis 1704.

arrivé avec dix escadrons et quelques milices, qui y parurent dans le dessein de disputer le passage, et la continrent pendant quelques jours jusques à l'arrivée de M. de Savoie et du reste de l'armée. Alors Sailly fut obligé de se retirer du côté de Toulon, toujours l'observant et manœuvrant avec beaucoup de science et de fermeté.

Le duc de Savoie passe le Var et s'achemine lentement vers Toulon. Le maréchal de Tessé y jette treize bataillons sous Saint-Pater, lieutenant général, qui a le temps de s'y fortifier. Le maréchal de Tessé le suit avec presque tout le reste de l'armée, qui a le temps de fortifier les hauteurs et de retrancher son camp. Disposition de l'armée de France contre Toulon. — Le duc de Savoie, ayant le passage du Var libre, fit jeter des ponts et le traversa, puis s'achemina vers Toulon avec tant de lenteur[1], qu'il donna le temps au maréchal de Tessé d'y faire arriver avant lui treize bataillons sous Saint-Pater, lieutenant général[2]. La plus grande partie de son armée suivoit de près et fut jointe successivement par toutes les troupes qu'il attendoit de toutes parts. Il leur fit occuper les hauteurs qui dominoient la ville du côté de la terre; on s'y retrancha, et pareillement sur toutes les autres qu'on jugea favorables; on eut aussi le temps de faire faire un chemin couvert à la

---

1. Cette lenteur du duc de Savoie à s'acheminer vers Toulon est confirmée par le chevalier de Quincy, témoin oculaire (*Mémoires*, t. II, p. 251 et suiv.), qui en indique comme cause probable le peu de désir qu'avait le duc de voir les Anglais s'emparer de Toulon.

2. Ces bataillons vinrent de Dauphiné à marches forcées, faisant douze et quinze lieues par jour; aussi, en arrivant, leur effectif était singulièrement réduit.

tête de la place, et de retrancher un camp le long de la plage, sur le chemin qui alloit à Marseille, en la vallée le long du bord de la mer, lequel communiqua avec la place, et fut si bien retranché, qu'il ne pouvoit être forcé sans un extrême péril[1].

Il y avoit dans la ville les treize bataillons que Saint-Pater y avoit amenés, deux mille hommes de troupes de marine, avec quantité d'officiers de ce corps, et huit mille hommes de milices, que l'on posta, avec quelques troupes réglées, sur les hauteurs bien retranchées qu'on borda d'une grande quantité de canon, dont il y avoit abondamment dans la place, aussi bien que de munitions de guerre et de vivres, et, les vaisseaux étant désarmés, on les mit sous l'eau dans le port pour les empêcher d'être endommagés par le canon des ennemis[2]. Sailly fut posté, avec sa cavalerie, derrière les retranchements, sur le chemin de Marseille, pour assurer cette ville et y donner une communication libre. Ainsi, quand M. de Savoie arriva contre Toulon, il ne put circonvaller la place que du côté par où il étoit venu, et trouva des difficultés insurmontables d'en faire le siège dans les formes et d'y réussir; ce qui fut cause que plusieurs personnes jugèrent peu favorablement de sa conduite dans cette expédition, et en attribuèrent le mauvais succès au dépit qu'il eut que les sommes qu'il avoit exigées des

1. Le chevalier de Quincy (*Mémoires*, t. II, p. 255-258) donne beaucoup de détails sur les fortifications qu'on éleva et sur la position des troupes pour la défense de la ville.
2. *Journal de Dangeau*, t. XI, p. 445; *Mémoires de Quincy*, p. 260-261. Les vaisseaux, qu'on releva plus tard, furent fort endommagés par cette noyade.

Alliés, et qui étoient en dépôt sur l'armée navale, n'en avoient point été débarquées, conformément à ce qui en avoit été convenu[1]; et que la lenteur de l'amiral anglois à satisfaire ce prince sur cet article avoit donné occasion à celle du duc, depuis sa marche du Var jusqu'à Toulon, et lui avoit fait perdre un temps précieux. Il est à présumer que ce raisonnement pouvoit bien n'être pas faux dans toutes ses parties.

Le plus certain est que l'armée du duc fut très fatiguée à passer les défilés et les montagnes qu'elle trouva en son chemin, et qu'elle souffrit beaucoup par la disette des vivres pendant toute cette expédition; [car l'armée navale fut accueillie d'un gros temps, qui la mit hors de portée pendant plusieurs jours de mettre des vivres à terre, et, quand elle le put,] la plupart des farines se trouvèrent gâtées par l'humidité des eaux de la mer. Il arriva encore que notre garnison d'Antibes enleva à cette armée de terre deux convois de mulets chargés de farine, qui lui venoient du comté de Nice. A ces malheurs, il lui en survint encore d'autres, en ce que le duc de Savoie, qui avoit fort ménagé le plat pays par où il avoit passé au commencement de son entrée en Provence, dans l'espérance que les peuples se soulèveroient et se joindroient à lui[2], éprouva tout le contraire; car presque tous les habitants prirent les armes et harcelèrent fort son armée; ce qui fit qu'il leva quelques contributions avec beaucoup de sévérité et

---

1. Voyez le mot rapporté par le chevalier de Quincy (p. 253).
2. Les *Mémoires de Sourches* (tome X, p. 363-364) confirment en effet que les troupes savoyardes ne commirent aucun dégât en Provence et que le duc fit de grandes promesses aux populations.

que ses troupes brûlèrent quelques bourgs et villages, même arrachèrent les vignes et coupèrent les oliviers, tellement que ces peuples s'aliénèrent encore davantage de lui.

Le duc de Savoie arrive devant Toulon avec son armée. Disposition de son camp. Il fait faire son débarquement à Hyères. — Quoi qu'il en soit, le duc de Savoie, étant arrivé contre Toulon le 26 ou le 27 de juillet, campa son armée depuis la Valette jusques à la hauteur de la Malgue, qu'elle avoit derrière elle, et poussa une ligne tout le long de son front de bandière, afin de couvrir plus librement le débarquement, qui se fit à Hyères, où les bâtiments ne purent aborder que plusieurs jours après, à cause des vents contraires et du gros temps; ce qui nuisit encore beaucoup à son armée, qui manquoit de vivres, et donna aux troupes du maréchal de Tessé le temps nécessaire pour arriver contre Toulon[1] et perfectionner les retranchements, qu'elles trouvèrent déjà fort avancés. Le maréchal s'y trouva en même temps et donna tous les ordres qui convinrent. On jugea alors que les ennemis échoueroient devant Toulon, et, le croyant à couvert de tous risques (comme cela étoit effectivement), le maréchal prit ce temps pour aller visiter quelques autres villes de Provence, sur lesquelles les ennemis auroient pu tomber, et notamment à Aix, sur laquelle ville il forma

1. Sur le siège de Toulon en 1707, on peut consulter les Mémoires du temps, comme Dangeau, Sourches et le chevalier de Quincy, les nouvelles hebdomadaires de la *Gazette* et surtout les deux volumes supplémentaires que publia le *Mercure* en 1707; la *Gazette d'Amsterdam* donne les renseignements de sources étrangères. La correspondance des généraux français se trouve dans les volumes 2041 et 2042 du Dépôt de la Guerre.

un petit camp des troupes qui lui arrivoient encore du Languedoc, du Dauphiné et autres endroits et qu'il avoit jugé superflues devant Toulon.

Le comte de Médavy, qui servoit sous lui, fut envoyé avec un corps presque tout de cavalerie, entre Brignoles et le Thoronet[1], le long de la rivière de Calami[2], et on envoya quelques détachements d'infanterie joindre les habitants du plat pays, qui s'étoient jetés en armes dans les montagnes, tellement que les ennemis étoient barrés de toutes parts pour leur subsistance et perdirent bien du monde.

Pendant que le maréchal travailloit à ses dispositions, le débarquement des ennemis se faisoit, et le duc de Savoie, après avoir bien reconnu la situation de Toulon et celle de nos troupes, tint un conseil de guerre, où l'amiral Shovell vint assister.

Les ennemis attaquent le retranchement de la hauteur Sainte-Catherine et le manquent; le lendemain ils l'emportent. — Il y fut résolu qu'on attaqueroit la hauteur de Sainte-Catherine, où nous avions un poste bien retranché. Ils firent faire cette attaque le lendemain par trois mille hommes commandés pour cette opération, qui ne leur réussit pas; mais ils y revinrent le lendemain avec le même nombre de troupes, soutenu de trois mille cinq cents autres. Le Guerchoys[3], brigadier, qui commandoit ce jour-là dans le retranchement, le défendit avec vigueur; mais, voyant qu'il alloit être enveloppé par le grand nombre, il abandonna ce poste

1. Localités du département actuel du Var.
2. Sous-affluent de l'Argens.
3. Pierre Le Guerchoys : tome IV, p. 188.

et fit sa retraite vers nos autres retranchements avec fermeté[1].

Les ennemis commencent à canonner la ville. — M. de Savoie y fit venir aussitôt vingt pièces de gros canon, que la flotte avoit débarquées, et ordonna un autre retranchement pour les couvrir. Dès que les batteries furent achevées, elles firent un grand feu, auquel on répondit de celui de la place, des retranchements, et de deux de nos vaisseaux restés armés, qui les voyoient à revers[2]. Ils firent encore plusieurs autres batteries dont ils battirent ces deux navires. Ils attaquèrent la tour de Sainte-Marguerite, qui est éloignée de Toulon, dont ils firent la petite garnison prisonnière de guerre, et le fort Saint-Louis, qui est tout auprès et sur le bord de la mer, et le mirent en poussière[3]. La garnison, n'y pouvant plus tenir, en sortit par ordre et se retira par mer dans la ville. Ces batteries furent encore augmentées de quantité d'autres, qui tiroient continuellement. Celles de la ville et des retranchements ne devinrent point oisives.

Le maréchal de Tessé fait attaquer les ennemis dans le retranchement de la hauteur Sainte-Catherine et le prend. — Le maréchal de Tessé, ne pouvant souffrir plus longtemps que les ennemis fussent maîtres de la

1. Il y a beaucoup de détails sur la prise de ce poste dans les *Mémoires du chevalier de Quincy*, t. II, p. 265-266; mais il la place au 8 août et ne parle que d'une seule attaque par surprise, tandis qu'elle se produisit réellement le 30 juillet (*Mémoires militaires*, p. 126-127; *Histoire militaire*, p. 371).

2. Ces deux vaisseaux s'appelaient le *Saint-Louis* et le *Tonnant;* on les avait cuirassés d'une chemise de gros madriers.

3. Sur la prise de ces deux défenses, voyez les *Mémoires de Quincy*, p. 275.

hauteur Sainte-Catherine, les y fit attaquer par trois différents endroits, et par un nombre considérable d'infanterie, commandée par des officiers généraux[1]. Il y eut là un combat assez opiniâtre. Un prince de Saxe-Gotha y accourut avec des troupes, pour soutenir celles qui défendoient cette hauteur, et y fut tué[2]. A la fin, les ennemis cédèrent et se retirèrent un peu en arrière, où ils voulurent encore tenir ferme ; on les attaqua de nouveau ; mais ils furent obligés d'abandonner absolument ces postes, où on leur encloua les pièces de canon qu'ils y avoient laissées. Ils perdirent en cette action trois ou quatre cents hommes qui furent tués, quelques officiers de considérations, et eurent quantité de blessés ; nous perdîmes beaucoup moins.

Les ennemis, ayant été ainsi chassés de la hauteur Sainte-Catherine, se trouvèrent au même état auquel ils étoient le premier jour, et, comme notre armée étoit très bien postée, et se trouvoit au moins aussi nombreuse que la leur, et que même il y arrivoit journellement de nouvelles troupes d'augmentation, tant du Roussillon que d'autres endroits, ils jugèrent sainement qu'ils ne réduiroient jamais Toulon, et que les plus courtes folies étoient les meilleures.

M. de Savoie se réduit à bombarder Toulon. — Ils assemblèrent donc un conseil de guerre, où ils résolurent de se réduire à bombarder et à canonner fortement cette ville à l'aide de plusieurs vaisseaux et galiotes à bombes, qu'ils firent avancer au plus près

1. *Mémoires de Quincy*, p. 268-274 ; cette attaque eut lieu dans la nuit du 14 au 15 août.
2. Jean-Guillaume, prince de Saxe-Gotha ; il avait le grade de major général.

qu'ils purent. Le feu fut terrible, et ne fit pas un extrême dommage par les sages précautions qu'on avoit prises au dedans. Il ne nous en coûta que les deux vaisseaux de guerre dont j'ai parlé[1], une trentaine de maisons détruites et une centaine d'autres fort endommagées.

Le duc de Savoie lève son prétendu siège et s'en retourne en Piémont. Dénombrement de la perte que les ennemis firent pour cette expédition. — Le 20 août qui suivit, les ennemis commencèrent à rembarquer leur artillerie et les gros bagages qu'ils avoient mis à terre; puis cette armée se retira de nuit et se mit en marche sur cinq colonnes, pour s'en retourner en Piémont, par le même chemin qu'elle avoit tenu[2]. Elle ne put être fort inquiétée pendant sa route, mais se trouva beaucoup diminuée; car on assura que cette grande entreprise coûta quatorze à quinze mille hommes, tant tués que morts de maladie, désertés et blessés.

Voilà à quoi aboutit le grand projet dont les Alliés s'étoient flattés, qui leur coûta des sommes immenses, et au moyen duquel ils avoient prétendu faire soulever la Provence, le Languedoc et entrer en France. Certainement il étoit grand, mais Celui qui gouverne tout ne fut pas d'intelligence avec eux, et le maréchal de

---

1. Ce ne fut pas le *Saint-Louis* et le *Tonnant* qui furent brûlés; mais deux autres bâtiments moins importants appelés le *Diamant* et la *Perle* d'après Quincy (p. 277), le *Sage* et le *Fortuné* d'après la *Gazette*, p. 418.
2. Sur les causes qui amenèrent la levée si rapide du siège de Toulon, voyez les *Mémoires de Saint-Simon*, t. XV, p. 218, et le *Bulletin historique et archéologique du Comité des travaux historiques*, 1886, p. 319 et suivantes.

Tessé, par sa bonne conduite et diligence, rendit en cette occasion de grands services à sa patrie.

Le duc de Savoie se saisit des petits postes que les François avoient dans la vallée de Saint-Martin. Le prince Eugène va assiéger la ville et château de Suse et s'en rend maître. — M. de Savoie, étant de retour en Piémont, envoya un détachement dans la vallée de Saint-Martin, pour nous chasser des petits postes que nous y occupions; à quoi il réussit. Le prince Eugène, avec un autre plus considérable, s'en alla assiéger Suse, que de Vraignes[1], maréchal de camp, soutenoit avec un petit camp qu'il tenoit sur quelques hauteurs, et qu'il fut bientôt obligé de quitter par force majeure; il pensa même être défait, pour avoir tenu son poste trop longtemps. La ville, qui n'étoit d'aucune défense, fut abandonnée, et il n'y eut que le château qui tint quelques jours, et se défendit plus foiblement qu'on auroit cru[2].

Le maréchal de Tessé, qui avoit quitté la Provence, où il laissa quelques bataillons et escadrons, ramena toutes ses autres troupes en Dauphiné, pour s'opposer au duc de Savoie. Le maréchal auroit bien voulu secourir Suse; mais il ne put arriver à temps, par la brièveté de sa défense[3].

1. Henri de Pingré de Vraignes, maréchal de camp depuis 1704.
2. La ville avait été abandonnée par le commandant, le brigadier Masselin, qui s'était retiré dans la citadelle et dans le fort de la Brunette; ces deux forteresses se rendirent le 5 octobre.
3. Le chevalier de Quincy (*Mémoires*, p. 280) dit, au contraire, que le maréchal de Tessé mit une lenteur extrême à faire passer ses troupes en Dauphiné, et il en conclut qu'il

Ce fut là le dernier exploit des ennemis pendant cette campagne, et les troupes de part et d'autre prirent leurs quartiers d'hiver. Il n'y eut que les Palatines, qui faisoient dix ou douze bataillons et un régiment de dragons, qui allèrent s'embarquer pour la Catalogne sur des vaisseaux anglois et hollandois qui les attendoient à Final.

Campagne d'Espagne de 1707. — Pendant les derniers mois de l'année 1706 et le commencement de 1707, il y eut différentes petites actions entre les troupes du roi d'Espagne, de l'Archiduc et des Portugais. On leur reprit aussi plusieurs petites villes qu'ils avoient occupées sur l'Espagne, et on leur en fit abandonner d'autres. L'Archiduc se retira à Valence, et il lui vint un renfort de dix mille hommes de troupes angloises et hollandoises, qui débarquèrent à Alicante. Ce ne fut pas là le seul secours que les Alliés lui fournirent; car ils firent passer en Portugal quinze mille hommes, que le comte de Rivers[1] y mena, et de part et d'autre on se prépara à mettre toutes les troupes en état d'entrer de bonne heure en campagne pour les grandes opérations.

Le maréchal de Berwick commande l'armée des deux Couronnes en Espagne. — Le maréchal de Berwick

devait y avoir une convention secrète avec Victor-Amédée pour lui laisser prendre Suse, à condition qu'il lèverait le siège de Toulon.

1. Richard Savage, comte Rivers (1660-1712), prit part à la révolution de 1688 et fut un des plus zélés partisans de Guillaume III, qui lui donna le commandement d'une de ses compagnies de gardes du corps; il devint lieutenant général en 1702, général de cavalerie en 1708, enfin connétable de la tour de Londres en 1709.

commanda d'abord en chef l'armée du roi d'Espagne, et, étant parti de très bonne heure de Madrid, il assembla son armée à Chinchilla[1] le 16 avril. Le Mylord Gallway[2] et le marquis das Minas[3] firent d'abord quelques mouvements avec leur armée pour aller l'attaquer avant que toutes ses troupes l'eussent joint, et il se disposa à les bien recevoir. Mais, ayant eu nouvelle qu'ils retournoient sur leurs pas et qu'ils alloient faire le siège du château de Villena[4], il décampa le 22 et marcha à Almanza[5], qui est à six lieues de ce château. Effectivement Mylord Gallway envoya un détachement pour l'attaquer, et, pour couvrir ce siège, il vint camper, avec le reste de son armée, sa droite à Fuente et sa gauche à Alforine[6], où il tint un conseil de guerre, dans lequel il exposa que le maréchal de Berwick paroissoit avoir dessein de secourir Villena ou de couper leur communication avec Valence, d'où ils tiroient leurs vivres. Il le conclut par dire qu'il croyoit que le mieux qu'on pût faire étoit de marcher à lui pour le combattre, avant que les secours qui lui venoient encore de France l'eussent joint; qu'autrement ils seroient

1. Chinchilla-de-Monte-Aragon, à quelques kilomètres au sud d'Albacete.
2. Le marquis de Ruvigny, dit lord Gallway : tome II, p. 333.
3. Antoine-Louis de Sousa, marquis das Minas (1644-1721), était capitaine général de la province d'Alemtejo et commandait en chef les troupes portugaises; il devint plus tard conseiller d'État et grand écuyer de la reine de Portugal.
4. Ville de la province d'Alicante.
5. Almanza est une ville de la province d'Albacete, à 98 kilomètres au nord de Murcie.
6. Fuente doit être le bourg de Fuente-la-Higuera, au nord de Villena; quant à Alforine, on n'a pu identifier cette localité. L'*Histoire militaire* donne le même nom.

obligés d'abandonner le royaume de Valence, les magasins qu'ils avoient sur cette frontière étant épuisés. Son avis fut suivi.

Les ennemis marchent pour attaquer l'armée des deux Couronnes. Consistance de leur armée. — Les ennemis, étant déterminés à nous venir combattre, levèrent leur siège et vinrent à nous. Leur armée étoit de cinquante et un bataillons, qui étoient fort nombreux, et de soixante-dix escadrons ; on comptoit que tout cela joint ensemble montoit à trente-trois mille hommes ; ils n'avoient que vingt-huit pièces de canon de campagne[1].

Consistance de celle des deux Couronnes. — Celle des deux Couronnes consistoit en cinquante et un bataillons plus foibles que ceux des ennemis et en soixante-seize escadrons, avec une artillerie proportionnée, tellement que les forces des deux armées étoient à peu près égales en nombre de bataillons et d'escadrons.

Le maréchal de Berwick, ayant eu le 24 des nouvelles certaines que les ennemis venoient à lui, fit revenir tous les détachements qu'il avoit dehors. Ce jour-là, les Alliés campèrent à une lieue, en un lieu nommé Caudete ; le lendemain 25, les ennemis parurent, marchant sur quatre colonnes droit à lui. Le maréchal alla les reconnoître de près, et revint ensuite marquer le terrain où il vouloit mettre son armée en bataille, et envoya tous les bagages à Almanza.

Disposition de l'armée des deux Couronnes avant le combat. — L'armée se mit aussitôt en marche, pour aller à la rencontre de celle des ennemis, et se mit en

1. L'*Histoire militaire* donne les mêmes chiffres.

bataille dans le terrain qui avoit été reconnu. La droite s'étendit jusqu'à une hauteur vers Montalègre, et la gauche fut appuyée contre une autre hauteur qui regardoit le chemin de Valence. Il y avoit un ravin à quelque distance devant l'infanterie de la droite, qui se perdoit insensiblement, en remontant vers la hauteur où elle étoit appuyée. L'armée fut mise en bataille dans l'ordre ordinaire sur deux lignes, c'est-à-dire, l'infanterie dans le centre et la cavalerie sur les ailes.

Disposition de l'armée des Alliés avant le combat. — Celle des ennemis étoit dans une autre disposition; car ils avoient mêlé leurs bataillons d'infanterie avec leurs escadrons, c'est-à-dire, qu'à chaque aile, ils avoient cinq escadrons, puis cinq bataillons, et cet ordre subsistoit d'un bout à l'autre de la ligne. Quoique le maréchal de Berwick l'eût bien remarqué, il ne changea point la disposition de son armée, le jugeant inutile, dans le terrain que les ennemis occupoient, qui étoit une belle plaine rase.

Bataille d'Almanza où les Alliés sont défaits, le 25 avril 1707[1]. — Sur les trois heures après-midi, Mylord Gallway se mit à la tête des dragons anglois,

---

1. Sur cette bataille, qui rétablit les affaires de Philippe V dans le royaume de Valence, on peut voir, outre l'*Histoire militaire* de Quincy, t. V, p. 399-407, les relations de la *Gazette*, p. 227-228 et 233-236, et de la *Gazette d'Amsterdam*, n°s XXXVIII, XL, XLVIII et XLIX, et Extraord. XLIX; le *Mercure* de mai, p. 325-389, les *Mémoires de Berwick* lui-même, t. I, p. 391-395, ceux de *Saint-Simon*, t. XIV, p. 415-420, et ceux *du marquis de Sourches*, t. X, p. 309-313. Les correspondances et relations originales sont au Dépôt de la Guerre, vol. 2015, n°s 462-463; vol. 2048, n°s 284-289, 299, 300 et 308, et vol. 2049, n°s 10 à 12 et 117 *bis*.

qui formoient la gauche de sa première ligne, et, dès qu'elle fut à cent pas de l'aile droite de l'armée des deux Couronnes, elle s'ébranla pour marcher à elle, de sorte que le combat commença par là, et l'on chargea avec beaucoup de vigueur. Après quelque résistance de la part des ennemis, la cavalerie espagnole, conduite par le duc de Popoli[1] et par Cilly, maréchal de camp[2], renversa celle des ennemis, et la chassa à plus de cent pas; mais elle se rallia à la faveur des bataillons qui étoient entremêlés avec elle, qui firent un si grand feu sur la cavalerie espagnole, qu'elle fut repoussée à son tour en assez grand désordre, et donna aux ennemis le temps de se rallier. Ceux-ci, s'en étant aperçus, firent avancer cinq bataillons anglois, qui se coulèrent par leur gauche, dans le dessein de venir prendre en flanc l'infanterie de la droite de notre armée, qui se trouvoit alors dénuée de cavalerie. Le maréchal de Berwick, qui faisoit avancer dans ce temps-là la droite de sa seconde ligne, pour donner le temps à sa cavalerie de la première de se rallier derrière, s'étant aperçu de la manœuvre de ces cinq bataillons, il fit marcher la brigade du Maine[3], qui formoit la droite de l'infan-

---

1. Rostaing Cantelmi, duc de Popoli, était capitaine des gardes du corps de Philippe V; il mourut en 1733, majordome major du roi depuis 1721.
2. Claude du Fay d'Athies, marquis de Cilly, qu'il ne faut pas confondre avec le Silly mentionné dans notre tome IV, p. 120, avait fait toute sa carrière dans les dragons et on l'appelait Cilly des dragons pour le distinguer de son homonyme; il était maréchal de camp depuis 1704 et fut fait lieutenant général après Almanza.
3. Ce régiment avait été levé en 1625 par le futur maréchal de Turenne et s'était appelé Turenne; à la mort du maréchal,

terie de sa seconde ligne, pour aller à leur rencontre. Les cinq bataillons ennemis, qui couloient toujours par leur gauche, obligèrent notre brigade de faire à peu près les mêmes mouvements. Après avoir marché un espace de temps, cette brigade par sa droite, et les bataillons anglois par leur gauche, ils se trouvèrent si près les uns des autres, qu'ils se disposèrent à se combattre. Les ennemis firent demi-tour à droite, et nos bataillons demi-tour à gauche. Alors les Anglois commencèrent à faire à trente pas une décharge que nos bataillons essuyèrent de bonne grâce, sans tirer. Ils marchèrent aussitôt à eux tête baissée, et, ayant fait leur décharge à bout portant, il les chargèrent à la baïonnette au bout du fusil, et les mirent dans un tel désordre, qu'ils plièrent sans avoir pu se rallier et furent obligés de repasser le ravin, en fuyant devant notre brigade, qui en fit grand carnage. Le maréchal de Berwick, voyant ce succès, fit avancer notre cavalerie, qui s'étoit ralliée, contre ces bataillons, et acheva de les mettre en pièces, aussi bien que les escadrons de leur cavalerie, qui s'étoient approchés pour les soutenir.

Après cet avantage, la brigade de la Couronne[1] et celle d'Orléans[2] marchèrent aux ennemis, dans leur

en 1675, le Roi le donna à son fils naturel le duc du Maine, dont il prit le nom. A Almanza, ses deux bataillons formaient brigade avec un bataillon de Berwick et un de Bresse.

1. Ce régiment, ancien régiment de la Reine-mère, avait été commandé successivement par quatre Brûlart de Genlis, puis par un Montmorency; son colonel était alors M. de Polastron. Sa brigade comprenait, outre ses deux bataillons, deux de Blésois, un de Mailly et un de Reding-suisse.

2. Ce fut d'abord un des régiments étrangers levés par Mazarin pour son compte personnel; en 1651, il passa au frère

centre, et les abordèrent en essuyant, avec beaucoup d'intrépidité, à la portée du pistolet, la décharge des troupes qui leur étoient opposées. Elles les renversèrent sur leur seconde ligne, la baïonnette au bout du fusil. Dans ce même temps, une brigade des troupes hollandoises en chargea une des troupes d'Espagne de nouvelle levée, et, l'ayant enfoncée et mise en déroute, l'aile droite des ennemis, entremêlée de cavalerie et d'infanterie, prit en flanc et de front les brigades d'Orléans et de la Couronne, qui s'étoient laissées emporter à trop de vivacité, de sorte qu'elles furent obligées de se retirer. Le régiment de la Couronne se rallia à quarante pas de là, à la faveur d'un petit fossé, et fit sa décharge si à propos sur les escadrons ennemis qui l'avoient poursuivi, qu'ils n'eurent plus envie de le suivre; mais la brigade d'Orléans, et celle des Espagnols dont on a parlé, furent poussées jusques vers Almanza.

Présence d'esprit du chevalier d'Asfeld. — Le chevalier d'Asfeld[1], qui remarqua la conséquence de ce désordre, eut la présence d'esprit d'envoyer ses aides de camp à la tête de notre infanterie qui étoit en ligne, leur dire de ne pas s'en étonner, et que tout se faisoit pour attirer et engager davantage les ennemis, mais que, dans un moment, on verroit leur entière

---

de Louis XIV et s'appela Anjou-étranger; il devint Orléans en 1660. A Almanza, il formait brigade avec deux bataillons de Barrois et deux de Charolais.

1. Claude-François Bidal, chevalier, puis marquis d'Asfeld, était lieutenant général de la promotion de 1704; il fut sous la Régence membre du conseil de guerre et devint maréchal de France en 1734.

défaite. Effectivement, le maréchal de Berwick, qui avoit l'œil à tout, ayant fait marcher à leur secours quatre escadrons de sa seconde ligne, ces brigades se rallièrent et chargèrent les bataillons hollandois, pendant que nos escadrons les prirent en flanc et les taillèrent en pièces.

Deux régiments anglois, qui avoient été postés parmi la cavalerie de leur seconde ligne, vinrent à leur secours et aidèrent au restant de ces bataillons à se retirer. Ensuite on fit passer la brigade du Maine de la seconde ligne à la première, ce qui remplit le vide que les bataillons poussés y avoient fait.

Après cela, le maréchal de Berwick ayant remarqué que l'aile droite des ennemis ne s'étoit pas avancée autant que l'aile gauche, détacha quelques escadrons pour l'attaquer, et les fit soutenir par son aile gauche, qui les suivit au petit pas. Ces escadrons ainsi détachés rompirent ceux des ennemis, qui étoient Portugais, dès leur seconde charge, et ils abandonnèrent les bataillons qui étoient entremêlés avec eux.

Cependant le gros de l'aile droite des ennemis faisoit toujours ferme devant l'aile gauche de l'armée des deux Couronnes, qu'ils avoient chargée plusieurs fois sans la pouvoir rompre. Alors le maréchal de Berwick, pressé de finir l'affaire avant la nuit, fit marcher deux brigades pour la prendre en flanc. Dès qu'elle s'en aperçut, elle se retira en assez bon ordre, pour gagner les montagnes, et fut suivie de près par notre cavalerie de l'aile gauche, qui tailla en pièces plusieurs bataillons portugais pendant cette retraite.

Il y eut pourtant un régiment de cette nation, qui, s'étant formé en bataillon carré pour se retirer avec moins de péril, fut attaqué par la droite de la cavalerie espagnole et par la gauche de l'infanterie françoise, et le maréchal lui-même le chargea en queue avec d'autres troupes. Ce régiment se défendit si bien, que, quoiqu'abandonné de sa cavalerie, il se laissa tailler en pièces plutôt que de se rompre; les soldats furent presque tous tués dans leurs rangs.

Malgré les grands échecs que l'aile gauche des ennemis avoit reçus, elle se soutenoit encore et avoit même repoussé dans une charge quinze ou seize de nos escadrons de l'aile droite de l'armée; ce que le maréchal de Berwick ayant aperçu, il fit avancer neuf bataillons, la plupart françois, pour opposer à cinq régiments anglois, qu'ils avoient fait avancer de leur seconde ligne, et, ayant joint à ces neuf bataillons quelques escadrons frais, il fit charger cette aile gauche avec toutes ces troupes. La cavalerie ennemie fut rompue, et nos neuf bataillons, ayant chargé l'infanterie par le front et par les flancs, la défirent entièrement. Alors toute l'armée ennemie fut repoussée de tous côtés. La brigade des Gardes espagnoles et celle du Maine poursuivirent leurs avantages et rencognèrent les ennemis jusques dans les montagnes, où le maréchal de Berwick avoit envoyé quelque cavalerie pour les couper.

Cependant, un major général anglois, avec quelques brigadiers et plusieurs officiers qui avoient combattu dans le centre, rassemblèrent plusieurs soldats dispersés de leur régiment et, les ayant joints avec quelques soldats hollandois et portugais qui avoient été ralliés par le comte Dom Juan Emmanuel[1], en formèrent un corps de deux mille hommes, avec lequel ils se reti-

---

1. L'*Histoire militaire* de Quincy (t. V, p. 405) dit aussi « le

rèrent à deux lieues de là, étant toujours harcelés par quelques escadrons espagnols. Le maréchal de Berwick se mit aussi à leurs trousses et les poursuivit loin; mais, voyant que la nuit étoit presque fermée, il fit revenir ses troupes sur le champ de bataille. L'artillerie, de part et d'autre, eut fort peu de part à cette action.

On fait dix-neuf bataillons des ennemis prisonniers de guerre et plusieurs autres parcelles. — Cependant, ce qui restoit de la gauche des ennemis, aux environs de leur champ de bataille, voyant que les passages des montagnes leur étoient coupés, ne songea plus qu'à se rendre, et les ennemis envoyèrent à cet effet un colonel anglois et un hollandois au maréchal, qui commanda le chevalier d'Asfeld avec un détachement de cavalerie pour s'en rendre maître[1]. Il les amena le lendemain, et il se trouva qu'il y avoit treize bataillons, dont cinq anglois[2], qui, avec six autres qui avoient été pris pendant l'action, firent dix-neuf bataillons. On trouva avec eux six maréchaux de camp, six brigadiers, vingt colonels, huit cents autres officiers et neuf cents soldats de leurs autres bataillons. Toute leur artillerie fut prise et presque tous leurs bagages ; nous

comte Jean Emmanuel ». Nous ne savons qui était ce personnage.

1. Selon la relation des *Mémoires de Sourches*, t. IX, p. 307-308, ces bataillons étaient commandés par le comte Dohna, lieutenant général des troupes hollandaises, et par le major général anglais Scheldon.

2. Ces treize bataillons se composaient de cinq bataillons à la solde de l'Angleterre, dont deux formés de réfugiés protestants français et de déserteurs de nos armées, de cinq hollandais et de trois portugais, en tout cinq mille hommes (*Sourches*, p. 312).

gagnâmes aussi cent vingt drapeaux ou étendards[1].

Dénombrement des morts et des blessés des ennemis.
— Ils laissèrent six mille morts sur le champ de bataille et une grande quantité de blessés, parmi lesquels étoient Mylord Gallway, qui reçut deux coups de sabre au visage. Le brigadier général Kilegrert[2] mourut de ses blessures; le marquis das Minas, général des Portugais, fut aussi blessé et quantité d'autres officiers de considération.

Dénombrement des morts et des blessés des troupes des deux Couronnes. — Nous n'eûmes qu'environ deux mille hommes tués ou blessés, et entre les morts de distinction étoient les marquis de Sillery[3] et de Polastron[4], brigadiers.

Mylord Gallway se retira à Alcira[5], avec environ trois mille cinq cents chevaux qui lui restoient, et y mit ensuite une garnison d'infanterie, aussi bien qu'à Xativa, et, ayant rejoint le marquis das Minas, ils prirent le parti de se retirer sur l'Èbre, proche de Tortose, dans le dessein de joindre les troupes de

---

1. Ces chiffres sont à peu près les mêmes dans toutes les relations; il y eut, en tout, huit mille prisonniers. On trouvera ci-après, à l'Appendice, n° I, quelques lettres relatives aux conséquences de cette bataille et aux projets du duc d'Orléans pour la suite de la campagne.

2. Officier général qu'on n'a pu identifier; l'*Histoire militaire* l'appelle *Killigrena*.

3. Félix-François Brûlart, comte de Sillery, commandait depuis 1701 un régiment d'infanterie et avait eu le grade de brigadier en 1706.

4. Louis, marquis de Polastron, colonel du régiment de la Couronne depuis 1698 et brigadier depuis 1704.

5. Alcira est une ville de la province de Valence, au nord de Xativa.

l'Archiduc, pour défendre la Catalogne; ils laissèrent une bonne garnison dans Alicante, qui étoit bien pourvue de toutes choses.

M. le duc d'Orléans arrive à Madrid pour être généralissime; il joint l'armée. — S. A. R. M. le duc d'Orléans, qui étoit arrivé de France à Madrid pour être généralissime des forces des deux Couronnes, ne put venir assez à temps pour avoir part à cette glorieuse action[1], dont il loua fort le maréchal de Berwick, qui s'y conduisit avec tant de sagesse, de sang-froid et de science, qu'il répara avec beaucoup de diligence tous les désavantages que ses troupes eurent en quelques endroits pendant le combat, et les mit en état de remporter une victoire complète.

Fruits de la victoire d'Almanza. — Le duc d'Orléans ayant laissé reposer l'armée quelques jours, vint camper à Alborea[2] avec cinquante escadrons et trente compagnies de grenadiers; il passa ensuite la rivière de Cabriel[3], où il fut joint par le reste de la cavalerie, toute l'infanterie et l'équipage de l'armée.

De là, il vint à Requena[4], qu'il fit sommer. Il n'y avoit dedans que quatre ou cinq cents hommes, qui furent faits prisonniers de guerre. Ensuite, il envoya un détachement qui s'empara des défilés de Bunol[5], qui

---

1. Saint-Simon (*Mémoires*, t. XIV, p. 417) a raconté que Berwick avait temporisé tant qu'il avait pu pour ne pas enlever au prince l'honneur de la victoire, mais qu'ayant été attaqué, il n'avait pu faire autrement que d'accepter la bataille.
2. Alborea est un bourg de la province d'Albacete, au nord d'Almanza.
3. Affluent de gauche du Jucar ou Xucar.
4. Requena est dans la province de Valence.
5. Bunol, dans la province de Valence, à l'est de Requena.

est un passage très difficile : on n'y trouva aucune opposition.

Divers lieux du royaume de Valence envoyèrent demander pardon de leur rébellion et prêtèrent de nouveau leur serment. On y fit marcher les dragons et les grenadiers. Quelque cavalerie des ennemis et quelque infanterie étoient campées ce jour-là, à quatre lieues de Valence, et se retirèrent dès qu'ils apprirent la marche du corps dont je viens de parler et qu'il étoit suivi par M. le duc d'Orléans. Les députés de cette ville vinrent au-devant de ce prince, pour implorer la clémence de S. M. Catholique. Le comte de la Corzana[1], qui y commandoit pour l'Archiduc, s'en étant déjà retiré avec sa garnison, S. A. R. leur accorda la grâce qu'ils lui demandèrent et fit observer de si bons ordres dans la ville, qu'elle ne reçut aucun dommage ; mais il lui en coûta quelque somme d'argent[2].

Le chevalier d'Asfeld fut envoyé assiéger Xativa, avec un corps de troupes, et eut assez de peine à s'en rendre maître ; car celui qui commandoit dedans le défendit à merveille, et d'Asfeld ne l'emporta que l'épée à la main ; encore une partie de la garnison se jeta-t-elle dans le château, où l'on se contenta de la tenir bloquée pendant quelque temps, M. le duc d'Orléans ayant eu besoin d'une grande partie des troupes qu'il avoit données à Asfeld pour d'autres expéditions[3].

1. Diego Hurtado de Mendoza, comte de la Corzana, avait été vice-roi de Catalogne sous Charles II, et s'était rallié à l'Archiduc en 1701.
2. La ville fut taxée à une contribution de trois millions (*Sourches*, t. X, p. 322).
3. *Histoire militaire*, t. V, p. 410.

Mahony[1] alla aussi assiéger Alcira, qu'il prit par capitulation, après cinq jours de tranchée; de là, cet officier vint commander le blocus du château de Xativa, que d'Asfeld avoit quitté pour rejoindre M. le duc d'Orléans, et il resserra si fort ceux qui étoient dedans, qu'ils furent obligés de se rendre le 12 juillet, au nombre de huit cents hommes, qui furent conduits en Catalogne, après s'être engagés de ne servir de trois mois. Pour ce qui est de la ville, la cour de Madrid ordonna que tous les habitants seroient conduits en Castille, et qu'on la brûlât entièrement, sans autre réserve que les églises et de cent cinquante maisons appartenant aux habitants qui n'avoient pas voulu prendre les armes contre leur roi[2].

Le duc d'Orléans passa en Aragon avec un petit corps de troupes et s'avança vers Saragosse. Le comte de la Puebla[3], qui y commandoit pour l'Archiduc et qui avoit quatre ou cinq mille hommes de troupes réglées, voulut un peu disputer le terrain de l'avenue et le passage de l'Èbre[4]; puis il abandonna Saragosse et se retira avec ses troupes. Les habitants se rendirent aussitôt à M. le duc d'Orléans, qui les reçut en grâce, à condition qu'ils paieroient quarante-cinq mille pistoles, deux mille sacs de farine, autant d'avoine, et n'en laisseroient pas manquer à l'armée quand elle en auroit

1. Daniel Mahony, d'abord major du régiment irlandais de Dillon, puis colonel de dragons irlandais, était maréchal de camp espagnol depuis 1706; il fit toute sa carrière en Espagne.
2. *Histoire militaire*, p. 411.
3. C'était un maréchal de camp espagnol, qui avait quitté le service de Philippe V pour passer à celui de l'Archiduc (*Sourches*, t. X, p. 332, note).
4. Ses troupes furent bousculées par un détachement que commandait Legall.

besoin. On désarma tous les habitants de cette ville; on en pendit quelques-uns, afin que cet exemple de sévérité pût contenir les autres.

Pendant ce temps-là, le maréchal de Berwick étoit resté dans le royaume de Valence et fit démolir les murailles de la ville capitale; il y fit aussi construire une espèce de citadelle, pour tenir les habitants dans leur devoir, et, ayant pourvu à sa sûreté et à celle des autres places de ce royaume dont il s'étoit emparé, il mena camper une partie des troupes qu'il avoit à ses ordres à San-Mateo[1], à sept lieues de Tortose.

La Badie[2], lieutenant général, étoit pour lors campé avec quatorze bataillons et trois régiments de dragons à Castellon-de-la-Plana[3], et les ennemis que j'ai dit qui se retiroient du côté de Tortose, après la bataille qu'ils avoient perdue, n'avoient plus qu'environ quatre mille chevaux ensemble, et fort peu d'infanterie; car il ne leur en restoit guère de celle qu'ils avoient eue à l'action d'Almanza. Comme ils apprirent que M. de Berwick les suivoit toujours, venant camper dans les mêmes camps qu'ils quittoient, ils passèrent l'Èbre à Tortose. Le maréchal arriva devant cette ville le 23 et se saisit le lendemain du faubourg qui étoit en deçà de cette rivière. Il ordonna qu'on en rompît le pont, pour empêcher les ennemis de faire des courses dans le royaume de Valence. Cela fait, il donna ordre au chevalier d'Asfeld, qui étoit de retour de Xatïva, de

1. San-Mateo, dans la province de Castellon-de-la-Plana, est en effet à environ sept lieues au sud de Tortose.
2. Charles d'Espalungue de la Badie, lieutenant général depuis 1704.
3. Chef-lieu de province, dans le royaume de Valence, situé non loin du littoral de la Méditerranée.

demeurer devant Tortose avec les troupes qu'il avoit ramenées, et quelques autres qu'il y joignit, pour empêcher que les ennemis ne racommodassent le pont [pour passer la rivière, soit pour venir à lui ou pour faire des courses dans le royaume de Valence, et lui ordonna] de prendre la demi-lune revêtue, que les ennemis tenoient encore à la tête de ce pont, qu'il ne pouvoit faire détruire autrement; mais en cela il eut plus de peine qu'on ne croyoit; car elle étoit défendue par le canon de la ville, et d'Asfeld n'en avoit point. A ce défaut, il y fit attacher quelques méchants mineurs qu'il avoit, et, à force d'industrie, on y fit deux mines, et Asfeld se rendit maître de la demi-lune [et fit rompre le pont].

Pendant ce temps-là, le maréchal de Berwick s'en alla rejoindre M. le duc d'Orléans à Saragosse, où il fut résolu, dans un conseil de guerre qui s'y tint, d'aller assiéger Lérida pendant la campagne d'automne ; ce qu'on ne pouvoit faire à présent, par deux raisons : la première, à cause des grandes chaleurs, la seconde, parce qu'il falloit de grands préparatifs pour ce siège et faire venir des frontières de France du gros canon et quantité de munitions de guerre dont l'Espagne étoit entièrement dénuée. Il fallut donc par nécessité se réduire en attendant à envoyer de petits corps sous différents officiers généraux, et se saisir par la force ou autrement de plusieurs petites villes et postes que les ennemis tenoient encore dans les royaumes de Valence et d'Aragon. Ils se rendirent maîtres du château de Xativa, de Mequinença, de Fraga, de Monçon[1] et de quelques autres. On se pré-

---

1. Mequinença est au confluent de l'Èbre et de la Sègre;

senta bien devant Denia; même on y ouvrit la tranchée et l'on y donna un assaut, un peu à la hâte, que les ennemis soutinrent avec courage, et, comme cette affaire devenoit d'une longue haleine, plutôt que d'y fatiguer davantage les troupes et d'y en envoyer de nouvelles, que l'on réservoit pour une entreprise plus considérable, on jugea à propos de faire lever le siège et de remettre la partie à un autre temps.

Il fut aussi résolu, dans un conseil tenu à Saragosse, de pousser les ennemis, qui s'étoient fortifiés par de nouveaux secours qui leur étoient venus de Catalogne, et de les obliger de se retirer tout au plus loin. A cet effet, M. le duc d'Orléans, étant parti de Saragosse le 12 juillet, vint camper avec l'armée à Alcarraz[1].

Mylord Gallway se remet en campagne. — Le peu de troupes que les ennemis avoient en avant se retira au delà de la Sègre, et leur gros vint camper à Torres-de-Sègre[2], ce qui engagea S. A. R. de détacher d'Avaray[3], lieutenant général, avec quinze bataillons et trente escadrons, pour se joindre à d'Arènes[4] qui avoit un autre détachement, avec ordre de marcher jusqu'à une lieue des ennemis où il les joindroit avec tous les dragons de l'armée et quinze escadrons de cavalerie.

Fraga sur la Cinca, au nord de Mequinença, et Monçon aussi sur la Cinca, en amont de Fraga.
1. Alcarraz est entre Fraga et Lérida.
2. Torres-de-Sègre est sur la rive gauche de cette rivière.
3. Claude-Théophile de Béziade, marquis d'Avaray (1655-1745), était lieutenant général depuis 1704; en 1715, il fut envoyé comme ambassadeur auprès des Cantons suisses.
4. François de Pierre d'Arènes était lieutenant général de la même promotion que M. d'Avaray.

M. le duc d'Orléans marche à lui et l'oblige à se retirer de nuit du côté de Barcelone. — Ce prince marcha toute la nuit et le lendemain jusqu'à midi pour les joindre; mais Mylord Gallway qui les commandoit, en ayant été informé, avoit décampé dès les quatre heures du matin avec beaucoup de précipitation pour se retirer du côté de Barcelone, et ainsi abandonna tout le pays qu'il tenoit. M. le duc d'Orléans, voyant qu'il ne le pouvoit atteindre, ramena ses troupes à Alcarraz, et, ayant passé à la portée du canon de Lérida, il reconnut cette place et se saisit le lendemain de Balaguer[1] que les ennemis avoient abandonné.

Après cela, toute l'armée marcha sur Lérida, dont une partie passa la Sègre au-dessus et au-dessous sur des ponts qu'on y fit; l'autre demeura en deçà, bordant cette rivière, de manière que cette place étoit investie de deux côtés et que nos troupes étoient postées de façon qu'elles coupoient la communication de cette place avec Tortose et l'Aragon, en attendant que la saison permit d'en faire le siège et que tous les préparatifs qu'on faisoit pour icelui fussent arrivés.

Pendant ce temps-là, les troupes se rafraichissoient, et S. A. R. faisoit faire de grands amas de fourrages et de vivres. On publia une amnistie générale, de la part du roi d'Espagne, à tous les Catalans et Aragonois qui avoient pris les armes contre lui, pourvu que, dans le temps qui y étoit limité, ils retournassent chez eux et ne prissent aucun parti dans les actions de guerre, puisqu'autrement ils seroient traités comme rebelles et ennemis de la patrie.

Expédition du duc de Noailles en Catalogne. — Pen-

---

1. Balaguer est aussi sur la Sègre, au nord de Lérida.

dant tous ces mouvements, le duc de Noailles[1], à qui le Roi avoit donné un petit corps de troupes à commander pour défendre l'entrée du Roussillon, dont il étoit gouverneur, voyant le trouble où les ennemis étoient du côté de l'Aragon, du royaume de Valence et de la Catalogne et tous les désastres qui leur arrivoient, crut pouvoir entrer en Catalogne et y faire quelques progrès [sur le peu de troupes qui lui pouvoient être opposées. Il entra donc dans cette province et] se mit à la poursuite de Nabot[2], maréchal de camp pour l'Archiduc, qui n'avoit que peu de cavalerie et quelques miquelets; il pensa même surprendre deux fois cet officier, qui eut l'adresse de se retirer, après avoir perdu seulement quelques cavaliers. Ensuite il marcha à Bascara[3], fit attaquer le château de Calabous[4] sitôt que son canon fut arrivé et s'en rendit maître; puis il fit démolir les murailles de Bascara; ensuite il distribua ses troupes en plusieurs quartiers de rafraîchissements. Quand les grandes chaleurs furent passées, il se jeta dans la Cerdagne et s'empara de Llivia[5], poste important par rapport aux courses des miquelets de l'Archiduc; puis il se saisit de Puigcerda, dont les habitants lui apportèrent les clefs; il en fit relever les fortifications aux dépens du pays, pour y tenir un poste

1. Adrien-Maurice (tome III, p. 28), qui n'était encore que duc d'Ayen et ne devint duc de Noailles que l'année suivante, à la mort de son père.
2. Le comte Raphaël Nabot, ou Nebot, Catalan, était maréchal de camp dans l'armée de l'Archiduc.
3. Bascara est entre Figuères et Girone.
4. La *Gazette* (p. 331-332) dit que ce château n'est éloigné de Bascara que de deux portées de canon.
5. Llivia est sur l'extrême frontière, dans le voisinage de Puigcerda.

en sûreté, et soumit toute cette petite province. Il auroit bien voulu avoir les troupes qu'il demanda à la cour, pour faire le siège de Girone ; mais, comme on ne put les lui envoyer, la partie fut remise à l'année suivante.

Expédition du duc d'Ossone et du marquis de Bay sur les Portugais. — La cour de Madrid ne s'étoit pas contentée de pousser la guerre dans les royaumes de Valence et d'Aragon, après la bataille d'Almanza ; car elle avoit encore un petit corps d'armée de dix à douze mille hommes, commandé par le marquis de Bay[1], sur les frontières du Portugal, et deux autres petits corps, moitié troupes et moitié milices, dont l'un en Andalousie, sous le duc d'Ossone[2], et l'autre en Galice, sous le marquis de Richebourg[3], qui avoient ordre de se joindre au premier, quand le besoin s'en présenteroit.

Le roi de Portugal avoit aussi sur la frontière de son royaume une petite armée, dont il avoit donné le commandement au duc de Cadaval[4]. Le projet des Alliés, à ce qu'on a dit, étoit de la faire pénétrer dans la Castille par l'Estrémadure ou par Salamanque, pendant que l'Archiduc en feroit de même de son côté, avec la grande armée commandée par Mylord Gallway et le marquis das Minas ; mais la perte qu'ils firent

---

1. Tome IV, p. 238.
2. François-Marie-de-Paule Tellez Giron, duc d'Osuna, en français d'Ossone.
3. Guillaume de Melun-Espinoy, marquis de Risbourg, ou plutôt Richebourg, avait été fait grand d'Espagne en 1704 et était vice-roi de Galice depuis 1706 ; il devint plus tard gouverneur de la Catalogne (notre tome III, p. 258).
4. Tome II, p. 142.

de la bataille d'Almanza renversa tous leurs projets.

Le marquis de Bay et le duc d'Ossone, voulant profiter de l'heureuse conjoncture, entrèrent dans le Portugal chacun de leur coté. Le duc vint assiéger Serpa et Moura[1], qui firent quelque résistance, et il ne laissa pas, quoiqu'il eût peu de troupes, de réduire ces deux places; les garnisons furent faites prisonnières de guerre. Le marquis de Bay, de son côté, entra dans ce royaume du côté de Castel-Rodrigo, dans la province de Tra-los-Montes[2], et vint jusques au pont d'Olivença[3] par une marche forcée. Il attaqua ce pont, s'en rendit maître et y fit quelques prisonniers de guerre. Ces deux généraux avoient dessein de pousser plus avant leurs exploits; mais les chaleurs excessives qui avoient déjà commencé les obligèrent de mettre leurs troupes en quartier de rafraîchissement dans l'Estrémadure jusques à ce qu'elles fussent passées.

Après cela, le marquis de Bay rassembla ses troupes à Péralez[4], et, ayant été joint par les milices, il se mit en marche et arriva aux environs de Ciudad-Rodrigo[5] vers le 17 septembre. Le lendemain, il fit investir la place et travailler à des lignes de circonvallation. Le

1. Villes de la rive gauche de la Guadiana, dans la province d'Alemtejo.
2. Castel-Rodrigo n'est pas dans la province de Tra-los-Montes, mais dans celle de Beira-Alta.
3. Olivença est situé bien plus au sud, dans la province de Badajoz.
4. Cette localité, que la *Gazette* appelle le port de Peralez, doit être Peralejos-de-Abajo, dans la province espagnole de Salamanque.
5. Nous avons vu cette ville prise par les Portugais en 1706 : tome IV, p. 237-239.

20, la tranchée fut ouverte, et, le 4 octobre, les brèches se trouvèrent suffisantes pour y donner l'assaut. On somma le gouverneur de se rendre, et, pendant qu'il agitoit la question dans un conseil de guerre qu'il tint, Miromesnil[1], avec quatre cents grenadiers commandés pour essayer de monter sur la brèche, trouva le moyen de se glisser jusques au rempart de la ville, sans être aperçu et sans y trouver qu'un petit détachement qui s'opposa à son passage et qu'il força. Ainsi il entra dans cette place et fit passer d'abord au fil de l'épée une soixantaine de soldats qui se vouloient défendre. Le gouverneur sortit aussitôt du château et vint dans la ville pour tâcher de nous en chasser. Pendant ce temps-là, les troupes de l'armée se jetèrent dans la place. Le gouverneur voulut se retirer dans le château avec les siennes ; mais Miromesnil, qui s'en étoit douté, y avoit déjà marché avec son détachement et y entra aussitôt que le gouverneur. Il y avoit dedans cinq cents hommes qui mirent les armes bas. Les assiégés eurent quatre cents hommes de tués dans la chaleur de l'action. On fit le gouverneur prisonnier avec deux cent quatre-vingts officiers, dix-huit à dix-neuf cents soldats ; on y trouva aussi six cents malades ou blessés, cinquante-six drapeaux ou étendards, treize pièces de canon, des mortiers, des vivres et des fourrages en grande quantité. Les deux Couronnes n'y eurent qu'environ trois cents soldats tués ou blessés. La conquête de cette place étoit très importante en ce qu'elle couvroit la Castille et donnoit entrée en Portugal[2].

1. Jean-Baptiste Hue, marquis de Miromesnil, avait eu un régiment d'infanterie en 1694, et était brigadier depuis 1704 ; il passera maréchal de camp en 1710.
2. Les correspondances de la *Gazette* (p. 488, 498-499 et

Pendant ce temps-là, les Portugais, ayant ramassé tout le plus de troupes qu'ils purent, marchèrent à Moura pour l'assiéger. Le marquis de Bay alla au secours et fit lever le siège sans coup férir; les pluies d'automne, qui sont ordinairement grandes dans ce pays-là, étant survenues, le marquis de Bay envoya ses troupes dans leurs quartiers d'hiver.

Siège de Lérida. — Je viens à présent au siège de Lérida, dont S. A. R. eut tout le temps de faire faire tous les préparatifs; car l'assemblage de la grosse artillerie et des munitions de guerre est très difficile à faire, principalement en Espagne, où il n'y avoit point d'arsenaux de réserve dans lesquels on pût puiser. Ce qui venoit de France se tiroit de fort loin, et ne pouvoit venir qu'à force d'argent, de peine et de lenteur, à cause de la difficulté des chemins et des passages dans les montagnes. Ainsi S. A. R., en attendant ces secours essentiels, eut tout le temps de faire faire ses lignes de circonvallation, l'établissement de ses quartiers et les autres dispositions[1]. Il voulut attendre que tout cela fût arrivé à son camp, ou à une petite portée, pour pousser son siège avec une égale vigueur et n'être pas obligé à le ralentir, quand il l'auroit une fois commencé, ce qui auroit produit deux méchants effets, en ce que son armée en auroit pu être découragée ou la maladie s'y mettre, ce qui arrive assez ordinairement quand les sièges dégé-

---

510-511) donnent des détails précis sur le siège et la prise de Ciudad-Rodrigo.

1. La *Gazette* dit en effet que le siège fut retardé d'abord par les chaleurs, ensuite par la nécessité de réunir des approvisionnements et des munitions (p. 380, 402, 461, 487-488, 499-500).

nèrent en longueur; et l'autre, que ses attaques et ses batteries mollissant une fois par défaut de canon et de munitions, les assiégés en auroient pris de l'audace, et eu toutes sortes de facilités de réparer les brèches et les autres travaux démolis jusqu'alors. C'est pourquoi ce prince différa l'ouverture de sa tranchée devant la ville jusques à la nuit du 2 au 3 octobre. Mais, avant de pousser plus loin la narration de ce siège, j'estime à propos de donner une courte description de la situation de cette place, de ses fortifications, de la force des assiégés et de celle de l'armée des deux Couronnes qui en fit le siège.

Cette ville[1] est située sur le bord de la rivière de Sègre, sur laquelle les ponts sont fort difficiles à construire et à maintenir, à cause de sa rapidité et des enflements subits qui surviennent aux moindres pluies. Elle est assez grande et a un évêché. Les fortifications en étoient irrégulières et médiocres, quoique les ennemis y eussent assez travaillé depuis qu'ils la tenoient; mais il y a un bon château, situé sur un roc très vif et très peu accessible, excepté du côté de la ville, où il y a une pointe de terre que les ennemis avoient fortifiée par un grand ouvrage, avec un chemin couvert [en bon état; et, partout ailleurs, tant de la ville que du château,] les ouvrages extérieurs étoient peu de chose; mais, en récompense, les avenues du château, qui étoit d'une petite capacité, étoient très difficiles, parce que partout on trouvoit un terrain montueux et d'un roc fort vif qui n'étoit couvert d'aucune terre et que par

1. Le *Grand Dictionnaire géographique* de Bruzen de la Martinière donne aussi une description sommaire de Lérida et de ses fortifications.

conséquent on ne pouvoit creuser, tellement qu'il falloit faire des tranchées par industrie, aussi bien que les batteries, pour lesquelles on étoit obligé d'apporter de la terre de bien loin pour remplir les gabions, les ennemis ayant eu d'ailleurs la précaution de détruire jusques au loin les menus bois dont on auroit pu faire des fascines et des piquets.

Consistance de l'armée des deux Couronnes. — Notre armée étoit composée de cinquante et un bataillons et de soixante-douze escadrons; l'artillerie n'étoit pas nombreuse.

Consistance de la garnison. — Un prince de Darmstadt[1] commandoit dans la place, et sa garnison consistoit en deux bataillons anglois, un hollandois, deux portugais et deux de miquelets. Cette garnison ne manquoit de rien de ce qui est nécessaire à une bonne et longue défense.

Il y avoit encore un fort nommé Garden sur un rocher[2] qui dépendoit de la ville et en étoit trop éloigné pour être utile à sa défense, et qui ne pouvoit nuire aux assiégeants, qui le laissèrent là par cette raison.

La tranchée devant la ville, ayant été ouverte, comme je l'ai dit, la nuit du 2 au 3 d'octobre[3], quoique dans

1. C'était le prince Henri de Hesse-Darmstadt, frère du prince Georges dont il a été parlé déjà ci-dessus, tome II, p. 417; il était passé en Espagne avec son frère, et l'Archiduc lui avait donné le gouvernement de Lérida.

2. En aval de la ville et dominant la Sègre.

3. *Gazette*, p. 512, où commence un journal du siège assez détaillé. Le marquis de Quincy (*Histoire militaire*, t. V, p. 427-435) l'a raconté également et a donné un tableau des troupes et un plan de la ville.

un terrain graveleux, ne laissa pas d'être poussée jusqu'à cinquante toises de la ville, à la faveur d'un ravin, et les ennemis ne s'en aperçurent que fort tard. Les nuits suivantes, jusqu'au 9, on continua le travail ; les assiégés firent une sortie sur les travailleurs, comblèrent quelque travail et brûlèrent les fascines; ils furent bientôt repoussés.

Le 9, les batteries commencèrent à tirer contre la première enceinte de la ville, et l'on jeta des bombes sur le bastion du château, pour démonter le canon que les ennemis y avoient.

Mylord Gallway rassemble ses troupes et vient à Torrega. — Mylord Gallway, ayant vu S. A. R. occupée à ce siège, rassembla toutes ses troupes et alla se poster à Torrega[1], dans le dessein de harceler les assiégeants.

Le 10 et le 11, les batteries continuèrent à battre les enceintes de la ville et y firent des brèches si étendues et si considérables que M. le duc d'Orléans fit commander les troupes pour donner l'assaut à la ville.

La ville de Lérida est prise d'assaut et abandonnée au pillage. — Le feu des ennemis fut très vif, et ils se défendirent pendant près de deux heures, au bout desquelles ils furent chassés du chemin couvert, et on se logea sur les brèches jusqu'à un épaulement qui voyoit de revers la seconde enceinte, tellement que nos troupes ne se trouvèrent séparées des assiégés que par quelques maisons. Alors ils sonnèrent le tocsin dans la ville et firent un très grand feu des ouvrages qui leur restoient, dans l'espérance de faire quitter

1. Torrega est à l'est de Lérida.

prise à nos troupes; mais, voyant que leurs efforts étoient inutiles, ils en tentèrent un autre par une sortie de mille à douze cents hommes, qui furent bientôt repoussés. Tout ceci se passa avec peu de perte de notre part[1].

Dès lors, on auroit pu entrer dans la ville l'épée à la main; mais S. A. R., qui s'étoit trouvée présente pendant toute l'action, jugea qu'il étoit plus convenable de différer jusqu'au lendemain, et en l'attendant on se saisit du chemin couvert qui étoit sur la gauche, afin d'embrasser la ville de tous côtés.

Le prince de Darmstadt se retire dans le château avec sa garnison et s'y laisse suivre imprudemment par grand nombre d'habitants de la ville. — On s'aperçut dans ce temps-là que les ennemis se retiroient au château avec tout ce qu'ils pouvoient emporter, et il vint un tambour du prince de Darmstadt avec des lettres pour M. le duc d'Orléans, par lesquelles il disoit qu'étant obligé d'abandonner la ville, il le prioit de traiter humainement d'illustres familles et plusieurs femmes et enfants qui s'étoient retirés sur la montagne près du château. S. A. R. lui répondit sur-le-champ que, comme ces personnes lui avoient servi à défendre la ville, il pouvoit les retirer dans le château pour le même usage, si mieux n'aimoit le rendre dès à présent, faute de quoi on les traiteroit comme rebelles.

Aussitôt on entra dans la ville, et S. A. R. y vint peu après, et en sortit incontinent après avoir permis le pillage aux soldats pendant huit heures et donné ses ordres pour qu'on se précautionnât fort contre les sorties que ceux du château pourroient faire. Et comme

1. *Gazette*, p. 512-514 et 523-525.

les habitants des environs avoient mis à couvert dans cette ville tout ce qu'ils avoient de meilleur, toute l'armée, qui pilla par ordre et détachement de régiments[1], fit un butin très considérable; on ne put empêcher qu'il n'y eût quelques gens de tués et des violences commises.

S. A. R. assiège le château et y fait ouvrir la tranchée le 15 octobre. — Immédiatement après la prise de la ville, qui fut le 15 d'octobre[2], S. A. R. ayant reconnu avec les officiers généraux, ceux de l'artillerie et les ingénieurs, de quelle manière on attaqueroit le château, il fut résolu d'y faire deux attaques, l'une du côté de la campagne et l'autre par la ville, pour faire faire aux assiégés une diversion de feu[3]. La tranchée fut ouverte la nuit du 15 au 16 et poussée à demi-rampe, sur une espèce de plateau, tout de rocher vif, où on fit puis après des batteries de canon, avec beaucoup de peine et de fatigue. On en dressa une autre à l'attaque par la ville qui fut du temps à faire avant que de s'en pouvoir servir, parce qu'elle étoit trop exposée, et qu'on y perdit considérablement de monde. On fit aussi plusieurs autres batteries de canon et de mortiers, qui causèrent beaucoup de dommage dans le château par sa petite capacité et la fourmilière de monde qui y étoit, [tant de la garnison que des réfugiés de la ville qui y étoient entassés les uns sur les

---

1. Deux soldats par chambrée furent désignés pour le pillage (*Histoire militaire*).

2. D'après la *Gazette*, le duc d'Orléans entra dans la ville le 14 octobre, et le pillage eut lieu ce jour-là.

3. Pour le siège du château, voyez la *Gazette*, p. 534-535, 545-548, 558-561 et 572, et l'*Histoire militaire*, t. V, p. 535-541; le siège dura un mois.

autres,] avec une subsistance très mince, à cause qu'il falloit ménager les vivres pour une si grande quantité de gens. Ces incommodités engendrèrent tant de maladies et de corruption que la peste s'y mit bientôt.

Les jours suivants, y compris le 27, on poussa la sape jusqu'au-dessous d'un retranchement de fascines des assiégés, et l'on y fit un logement; ensuite on avança la sape de cinquante toises, et on la rendit parallèle à une fausse braye qu'il y avoit. Pendant ce temps-là, notre canon imposa silence à celui des ennemis et abattit le revêtissement du polygone attaqué jusqu'au niveau de la hauteur du rocher.

Mylord Gallway s'approche à trois lieues de Lérida. — On apprit aussi que Mylord Gallway avoit décampé de Torrega pour s'approcher de notre camp; qu'il étoit venu se camper à Las Borjas[1], à trois lieues de Lérida, et que son armée étoit composée de soixante-douze escadrons et de dix-neuf bataillons, dont six de nouvelle levée[2].

S. A. R. l'envoie reconnoître et fait ses dispositions pour le recevoir. — Sur cette nouvelle, M. le duc d'Orléans les envoya reconnoître[3] et fit toutes les dispositions nécessaires pour les recevoir, soit qu'ils eussent le dessein d'introduire des secours dans la place, ou de l'inquiéter sur le haut ou sur le bas de la Sègre. Ce prince destina donc ving-huit bataillons et soixante escadrons pour former une armée d'observa-

---

1. Saint-Hilaire et Quincy écrivent *Las Boras;* ce doit être Borjas, petite ville à l'est-sud-est de Lérida.
2. C'est exactement ce que dit Quincy, dont on peut constater encore ici la ressemblance avec le récit de notre auteur.
3. Par don Joseph de Ameza avec cinq escadrons.

tion que le maréchal de Berwick devoit commander, et en destina vingt-trois autres et douze escadrons pour la continuation du siège.

Depuis ce temps-là jusqu'au 5 novembre, les travaux allèrent leur train, selon que la dureté du terrain et l'industrie le pouvoient permettre, et nos batteries faisoient beaucoup de feu et ne pouvoient mordre sur le rocher vif, au-dessus duquel le revêtissement des bastions et des courtines étoit fondé.

Mylord Gallway s'avance avec quelques escadrons pour reconnoître le camp des deux Couronnes et se retire. — Mylord Gallway vint ce jour-là[1] avec quatorze escadrons reconnoître l'armée de M. le duc d'Orléans, puis se retira dans son camp, après avoir été assez inquiété par quelques-uns de nos escadrons de hussards.

Ce même soir, les assiégés, se trouvant fort pressés dans le château, firent jeter six fusées en manière de signal; d'où on inféra qu'ils étoient fort pressés. Les mineurs furent attachés à la fausse braie et y firent des mines, que l'on se mettoit en état de faire jouer, lorsque le prince de Darmstadt s'en aperçut et vit plusieurs mouvements dans nos tranchées qui dénotoient des préparatifs d'assaut, ce qui lui fit battre la chamade et envoyer ensuite un major avec un officier, qui dirent à S. A. R. que le prince de Darmstadt enverroit le lendemain un brigadier pour faire ses propositions. M. le duc d'Orléans leur répondit qu'ayant fait préparer toutes choses pour donner l'assaut dans le moment, il n'étoit pas d'avis de remettre l'affaire au lendemain

---

1. Quincy dit le 6 novembre.

et recevroit également les propositions de ces officiers que celles du brigadier; à quoi il ajouta qu'il vouloit savoir sur l'heure si le prince de Darmstadt vouloit traiter pour le fort Garden aussi bien que pour le château, quoique ce fort n'eût point encore été attaqué, sans quoi il ne recevroit la garnison que prisonnière de guerre, et qu'il ne vouloit écouter d'autres propositions; moyennant quoi, et en considération du prince de Darmstadt, il leur accorderoit une capitulation honorable; qu'il ne donnoit qu'une heure pour se déterminer, pendant laquelle il y eut encore quelques allées et venues.

Réduction du château de Lérida et du fort de Garden. — A la fin, le prince de Darmstadt accepta les conditions et capitula pour le château et le fort de Garden, où on entra le lendemain[1].

La garnison fut conduite à l'armée de Mylord Gallway, avec les honneurs de la guerre; mais, pour ce qui étoit des bourgeois, des prêtres et des moines qui s'étoient retirés dans le château, il fut convenu qu'ils se remettroient entièrement à la clémence du roi d'Espagne et, quant aux miquelets, qu'ils suivroient la garnison le bâton blanc à la main[2].

C'est ainsi que finit le siège de cette place, où nos armées, sous d'excellents capitaines, avoient ci-devant

1. La capitulation fut signée le 12 novembre, et la garnison sortit du château et du fort le 14. Le marquis de Quincy (p. 440) donne le texte de la capitulation.

2. C'est-à-dire sans armes ni bagages, n'ayant que leurs vêtements et un bâton pour les aider à marcher, au contraire de la garnison, qui, ayant obtenu les honneurs de la guerre, emportait ses armes et ses bagages.

échoué deux ou trois fois[1], et peut-être en seroit-il arrivé autant à celle-ci, si le prince de Darmstadt n'avoit pas fait la faute (dont il fut fort blâmé) de soutenir un assaut dans la ville, qui la ruina totalement, et de se retirer dans le château, qui étoit fort petit, avec le résidu d'une nombreuse garnison et trois ou quatre mille bourgeois qui s'y réfugièrent et y engendrèrent une corruption épouvantable qui y causa la disette et la peste, ainsi que je l'ai déjà dit, et le contraignit de se rendre, ce qu'il y a apparence qu'il n'auroit pas fait sans cela, dans une saison aussi avancée, où notre armée, après tant de séjour, commençoit à manquer de subsistance et de munitions, qui ne pouvoient lui venir que de très loin et avec beaucoup de difficulté.

S. A. R. se conduisit en ce siège avec toutes les précautions dont il se put aviser et toute la vigilance possible. Il exposa beaucoup sa personne, ce qu'on n'aura pas de peine à croire, puisque ce prince a toujours donné des marques certaines de son courage et de sa valeur.

Le marquis de Joffreville fait une course dans la Catalogne, y établit des contributions et revient à l'armée. — Sitôt que Lérida fut pris, on rasa tous les travaux du siège, et S. A. R. donna les ordres nécessaires pour la conservation de la place. Elle détacha encore le marquis de Joffreville[2], avec deux mille chevaux

---

1. Le comte d'Harcourt avait échoué devant Lérida en 1646, et, l'année suivante, le Grand Condé avait été également obligé de lever le siège de cette place.

2. François Le Danois, marquis de Joffreville : tome III, p. 254.

pour aller faire une course dans la Catalogne, où il pénétra fort avant sans aucune opposition et se retira de même après y avoir établi des contributions, les peuples des environs s'étant empressés de se venir soumettre. D'Arènes, avec douze bataillons et quinze escadrons, s'en alla joindre le chevalier d'Asfeld, qui commandoit dans le royaume de Valence.

M. le duc d'Orléans s'en retourne à Madrid puis revient en France. — Mylord Gallway, avec son armée, se retira à Montblanch[1], à deux ou trois lieues de Tarragone. Le reste de la nôtre fut distribué en quartiers d'hiver sur toute la frontière, et S. A. R. s'en retourna à Madrid après avoir donné tous ses ordres pour la conservation des places qu'il avoit prises ou que les ennemis lui avoient abandonnées. Comme il naquit un prince au roi d'Espagne[2], il le tint sur les fonts de baptême au nom de celui de France et s'en retourna aussitôt à la cour.

D'Arènes, lieutenant général, va assiéger Morella et le prend. — D'Arènes, étant arrivé dans le royaume de Valence, alla faire le siège de Morella[3] qui devoit naturellement être fatigant et de longue durée, à cause de l'arrière-saison et de la garnison qui étoit dedans; mais, le 8 de décembre, une bombe, étant tombée par la cheminée dans la chambre où le gouverneur, le major et quelques autres officiers s'étoient retirés, les

---

1. Montblanch est au nord de Tarragone, entre cette ville et Lérida.
2. Louis, prince des Asturies, né le 25 août, plus tard roi sous le nom de Louis Ier, et mort avant son père le 31 août 1724. La *Gazette*, p. 615-616, raconte la cérémonie de son baptême.
3. Dans le nord de la province de Castellon-de-la-Plana.

tua tous et mit le feu à la maison[1]. La garnison, qui étoit de sept cents hommes de troupes réglées et de cinq cents miquelets, fut si étourdie de cet accident qu'elle demanda à capituler et rendit aussi le château. On trouva dans cette ville quantité de grains et de munitions, et d'Arènes fit arrêter des Capucins qui avoient pris les armes afin de soutenir le parti des révoltés. Il en informa la cour de Madrid et attendit ses ordres là-dessus.

Les alliés s'emparent de la Sardaigne. — Je crois que c'est pendant cette même année 1707[2], qu'une flotte des ennemis se présenta devant l'île de Sardaigne, dont tous les habitants se révoltèrent contre le roi d'Espagne et entraînèrent dans leur rébellion le peu de troupes que le vice-roi[3] y avoit à ses ordres. Je ne sais pas même si ce vice-roi n'en fut pas de part; car ils le traitèrent avec beaucoup d'humanité et le renvoyèrent sain et sauf en Catalogne, sans faire aucun dommage à sa personne ni à tout ce qui lui appartenoit[4].

Ils vont à Minorque et assiègent le château de Mahon, dont ils se rendent maîtres et de toute l'île. — Les

---

1. La *Gazette* de 1708, p. 7, raconte le fait de la même manière.

2. C'est une erreur; la perte de la Sardaigne n'eut lieu qu'en 1708; notre auteur va se rectifier ci-après, p. 114.

3. Ce vice-roi était le marquis de la Jamaïque, Pierre-Nuño III de Portugal-Colomb, fils du duc de Veragua. Saint-Simon a raconté (*Mémoires*, t. XVI, p. 168-170) dans quelles circonstances il avait obtenu cette vice-royauté et comment il avait si bien ruiné le pays qu'à l'arrivée des Anglais toute la population se souleva contre lui.

4. Il avait stipulé ces conditions dans la capitulation.

Alliés se soumirent aussi l'île de Minorque, où ils firent passer le général Stanhope[1] avec quelques troupes angloises et hollandoises qui achevèrent de s'en rendre les maîtres; je dis achevèrent parce que, l'année précédente[2], le comte de Villars, chef d'escadre[3], qui y avoit passé avec quelque secours, trouva cette île presque toute occupée et même la ville de Mahon. Tout ce qu'il put faire fut de la dégager et de pousser au loin Michel et Gabriel Sora, qui s'étoient faits chefs d'une troupe de vagabonds et avoient appelé à leur secours les révoltés de Majorque avec une partie des troupes angloises et hollandoises que l'amiral Leake[4] y avoient débarquées précédemment. Mais, comme le comte de Villars ne se trouva pas assez fort pour reconquérir toute cette île, et qu'il n'avoit eu ordre que de lui porter du secours et de s'en retourner à Toulon avec ses vaisseaux, sur lesquels les Alliés pouvoient tomber à tout moment, étant les maîtres de la mer, il s'en revint dans ce dernier port après s'être acquitté de sa commission, tellement qu'après son départ les révoltés reprirent vigueur et que les Alliés envoyèrent le général Stanhope avec des troupes à

1. Jacques, comte de Stanhope (1673-1721), avait d'abord servi en Italie comme brigadier général, puis en Portugal et en Espagne depuis 1705.
2. C'est à la fin de janvier 1707 que le comte de Villars se présenta devant Mahon avec trois vaisseaux de guerre et neuf cents soldats.
3. Armand, chevalier puis comte de Villars, capitaine de vaisseau dès 1684, était passé dans l'armée de terre en 1703 avec le grade de brigadier, puis était revenu à la marine et avait obtenu en 1705 le grade de chef d'escadre; il était frère du maréchal.
4. Tome III, p. 251.

leur secours, et qu'il se rendit maître des ville et château de Mahon et du fort Saint-Philippe que le gouverneur défendit le mieux qu'il lui fut possible, et qu'à la fin il fut obligé de rendre, se trouvant fort pressé et hors d'espérance de secours[1]; d'où il a résulté que les Anglois sont encore les maîtres aujourd'hui de cette île ou petit royaume, dont la querelle n'est pas encore vidée[2].

La grande armée navale des Alliés est battue d'une rude tempête; l'amiral Shovell y périt avec trois des plus gros vaisseaux de guerre. — A cela près, les Alliés ne furent pas heureux sur mer pendant cette année; car leur grande armée navale, qui avoit passé dans la Méditerranée pour protéger le prétendu siège de Toulon[3], fut accueillie à son retour par une horrible tempête qui en fit périr trois des plus grands vaisseaux, dont l'un étoit celui de l'amiral Shovell, qui y périt vers les rochers de l'île de Scilly[4]. Son corps fut jeté quelques jours après sur le rivage de la côte. Tous les autres vaisseaux furent fort endommagés et eurent bien de la peine à se tirer d'affaire.

Affaires maritimes. — Ce ne fut pas là la seule disgrâce que les Anglois eurent sur un élément qu'ils comptent entre leurs domaines. Le chevalier Jennings[5],

1. *Mémoires de Saint-Simon*, t. XIV, p. 282-283, et t. XVI, p. 170-171. La prise de l'île n'eut lieu qu'en 1708; Saint-Hilaire va se rectifier ci-après, p. 113-114.
2. Minorque fut laissée aux Anglais par le traité d'Utrecht, et c'est seulement en 1782 que les Espagnols, aidés des Français, la reconquirent.
3. Ci-dessus, p. 48-49.
4. Les îles Scilly ou Sorlingues sont à l'extrémité de la Cornouaille.
5. Jean Jennings (1664-1743) avait été créé chevalier à la

qui avoit parcouru avec une de leurs escadres les côtes de l'Amérique espagnole, pour engager les gouverneurs à se déclarer pour l'Archiduc, fit un voyage inutile.

Expéditions du chevalier de Forbin. — Le chevalier de Forbin[1], qui étoit à Dunkerque avec une quantité de vaisseaux qui ci-devant avoient été pris sur les ennemis, mit à la voile le 12 de mai avec neuf vaisseaux de guerre et huit armateurs et tomba sur une flotte de cinquante-six voiles chargée de troupes et de provisions pour le Portugal, sous l'escorte de quatre vaisseaux de guerre; il les attaqua et, après un petit combat, il en prit deux et dix-huit bâtiments de transport; les autres se sauvèrent à la faveur de la nuit; puis il s'en revint à Dunkerque[2].

Trois mois après, il en sortit encore et rencontra une partie de la flotte ennemie qui revenoit d'Arkangel[3]. Il l'attaqua, et en prit quelques vaisseaux; les autres retournèrent joindre le gros de la flotte, qui, le lendemain, trouva la même escadre de Forbin sans pouvoir l'éviter. Elle fut prise, à la réserve de huit navires qui se sauvèrent dans le port de Vardöhuus[4], où

---

suite de la prise de Gibraltar en 1704; contre-amiral en 1705, il fut nommé vice-amiral en 1707, malgré l'insuccès de son expédition.

1. Il a déjà été parlé de ce marin dans le tome IV, p. 187 et 357.

2. Voyez ci-après, appendice II, la relation qu'il envoya au ministre.

3. C'est en juillet-août qu'eut lieu cette expédition : *Gazette*, p. 420, 431, 444, 454-455, 480 et 491-492. On trouvera ci-après, à l'appendice II, la lettre du 24 septembre par laquelle M. de Forbin rendit compte de son expédition.

4. Saint-Hilaire écrit *Waarhuis;* c'est Vardöhuus, dans l'ex-

ils se crurent en sûreté. Le chevalier de Forbin les y poursuivit et, sur ce que l'officier qui y commandoit pour le roi de Danemark[1] lui envoya dire que, s'il ne s'abstenoit de leur nuire, il seroit obligé de faire tirer sur lui, il répondit que, si le commandant du fort en faisoit la moindre mine, il détruiroit le fort et la ville et ravageroit le pays. Cet officier, intimidé par cette menace, n'osa rien entreprendre pour la défense des vaisseaux, dont le chevalier se rendit maître; il en fit brûler quelques-uns, en fit échouer d'autres qui furent pillés, en rançonna, et en emmena une partie.

Peu après, Forbin eut connoissance d'une flotte de cent vingt voiles escortés par cinq vaisseaux de guerre anglois, qui alloit faire route en Portugal avec de nouvelles troupes et des provisions militaires. Il se remit en mer pour aller à sa rencontre[2], l'attaqua, prit trois vaisseaux de guerre; un autre sauta en l'air et le cinquième se sauva. Il y eut aussi un nombre de navires de transport de pris, chargés d'équipages militaires et de cinq ou six cents officiers qui alloient servir en Portugal et en Espagne[3]. Il y eut encore d'autres petits combats entre nos vaisseaux et ceux des Alliés, où ils eurent presque toujours du pire.

trême nord du Finmark norvégien, sur le Varanger-fjord, ainsi qu'on le verra dans la relation de l'Appendice.

1. La Norvège et le Danemark étaient alors réunis sous le même sceptre.

2. L'escadre de Duguay-Trouin s'était jointe à la sienne pour cette occasion. Le combat fut livré le 21 octobre; il y en a des relations du chevalier de Forbin et de Du Guay-Trouin dans le registre B⁴ 32 des archives de la Marine, fol. 89, 93, 153 et 159.

3. Le *Mercure* de novembre-décembre, p. 241-273, raconta en détail cette expédition.

[*Morts considérables*. — Entre les personnes remarquables qui moururent en France pendant cette année, je citerai Anne-Marie d'Orléans de Longueville, duchesse de Nemours, âgée de quatre-vingt-trois ans[1], dont la mort rendoit la principauté de Neuchâtel vacante, et le maréchal de Vauban, homme illustre dans sa profession, d'un jugement et d'un esprit solide et fort affectionné au bien de l'État[2].]

[*Affaires de Neuchâtel*. — Il me souvient que j'ai parlé précédemment dans cet ouvrage des affaires de cette princesse contre feu M. le prince de Conti au sujet de la principauté de Neuchâtel[3] et des prétentions de quelques seigneurs françois qui croyoient y avoir droit, et avoir dit que ce démêlé fut arrêté jusques après la mort de cette princesse, qui survint le 7 de juin 1707, par l'intervention du roi d'Angleterre Guillaume III, qu'on ne vouloit point choquer ; j'ai cru ne me pouvoir dispenser de reprendre ici la suite de cette affaire jusques à sa conclusion.]

[Le feu roi d'Angleterre, prince d'Orange, étant intervenu dans cette affaire après la paix de Ryswyk, ainsi que je l'ai dit ci-devant plus au long, le roi de France ne s'en mêla plus pour ne le point choquer et renouveler peut-être une guerre fâcheuse ; mais, dès que cette princesse fut morte, l'électeur de Brande-

---

1. Elle s'appelait Marie et non Anne-Marie ; elle mourut le 16 juin 1707, et non le 7, comme va dire Saint-Hilaire.

2. Vauban mourut le 30 mars, d'une ancienne affection de poitrine, aggravée par le chagrin qu'il éprouva de voir son livre de la *Dîme royale* condamné au pilon par deux arrêts du conseil privé du 14 février et du 14 mars ; voyez les *Mémoires de Sourches*, t. X, p. 291.

3. Dans notre tome III, p. 17-23.

bourg, comme le plus proche parent du prince d'Orange par le côté maternel, entra dans ses droits comme héritier de la maison de Chalon[1] et se fonda, pour en exclure tous les autres prétendants par la requête qu'il présenta aux trois états de la principauté de Neuchâtel, sur les raisons alléguées par la sentence qu'ils rendirent en faveur de ce prince, dont je vais rapporter le précis au mieux qu'il me sera possible.]

[Premièrement, ils l'autorisèrent en ce qu'elle portoit que quelques-unes des parties avoient fait retraite et volontaire désertion en cause, nonobstant la reconnoissance de leur tribunal et l'exécution de plusieurs sentences contradictoirement rendues et agréés de leur part, au moyen de quoi elles étoient déchues de leurs prétentions, et y ajoutoient que les trois états, après avoir donné leur attention à l'importance de la matière et fait réflexion que cette souveraineté et le domaine direct a appartenu originairement à la maison de Chalon, que l'utile a été réuni et consolidé au direct, tant par le décès sans enfants de Jean de Fribourg, arrivé en 1457, que par diverses ouvertures suivantes; que ces droits n'ont pas été prescrits, parce qu'ils sont de leur nature imprescriptibles, de l'aveu même de l'agent du prince de Carignan[2] qui prétendoit aussi à cette succession; à quoi ils ajoutèrent encore que les droits de la maison de Chalon ont été transmis légitimement en la personne de Guillaume de Nassau, dit de

---

1. On peut voir dans les *Mémoires de Saint-Simon*, t. XV, p. 135 et 141, quels étaient les degrés de descendance de la maison de Chalon que faisaient valoir les divers prétendants.

2. Emmanuel-Philibert-Amédée de Savoie, prince de Carignan: voyez les *Mémoires de Saint-Simon*, p. 118.

Belgique, qui a été reconnu généralement par toutes les puissances de l'Europe l'héritier universel des biens et droits de la maison de Nassau-Orange, dont lui et ses successeurs ont joui librement et dans lesquels ils ont été réintégrés lorsqu'ils ont été troublés; que, par ce décès sans enfants de Guillaume III, roi de la Grande-Bretagne, dont le père Henri II étoit fils de Frédéric-Henri et petit-fils de Guillaume de Belgique, le roi de Prusse, du chef de Louise de Nassau, sa mère, fille aînée de Frédéric-Henri, se trouvoit incontestablement le véritable et légitime héritier à cet égard de la maison de Nassau-Orange.]

[Sur quoi, les trois États, se fondant de l'exclusion du prince de Carignan, adjugèrent à S. M. prussienne, électeur de Brandebourg, par sentence souveraine et absolue, l'investiture de cet État et souveraineté, pour être par elle possédée comme indépendante, inaliénable et indivisible, en conservant les libertés, franchises, privilèges et immunités, tant des bourgeois que des autres peuples de cet État, comme aussi les concessions accordées par les précédents souverains et les traités d'alliance et de combourgeoisie faits et dressés avec les États voisins.]

[Tous les autres compétiteurs protestèrent contre cette sentence, et le roi de France déclara, par un de ses ministres qu'il fit agir, qu'étant demeuré neutre tant qu'il avoit cru que les États prononceroient en faveur de quelqu'un de ses sujets, il se tenoit au même état.]

[C'est ainsi à peu près que le Roi se débarrassa de cette affaire dans la conjoncture malheureuse de la présente guerre; mais la concession de cette principauté a été confirmée depuis au roi de Prusse par le traité de paix fait à Utrecht, en vertu duquel il en est encore en possession aujourd'hui.]

[Je crois avoir fini ici tous les principaux événements de 1707 et je m'en vais venir à 1708.]

Année 1708. — Pour commencer cette année, je dirai que, l'Angleterre étant pour ainsi dire l'âme de la grande alliance pendant cette guerre contre nous, il se présenta une occasion qu'on crut favorable pour y allumer un feu qui pouvoit nous causer une heureuse diversion; ainsi la cour ne voulut pas la négliger. Je vais expliquer le fait.

Entreprise inutile sur l'Écosse. — La reine Anne d'Angleterre qui régnoit alors, après avoir surmonté beaucoup de difficultés, étoit venue à bout à force de peines de réunir à l'Angleterre les couronnes d'Irlande et d'Écosse; mais cela ne se put faire sans que plusieurs seigneurs de ce dernier royaume ne crussent y perdre beaucoup et que leurs conditions étoient empirées par cette union. Cela jeta dans les esprits de ce royaume des semences de division, dont notre cour crut profiter; car, par les lettres que les seigneurs mécontents y écrivirent, ils la flattoient que jamais elle ne trouveroit une occasion plus favorable de se décharger du fardeau qu'elle avoit en la personne du fils de Jacques II, roi de la Grande-Bretagne, en le replaçant sur un trône qui lui appartenoit, et que, l'Écosse étant l'ancien héritage de ses ancêtres, elle se déclareroit pour lui; qu'un parti nombreux n'attendoit que son arrivée pour lui rendre la couronne.

Ces propositions étoient trop du goût et de l'intérêt

de la cour pour qu'elle n'y prêtât pas volontiers l'oreille. Cependant elle voulut encore qu'on lui envoyât secrètement quelques députés pour lui exposer plus au long un plan solide de l'état de toutes choses et de la manière dont il s'y faudroit prendre pour concourir au succès de l'entreprise. Ces députés arrivèrent, et, après leur exposition, qui parut très plausible, on se prépara à faire passer le Prétendant en Écosse avec des troupes et les moyens qu'on crût nécessaires pour l'y établir avec solidité.

A cet effet, on donna ordre au chevalier de Forbin de préparer son escadre à Dunkerque pour la remettre en mer. On la munit de vivres, d'armes et de munitions, avec tant de précautions et de secret, que l'Angleterre ni la Hollande ne se doutèrent de rien autre chose, sinon que le chevalier de Forbin se préparoit à faire quelque nouvelle course, ce qui lui étoit ordinaire.

En attendant que tout fût prêt, le chevalier de Nangis, capitaine de vaisseau[1], fut envoyé secrètement à Édimbourg, capitale d'Écosse, avec des lettres de créance et des instructions, pour reconnoître la disposition de la noblesse et du peuple. Il fut reçu par ceux du parti avec de grands témoignages de joie, et tout lui parut favorable pour une révolution. Il y débarqua même quelques armes et des munitions, et on lui fit espérer que Jacques III, autrement le chevalier de Saint-Georges, trouveroit à son arrivée trente mille Écossois prêts à prendre les armes pour son service.

1. Pierre-César de Brichanteau, chevalier de Nangis (1683-1728), entré dans l'ordre de Malte en 1698, était capitaine de vaisseau depuis le 17 mai 1707.

Le chevalier de Nangis, étant de retour, rendit compte de son voyage d'une manière que l'on ne doutoit plus du succès.

Douze bataillons françois furent nommés pour s'aller embarquer à Dunkerque sous les ordres du comte de Gacé, lieutenant général[1], trois maréchaux de camp françois et quatre anglois ou écossois[2].

Le chevalier de Saint-Georges, ayant pris congé du Roi, qui l'aida de beaucoup d'argent et de toutes sortes de provisions, telles qu'il convenoit à un tel prince, partit de Saint-Germain-en-Laye en chaise de poste et arriva le 9 mars à Dunkerque, où la petite vérole le prit incontinent après son arrivée; mais il en fut quitte en peu de jours. Cela auroit été un contretemps très fâcheux pour une prompte expédition où la diligence étoit si nécessaire, s'il n'eut pas fallu attendre quelques jours après des vivres que M. de Pontchartrain, secrétaire d'État de la marine, devoit faire embarquer et qui se trouvoient encore manquer par une mésintelligence entre M. de Chamillart et lui, ce qui fut encore cause du retardement de l'expédition[3], dont le dessein ne se put cacher à l'Angleterre, dès que le chevalier de Saint-Georges eût pris congé du Roi.

On y arma, en grande diligence, sous l'amiral Bing[4],

1. Tome I, p. 147.
2. En tout, six mille hommes. Saint-Simon, dans ses *Mémoires*, t. XV, p. 401 et suiv., a longuement raconté les préparatifs de l'expédition.
3. « La marine ne fut pas prête à temps, dit Saint-Simon; ce qui dépendit de Chamillart encore plus tard. »
4. Georges Bing était alors contre-amiral et avait été fait chevalier en 1704 après la bataille navale de Malaga; il devint conseiller au conseil privé en 1721.

un nombre plus considérable de vaisseaux de guerre que le chevalier de Forbin n'en pouvoit avoir, afin de tâcher de le joindre et le combattre en route.

Cependant on achevoit l'embarquement à Dunkerque. Le prince fut aussi en état de s'embarquer, et la flotte mit à la voile le 17 mars et fut arrêtée à la hauteur de Nieuport par les vents contraires jusqu'à la nuit du 20, qu'elle poursuivit sa route vers l'Écosse avec un vent peu favorable.

On apprit que, le même jour 20, l'amiral Bings étoit parti des Dunes avec quarante-deux vaisseaux de guerre qui furent encore rejoints par huit autres hollandois.

La reine Anne donna ordre en même temps de faire passer d'Angleterre en Écosse deux compagnies de ses gardes du corps à cheval, neuf bataillons et quatorze escadrons, et Cadogan, qui étoit en Flandres, eut ordre de faire embarquer dix bataillons anglois et hollandois pour les faire passer en Écosse. Au-dessus de ces troupes, il y avoit encore en Écosse trois mille Anglois pour la garde ordinaire du royaume; tellement que toutes ces forces étant assemblées pouvoient composer une armée de vingt-cinq mille hommes. Elle envoya aussi en Écosse vingt-cinq pièces de canon de campagne, avec les munitions nécessaires pour cette armée; les Hollandois offrirent encore d'envoyer douze ou quinze bataillons de leurs troupes.

L'armée françoise voguoit pendant ce temps-là et arriva le 23 à l'embouchure du golfe d'Édimbourg, et le chevalier de Forbin, sans s'engager plus avant, fit entrer deux frégates pour reconnoître la rade de

Leith[1] et prendre les pilotes que les Écossois avoient promis d'envoyer pour faire entrer sûrement les vaisseaux. Mais personne ne parut; ni les feux qu'on alluma, ni les signaux que l'on fit n'eurent aucun effet. Sur cela, on assembla un conseil de guerre et on y exposa que le manque de secours auquel on s'étoit attendu venoit sans doute des ordres que la cour de Londres avoit donnés pour enchaîner le zèle des mécontents; que l'on ne trouvoit que de la froideur et du calme au lieu convenu pour leur débarquement, au lieu de trente mille hommes qu'on avoit promis; et qu'ainsi il n'y avoit aucune sûreté à débarquer et encore moins à attendre dans une rade une flotte de beaucoup supérieure; que, comme il étoit presque impossible qu'on ne la rencontrât au retour, il y auroit moins de risque à en essuyer le feu dans la recourse.

Cet avis ayant prévalu, le 24 dès la pointe du jour, le chevalier de Forbin remit à la voile et, faisant une fausse route, il continua sa navigation vers le nord; ce qui fit croire qu'il vouloit débarquer dans le golfe de Dundee ou à Inverness[2]; mais cette manœuvre n'étoit que pour éviter la flotte angloise, qui le suivoit de si près que l'avant-garde atteignit un des vaisseaux de son arrière-garde et força le chevalier de Nangis qui le montoit à se rendre, après une vigoureuse défense depuis quatre heures du soir jusqu'à la nuit[3].

1. Leith est le port d'Édimbourg, dans le golfe du Forth.
2. Dundee est un peu au nord d'Édimbourg, à l'entrée du golfe de la Tay; quant à Inverness, cette ville est située dans l'extrême nord de l'Écosse, au fond du golfe de Murray.
3. Ce vaisseau, qui s'appelait *le Salisbury*, était un ancien bâtiment anglais, capturé naguère par les Français.

Il avoit sur son bord les marquis de Levis[1] et de Meuse[2], les lords Griffin[3], Clermont et Middleton[4], deux cents soldats françois et deux ou trois pièces de canon de campagne.

L'escadre françoise en fut quitte pour cette perte. Il n'y eut que quelques particuliers qui y profitèrent; car d'Andrezel[5], qui avoit été nommé par la cour pour être intendant de cette petite armée, avoit été chargé d'un paquet cacheté, qu'il y avoit grande apparence qu'il ouvrit avec un peu de précipitation et prévint peut-être par là les intentions de la cour[6]. Ce paquet contenoit le titre de maréchal de France en faveur du comte de Gacé[7], avec des patentes de lieutenants généraux pour Levis et Ruffey[8] et des brevets de maré-

1. Charles-Eugène, marquis de Levis, de la branche de Charlus, était maréchal de camp depuis 1704; nous allons le voir déclaré lieutenant général à cette présente occasion; il avait épousé une fille du duc de Chevreuse.
2. Henri-Louis de Choiseul, marquis de Meuse (1689-1754), était alors colonel du régiment d'Agénois et ne devint brigadier qu'en 1719.
3. Édouard, lord Griffin, avait été lieutenant-colonel de la garde du roi Jacques II; il était fort âgé et était parti comme volontaire; voyez les *Mémoires de Saint-Simon*, t. XV, p. 423.
4. Ces deux seigneurs étaient les fils du comte de Middleton; l'aîné s'appelait Jean et était titré lord Clermont, le second Édouard, chevalier Middleton.
5. Jean-Baptiste-Louis Picon, sieur d'Andrezel, avait été longtemps commissaire des guerres en Italie; par la suite, il devint intendant de Roussillon (1716), puis ambassadeur à Constantinople en 1724.
6. Saint-Simon dit que ce fut le prétendant qui ouvrit le paquet cacheté, dont il « savoit le contenu ».
7. La patente était datée du 18 février.
8. Il a été parlé de M. de Ruffey dans le tome IV, p. 24.

chaux de camp pour les brigadiers qui s'étoient embarqués. Cependant S. M. ne laissa pas de confirmer cette promotion à leur retour.

Cette entreprise ayant ainsi manqué, notre armée revint débarquer à Dunkerque, et le chevalier de Saint-Georges s'en alla à Saint-Omer, en attendant l'ouverture de la campagne de Flandre, où il vouloit servir[1].

Campagne de Dauphiné, 1708. — Le duc de Savoie se mit tard en campagne parce qu'il vouloit, avant de la commencer, être mis en possession du Montferrat par l'Empereur, ce qui étoit un puissant motif pour l'engager à persévérer dans les engagements qu'il avoit pris avec les Alliés[2]. Les négociations qui se firent à cet égard ne finirent que le 30 juin, et l'investiture du Montferrat lui fut donnée. Charles IV, duc de Mantoue, en fut dépouillé, après avoir été mis au ban de l'Empire, qui lui confisqua ses États à cause de l'attachement qu'il avoit marqué pour les deux Couronnes[3]; mais ce prince n'eut pas le temps de se plaindre de ces procédures; car il mourut subitement à Padoue, le 5 juillet, sans avoir laissé d'enfants.

Le duc de Savoie se mit donc en mouvement vers la mi-juillet, avec ses troupes et quelques détachements de celles de l'Empereur, faisant en tout environ trente

---

1. Il revint auparavant à Saint-Germain, où il arriva le 20 avril; Saint-Simon (t. XV, p. 431-433) a raconté l'entrevue entre lui et Louis XIV. Ce ne fut que plus tard que le prétendant se rendit à Saint-Omer pour prendre part à la campagne de Flandre dans l'armée du duc de Bourgogne.

2. Le Montferrat lui avait été promis par le traité qu'il avait conclu avec l'Empereur le 19 août 1703.

3. *Mémoires de Saint-Simon*, t. XIV, p. 450-451.

mille hommes, et prit sa marche par différents endroits pour passer les Alpes. Il parut par là que son dessein étoit de reprendre la Savoie et de faire un passage dans le Viennois pour s'approcher de Lyon; mais il trouva un obstacle insurmontable en la personne du maréchal de Villars, qui commanda cette année l'armée du Dauphiné, qui fut à peu près de pareille force à celle du duc de Savoie.

Sur ces nouvelles, le maréchal retira les troupes qu'il avoit dans le Chablais et le Faucigny, fit avancer celles qui étoient dans le Dauphiné et campa au Fort-de-Barreaux[1]. Cette disposition fit changer le dessein du duc, qui prit le parti d'aller, par les vallées de Bardonèches et d'Oulx[2], gagner le Mont-Genèvre pour descendre vers Queiras[3] et s'emparer d'Embrun, ville archiépiscopale et mal fortifiée. Un corps de son infanterie avoit ordre de s'avancer en même temps entre le col du Lautaret[4] et le val de Monetier[5], pour nous couper toute communication avec Briançon, Fenestrelles et Exilles[6]; mais il fut prévenu dans ce dessein par le comte d'Artagnan[7] avec les troupes qu'il

1. Ou plutôt Fort-Barraux, village fortifié sur la route de Grenoble à Chambéry, à une lieue sud-ouest de Montmélian.
2. Localités de la haute vallée de la Doire-Ripaire sur le versant italien des Alpes.
3. Queiras est un fort situé sur le torrent du Guille, dans la vallée de la Haute-Durance.
4. Ce col fait communiquer la vallée de la Doire et celle de la Clairée.
5. Le Monetier-de-Briançon, sur la Guisane.
6. Petite ville d'Italie, dans la vallée d'Oulx.
7. Joseph de Montesquiou, comte d'Artagnan (1651-1729), lieutenant général en 1702, reçut le commandement de la Provence cette même année 1708, et devint en 1716 capitaine de

amenoit de Provence, qui s'y posta et l'empêcha d'occuper le val de Monetier, par où le maréchal de Villars vint passer et arriva à Briançon le 8, le 9 et le 10 avec toute son armée. Cependant le duc de Savoie, qui s'étoit rendu maître de la vallée d'Oulx et du col de Sestrières[1], avoit déjà gagné les hauteurs du Mont-Genèvre par un détachement de son armée. Muret[2] y marcha avec treize bataillons, pour leur faire quitter ce poste, et y réussit, ce qui obligea le duc de descendre à Césanne[3] sur la Doire, où il prit son quartier. Un autre détachement, commandé par le marquis de Thouy[4], força les ennemis de quitter les deux Césanne[5], et il y eut même une action où les Piémontois perdirent environ mille hommes. Le duc s'en dédommagea par le siège d'Exilles, dont la garnison, qui n'étoit que de trois cents hommes, se rendit le troisième jour et fut faite prisonnière de guerre.

Après cela, il fit attaquer Fenestrelles, où nous avions

la première compagnie des mousquetaires; il était cousin de Pierre de Montesquiou, aussi comte d'Artagnan, qui devint en 1709 le maréchal de Montesquiou.

1. Ce col fait communiquer, sur le versant italien, la vallée du Cluson et celle de la Doire.

2. Jean-François Lécuyer, comte de Muret (1662-1741), était maréchal de camp depuis 1704 et avait eu la croix de Saint-Louis en 1707; il servait depuis plusieurs années sur cette frontière.

3. Cesana Torinese, dans le district de Suse.

4. Antoine-Balthazar de Longecombe, marquis de Thouy (notre tome III, p. 254), passera en Espagne en 1710 et y fera tout le reste de sa carrière.

5. Les cartes et dictionnaires géographiques n'indiquent qu'une seule localité de ce nom. L'*Histoire militaire* ne parle aussi que d'une Césanne.

six cents hommes, et le fort de la Pérouse[1] dans la vallée de Pragelas[2], dont il se rendit maître un peu trop facilement. Ces deux garnisons, qui faisoient mille ou douze cents hommes, furent faites prisonnières de guerre.

Après ces expéditions, les deux armées ne firent plus rien. Le duc de Savoie se retira en Piémont, et une partie de ses troupes établit ses quartiers dans la Savoie.

Campagne d'Espagne, 1708. — Je viens maintenant à ce qui se passa du côté d'Espagne. L'armée des deux Couronnes, que le duc d'Orléans commandoit, commença ses opérations par le siège de Tortose[3]. Ce prince envoya, le 11 mars, le comte de Bezons, avec quinze escadrons, se poster dans la plaine entre Tortose et la mer; il fut renforcé le lendemain par douze bataillons qui servirent à couper aux mécontents la communication de la mer et de Tarragone, en attendant le reste de l'armée, qui se formoit journellement et se postoit au fur et à mesure, la cavalerie près de l'Èbre, dans les plaines qui sont au-dessus et au-dessous de la ville, et l'infanterie dans les montagnes.

Le chevalier d'Asfeld arriva avec dix mille hommes, qu'il amena du royaume de Valence et avec lesquels il acheva l'investissement de la place du côté de ce

---

1. Sur le Cluson, entre Pignerol et Fenestrelles.
2. C'est le nom que porte la vallée du Cluson, entre la Pérouse et Césanne.
3. Le marquis de Quincy a donné dans son *Histoire militaire*, t. VI, p. 68-86, un journal très détaillé du siège de Tortose. Les nouvelles insérées dans les *Mémoires de Sourches* (t. XI, p. 113-144, *passim*) sont intéressantes.

royaume[1]. On attaqua d'abord le couvent des Capucins, où les ennemis avoient un poste retranché, et on s'en rendit maître; la garnison fut faite prisonnière de guerre. On acheva la circonvallation de la place, et la communication entre tous les quartiers fut établie, malgré la difficulté du terrain.

Les six ou sept jours suivants furent employés à faire passer dans des chaloupes toutes les munitions de guerre que le chevalier d'Asfeld avoit fait venir de Valence et transporter au parc de l'artillerie vingt-deux pièces de gros canon qu'il avoit aussi amenées avec lui; on les joignit à six autres et à huit mortiers venus d'ailleurs.

Le tranchée fut ouverte le 21[2], du côté des Carmes[3], et le terrain se trouva fort mauvais à cause des pierres et des rochers qui se rencontrèrent; mais, nonobstant cela, nous y perdîmes peu de monde par une ruse qui réussit; car, d'un autre côté de la place, on avoit fait avancer des troupes et des travailleurs qui feignirent d'y faire l'ouverture de la tranchée et, par un faux bruit, y attirèrent le feu des ennemis, qui ne s'aperçurent de leur erreur que très tard, et il n'y eut ce jour-là que huit hommes de blessés et trois de tués, avec un officier de considération et de mérite qui servoit d'aide de camp à Bezons.

Le lendemain, on acheva un pont au-dessous de la ville et on commença de travailler aux batteries, pendant que l'on avançoit les travaux, malgré un assez grand feu de continuité de la place.

1. L'investissement fut achevé le 12 juin.
2. Le 21 juin.
3. On avait imprimé précédemment : *du côté des cornes*.

Le 24, les mortiers commencèrent à jeter des bombes, et il en tomba une sur le couvent des Carmes, qui mit le feu au bois et fascines que les assiégés y avoient assemblés, et fit sauter quelques barils de poudre qui s'y trouvèrent, et, comme ce couvent étoit derrière l'attaque, ce désordre fit écarter les tireurs, qui n'incommodèrent plus la tranchée.

La nuit suivante, le major général de l'armée fut tué d'un coup de feu[1]. Les ennemis firent une petite sortie, qui ne leur réussit pas, et se retirèrent avec précipitation. Ils en firent une autre de sept à huit cents hommes, vers le point du jour, et se partagèrent en deux troupes, l'une par le front de l'attaque, l'autre par le côté de la rivière. Trois de leurs déserteurs nous en donnèrent avis; ainsi le chevalier d'Asfeld, qui se trouvoit ce jour-là de tranchée, se précautionna à l'avenant et les rechassa dans la ville. Les ennemis y perdirent environ cent cinquante hommes; on leur prit aussi quelques officiers et quelques soldats. Ceux qui avoient voulu attaquer du côté de la rivière n'allèrent pas bien avant; car notre cavalerie de garde à la queue de notre tranchée pour la soutenir, s'étant avancée de ce côté-là, les empêcha de pénétrer plus avant, de peur d'être coupés.

Plus on approchoit de la contrescarpe, plus on perdoit de monde chaque nuit. Celle du 4 au 5 [juillet],

---

1. Ce major général s'appelait Jean de Castillon, comte de Mouchan; il avait longtemps servi au régiment de Bourbonnais, et Louis XIV l'avait envoyé en Espagne, en 1702, pour servir d'aide de camp à Philippe V; il avait reçu depuis de ce prince le grade de major général; il était brigadier depuis 1705. Son nom est presque toujours défiguré en Monchan ou Monchamp.

nos batteries commencèrent à battre en brèche, et, en deux ou trois jours de temps, elle se trouva si praticable, que l'on vit quelques-uns de leurs déserteurs qui la descendirent pour venir à nous. Le 9 juillet, le signal fut donné pour attaquer le chemin couvert qui fut bientôt emporté, et on s'y logea à la faveur d'un feu extraordinaire. Ensuite les assiégés, craignant qu'on n'eût dessein d'emporter la place d'assaut, firent sonner le tocsin pour faire armer les bourgeois, et, dans ce temps-là, ils firent sauter un fourneau sous le chemin couvert, qui fit peu d'effet; mais un autre, qui joua pareillement, enterra un sergent et douze grenadiers. Ce petit désordre n'empêcha pas que nous ne demeurassions maîtres du chemin couvert, à la prise duquel nous eûmes cinquante hommes de tués, et environ cent cinquante de blessés. Le lendemain les assiégés battirent la chamade[1], et la capitulation porta que le gouverneur et la garnison livreroient le même jour deux portes de la ville et une du château, et qu'il ordonneroit à la garnison du château d'Arnès, situé sur l'Algas[2], de se rendre; ce qui fut ponctuellement exécuté. Moyennant quoi, cette garnison sortit de Tortose avec tous les honneurs de la guerre, et fut conduite à Barcelone; il y en eut une partie qui se détacha, et prit parti dans notre infanterie; ainsi, le vide qui s'y trouvoit par ceux qui avoient été tués au siège, se trouva réparé.

Après cette expédition, le chevalier d'Asfeld fut

1. La ville se rendit le 10 juillet, et la capitulation fut signée le lendemain 11.
2. Ce château était situé à cinq lieues au nord de Tortose sur l'Algas, affluent de l'Èbre.

détaché avec un corps de troupes et alla assiéger Denia. Sur le bruit de son approche, le gouverneur d'Alicante y fit entrer deux cents hommes de renfort avec quelques munitions. On ouvrit la tranchée le 7, et deux jours après on commença à battre en brèche; le 9, tout fut disposé pour l'assaut, et la ville fut prise l'épée à la main; tout ce qui se trouva sous les armes y fut passé au fil de l'épée. Le commandant, avec environ mille hommes qui lui restoient, se retira dans le château et se rendit prisonnier de guerre cinq ou six jours après, quoiqu'il pût encore s'y défendre et qu'il eût des vivres et des munitions en abondance.

Ensuite Don Pedro Ronquillo[1], officier général espagnol, alla investir la ville d'Alicante, et le chevalier d'Asfeld, avec sa petite armée, y arriva deux jours après. La tranchée y fut ouverte, et les assiégés abandonnèrent d'abord deux faubourgs. On poussa les approches jusqu'aux murailles de la ville, qui ne valoient pas grand'chose; on y attacha le mineur pour les faire sauter; mais le lendemain le commandant capitula à des conditions favorables. Sa garnison devoit être conduite en Catalogne; mais, peu de jours après, le chevalier d'Asfeld la fit arrêter prisonnière de guerre par représailles, sur ce qu'il apprit que les Anglois avoient cherché querelle à la garnison de Port-Mahon, qui, suivant sa capitulation, en devoit sortir à des conditions honorables, et qu'ils n'avoient pas laissé de faire arrêter prisonnière.

[Je m'aperçois ici que je me suis trompé ci-devant, lorsque j'ai mis la prise de l'île de Minorque par les

---

1. Tome III, p. 258.

Anglois en 1707, puisqu'ils ne s'en rendirent absolument les maîtres qu'en 1708[1]. Je dirai la même chose de la Sardaigne.]

Je ne vois point qu'il se soit plus rien passé de considérable en Espagne pendant la campagne dont je viens de parler; c'est pourquoi je passe à présent à la relation de celle de Flandre pendant cette même année 1708.

Campagne de Flandre en 1708[2]. — L'armée du Roi en Flandre pour la campagne de 1708 commença à s'assembler en différents camps, vers le 10 de mai, aux environs de Mons, Saint-Ghislain, Namur et autres lieux. Elle consistoit en cent douze bataillons, et deux cent quatre escadrons[3], cavalerie ou dragons, avec une artillerie à peu près proportionnée. M. le duc de Bourgogne la vint commander[4], accompagné de M. le duc de Berry son frère, et M. le duc de Vendôme la commandoit en second, c'est-à-dire que c'étoit lui qui dirigeoit toutes choses, par le peu d'expérience de ces princes en l'art militaire. Au par-dessus de cette armée, le comte de la Motte commandoit encore un camp volant dans la Flandre.

1. Ci-dessus, p. 92-94.
2. Saint-Hilaire servit en Flandre pendant cette campagne comme pendant les précédentes; son récit peut donc avoir la valeur de celui d'un témoin oculaire.
3. Les chiffres officiels (Dépôt de la Guerre, vol. 2077, n° 103) disent deux cent six escadrons et cent trente et un bataillons, mais peut-être pour une époque postérieure.
4. Les lettres que le prince adressa au Roi et au ministre de la Guerre Chamillart depuis le 18 mai 1708 jusqu'au 8 décembre suivant ont été publiées en appendice aux *Lettres du duc de Bourgogne au roi d'Espagne Philippe V*, t. I, p. 281-293.

M. le duc de Bourgogne arriva à Valenciennes le 16, et y séjourna jusqu'au 25, que l'armée se mit en marche et vint camper à Soignies, la droite à Naast et la gauche à Neufville[1], dans le dessein de barrer la route de Flandre aux ennemis, et d'ôter ce camp au duc de Marlborough, qui avoit eu dessein de le venir prendre, et avoit déjà fait préparer les chemins. Il étoit alors à Bruxelles avec le maréchal d'Owerkerque[2], et vint joindre son armée, qui s'étoit assemblée à Anderlecht près Bruxelles, d'où elle marcha le 26 pour venir camper entre Hal et Bellinghen, [et, comme elle nous étoit inférieure en nombre, elle se retrancha en ce camp, qui n'étoit qu'à trois lieues de nous, quoique couverte par des défilés et la petite rivière de Sainte-Renelle[3].]

Le 29, le duc de Marlborough fit un mouvement; il vint camper vers Herffelinghen[4], où sa droite étoit appuyée, et étendit sa gauche à Tubize. Le lendemain, le duc de Marlborough en fit encore un autre et vint mettre sa droite à Haute-Croix[5], le centre à Sainte-Renelle, et la gauche à Lembecq. Sur ces mouvements, il fut résolu que notre armée marcheroit le soir du 31 pour venir camper à Braine-l'Alleu; mais, comme les ennemis en étoient plus près que nous et qu'ils pouvoient y arriver plus tôt, et même se poster sur notre passage ou charger notre arrière-garde, et même nous

---

1. Naast est au sud-est de Soignies, dans la direction de Roeulx, et Neufville-lez-Soignies est au sud-ouest.
2. Tome III, p. 166.
3. Petit cours d'eau qui traversait le village de ce nom.
4. Herffelinghen est à l'ouest de Bellinghen, en se rapprochant d'Enghien.
5. Haute-Croix est un peu au sud-est d'Herffelinghen; on avait imprimé précédemment Sainte-Croix.

engager à un combat d'infanterie désavantageux vers Steinkerque, il fut résolu de se débarrasser des gros bagages et de les renvoyer vers Mons.

L'armée commença cette marche hardie le 31, sur les neuf heures du soir, marcha toute la nuit, et tout le jour suivant jusqu'au soir, passant par Naast, les Écaussines-d'Enghien[1], et par Feluy[2], passa la Senne à Arquennes[3], [puis vint à Notre-Dame-de-Bon-Conseil[4],] et alla se mettre en bataille à la hauteur de Nivelle, après avoir passé le ruisseau. Comme on vit que les ennemis ne se présentèrent en aucun endroit pour s'opposer à notre marche, notre armée campa la droite à Genape et la gauche à Braine-l'Alleu, où M. le duc de Bourgogne prit son quartier.

Le duc de Marlborough n'apprit que le lendemain assez tard la marche de notre armée. Il envoya chercher tous les fourrageurs, qui jetèrent bas toutes leurs trousses[5] et s'en revinrent à leur camp. Aussitôt il se mit en marche et retourna camper à Anderlecht, et le lendemain à Voskapel[6], où il mit sa droite, et sa gauche contre le faubourg de Louvain. Il fit aussi un détachement de son armée, qui alla camper à Deynze sur la Lys, pour observer le corps du comte de Motte, qui leur donnoit de l'inquiétude. Il envoya aussi quatre bataillons camper sous la contrescarpe de Bruxelles.

Les deux armées restèrent en cet état pendant tout

---

1. A trois kilomètres nord-est de Naast.
2. Encore plus à l'est, très près de la Senne.
3. Village de la rive droite de la rivière, vers Nivelle.
4. Chapelle isolée à l'est d'Arquennes.
5. Leurs trousses ou bottes de fourrage.
6. Voskapel est un hameau de la commune de Nosseghem, entre Bruxelles et Louvain.

le mois de juin, que la nôtre décampa, ayant fait marcher devant elle deux détachements, qui prirent avec célérité le chemin de Gand, dont ils se saisirent en partie par surprise[1], et l'autre par les intrigues du comte de Bergeyck, ministre des Pays-Bays espagnols[2], et de la Faille, grand bailli de Gand[3], qui avoit quitté cette ville depuis que les ennemis s'en étoient mis en possession, pour servir à notre armée, où il avoit un régiment de dragons[4]. Notre armée se mit en marche le même soir du jour que nos détachements partirent et se mit en mouvement sur les neuf heures, alla passer la Senne entre Tubize et Hal, sur des ponts qui furent faits en diligence. De là, elle s'en vint au château de Santbergen[5] sur la Dendre, qu'elle avoit à dos, sa gauche s'étendant sur Ninove; toute cette marche se fit en un seul jour. On fit prendre un chemin beaucoup plus long à l'artillerie, escortée par huit escadrons et quatre bataillons. Je conduisois[6] cette colonne, qui

1. Gand fut surpris le 6 juillet; Dangeau en a donné un long récit (t. XII, p. 175-179), de même que Sourches (t. XI, p. 119-125); le *Mercure* consacra à cet événement une partie de son numéro supplémentaire d'août.
2. Jean de Brouchoven, comte de Bergeyck (1644-1725), faisait les fonctions de premier ministre de l'électeur de Bavière, vice-roi des Pays-Bas espagnols pour Philippe V; chargé ensuite de la direction des finances en Espagne, il se retira en 1714; Saint-Simon fait grand éloge de ses capacités.
3. M. de la Faille ou de la Faye avait rempli les fonctions de grand bailli de Gand jusqu'à l'évacuation de cette ville en 1706.
4. Le général Susane dit que c'était un régiment d'infanterie wallonne.
5. Santbergen est un village de la rive droite de la Dendre, à mi-chemin entre Grammont et Ninove.
6. Saint-Hilaire se met en scène ici, ce qui lui arrive rarement.

tenoit plus de trois lieues d'étendue, avec quelques gros bagages qui y avoient été joints. Elle vint passer auprès de Nivelle, de là à Steinkerque, puis à Enghien et à Gammerages[1], pour arriver à Santbergen, où elle avoit ordre de se rendre, et où devoit être le quartier général. Elle marcha toute la nuit par un temps pluvieux et mauvais et des chemins difficiles, pendant trente-six heures tout d'une tire, et passa la nuit suivante le ruisseau de Gammerages, d'où la tête partit au point du jour pour se rendre audit Santbergen. Dès qu'il fut assez grand pour distinguer les objets, j'aperçus à peu de distance, sur ma droite, une autre colonne qui tiroit sur Santbergen et que je pris pour la réserve de notre armée, que M. de Biron[2] commandoit, qui savoit que je devois marcher sur ma droite par derrière Enghien, et qui n'avoit pu arriver plus tôt que moi.

Dans cette confiance, je continuois ma route vers Santbergen. Je trouvai en mon chemin un aide de camp de M. de Vendôme, qui venoit me demander des bateaux pour faire des ponts, et me dit que toute l'armée avoit passé ou achevé de passer la Dendre pendant la nuit sur des ponts de bois qui s'y étoient trouvés, et qu'il n'y avoit plus que quelques bagages en deçà, que je vis éparpillés un peu loin de ma droite, parmi la campagne, cherchant des passages pour passer la rivière. J'envoyai vite faire des ponts contre

1. Entre Enghien et Grammont.
2. Charles-Armand de Gontaut, marquis de Biron (1664-1756), colonel en 1684, brigadier en 1696 et maréchal de camp en 1702, était lieutenant général de la promotion de 1704; il deviendra duc et pair en 1723 et maréchal de France en 1734.

l'abbaye de Beaupré[1], pour les passer de l'autre côté, et pris mon parti, puisque toute l'armée avoit passé la Dendre, d'aller la traverser tout à fait à la gauche, sur un pont de bois que je savois qui y étoit, pour ne point couper cette cavalerie et ces bagages, et avoir moins d'embarras. Je fis rester mes huit escadrons en bataille sur la hauteur contre l'abbaye de Beaupré, et fis descendre tout mon attirail dans le bas pour gagner ce pont. Malheureusement, je trouvai un défilé si étroit, serré d'un côté par une digue élevée et pilotée[2], et de l'autre, [pendant plus de trois cents pas], par la rivière de Dendre, qui faisoit une anse en cet endroit-là, qu'il me fallut du temps pour la faire élargir, et pour contenir même plusieurs voitures avec des cordages, de peur qu'elles ne tombassent dans la rivière, et même ne bouchassent le chemin. J'espaçai[3] mes quatre bataillons, ou, pour mieux dire, le résidu d'iceux (la plupart des soldats n'ayant pu suivre pendant une si longue marche), dans les postes que je jugeai les plus convenables et les plus sûrs. J'en étois là, et l'on travailloit à l'élargissement du chemin avec beaucoup d'activité, lorsque j'entendis sur ma droite, un peu plus en avant dans la plaine, tirer plusieurs coups, qui ne me désignoient encore rien de positif; car ce n'étoit pas du côté où j'avois posté ma cavalerie, qui ne m'avoit encore averti de rien, quoiqu'elle en eût l'ordre. Dans ce même temps Jacob, autrement dit Pasteur[4], fort

---

1. Abbaye de Cisterciennes, fondée en 1228, sur la commune actuelle de Grimmingen.
2. C'est-à-dire formée de pilotis.
3. On avait imprimé précédemment : *je fis passer*.
4. Il a déjà été parlé de ce célèbre partisan dans le tome IV, p. 156-158.

mal accompagné, vint pour repasser la Dendre au lieu où j'étois, s'en revenant de charger quelques partis de l'avant-garde des ennemis dans la plaine, qui étoient cette même colonne que j'avois aperçue, et que j'ai dit qui m'avoit côtoyé sur ma droite pendant que je faisois route. Comme je l'aperçus de loin, et que je l'entendis qu'il demandoit après moi d'un ton fort ému, je jugeai vivement qu'il avoit quelque chose d'important à me dire, qu'il ne falloit pas que tout le monde entendît. L'ayant tiré à part, il m'apprit qu'il venoit d'être chargé, [avec trois ou quatre cents chevaux qu'il avoit,] par toute cette colonne des ennemis dont j'ai parlé, et M. de Marlborough à la tête, [qu'il avoit fort bien reconnu,] et que sans doute il alloit tomber sur moi et prendroit toute l'artillerie et déferoit mes troupes, puisque toute l'armée ennemie suivoit de près cette avant-garde ; à quoi il ajouta que lui Pasteur avoit voulu persuader à l'officier principal qu'il avoit trouvé à mon arrière-garde de faire dételer promptement tous les chevaux d'artillerie pour les sauver par Grammont, mais qu'il n'avoit pas voulu le croire. Je lui répondis qu'il avoit fort bien fait de ne pas suivre son conseil, ce que je ne ferois pas non plus que lui, parce que les chevaux de l'artillerie étoient un petit objet en comparaison de tout le canon et des munitions de guerre de l'armée ; que, si j'étois attaqué, je me défendrois tout autant que je le pourrois ; que mon artillerie et mes troupes passeroient, ou que je serois tué ou pris avec elles ; que je le priois de passer vitement le pont et d'aller dire à M. de Vendôme la situation dans laquelle il m'avoit trouvé, et de le supplier, de ma part, de vouloir bien m'envoyer promptement quelques brigades d'infanterie pour border la rivière, favoriser mon passage, ou me dégager, s'il en étoit encore temps.

Aussitôt j'envoyai un de mes bataillons occuper la tête du défilé et le tenir, pour le faire passer à ma cavalerie, en cas qu'elle se trouvât trop pressée, et envoyai avec ce bataillon quelques détachements des autres que j'avois, pour se montrer et se poster derrière des haies contre ce défilé, et y faire toute la bonne contenance et résistance possible, avec ordre de m'avertir promptement, s'ils voyoient les ennemis se tourner sur eux. Après cela, je me mis à faire passer tout l'attirail avec la plus grande diligence qu'il me fut possible, et j'en vins à bout sans perdre chose au monde, par deux grâces toutes particulières d'En-haut, en ce que l'avant-garde des ennemis, au lieu de tomber sur moi, prit encore à droite, et se débanda sur quelques bagages qui étoient encore dans la plaine, et que M. de Marlborough s'occupa, heureusement pour moi, à faire attaquer un de nos postes d'infanterie, qui étoit encore dans un château ou église sur le bord de la Dendre, où il y avoit un pont, qui fut bien défendu et le tint du temps, par la valeur et bonne conduite de celui qui y commandoit. Un autre bonheur singulier est que, si j'avois suivi mon ordre par écrit de me rendre au château de Santbergen, où je devois trouver l'armée, j'aurois traversé pour m'y rendre la colonne des ennemis, qui auroient assurément pris toute l'artillerie et les troupes qui l'escortoient[1].

Quand toute mon arrière-garde eut passé la Dendre,

1. Tout ce détail de la marche de la colonne d'artillerie est particulier à Saint-Hilaire; aucun autre récit n'en parle.

je joignis M. de Vendôme à une lieue de là, qui venoit au-devant de moi avec des troupes, auquel je racontai mon aventure, en me plaignant fort de n'avoir reçu aucun avis du passage subit de l'armée, ni reçu aucun ordre de ce que j'aurois à faire en cette conséquence, pouvant bien s'imaginer que je ne pouvois la joindre que très tard, ni marcher aussi vite que l'armée, avec un pareil attirail, par le long détour qu'on m'avoit fait prendre qui étoit au moins du tiers du chemin. Je lui représentai de plus que, si j'avois suivi mon premier ordre d'aller joindre l'armée au château de Santbergen, d'où elle avoit décampé hâtivement (ce que je n'avois pu deviner), j'aurois donné au travers de celle des ennemis; ou que, s'ils m'avoient attaqué au passage de la Dendre, où je m'étois ordonné, on m'auroit pu imputer de n'avoir pas suivi mon premier ordre, quoique je l'eusse fait avec connoissance de cause, pour éviter la confusion au passage de la rivière, et ne point couper les bagages de l'armée éparpillés dans la plaine, et une colonne de troupes que j'avois prise d'abord pour le corps de réserve de M. de Biron. Il me répondit sur cela les plus belles choses du monde, dont je lui fus fort obligé, quoiqu'elles ne firent pas un fort grand effet sur mon esprit, sachant bien que les humeurs peccantes tombent toujours sur les parties foibles, quand les événements sont mauvais[1].

Quoique tout ce que je viens de dire sur cet article soit la pure vérité, dont plusieurs contemporains sont encore les témoins, il sera assez difficile de croire dans quelque temps d'ici comment M. de Marlborough, qui

---

1. Saint-Hilaire laisse percer quelque mésestime pour Vendôme.

voyoit distinctement toute ma marche du lieu où il étoit, et qui eut six ou sept heures de temps pour me faire attaquer, ait préféré l'attaque du château où il s'adonna à enlever toute l'artillerie de l'armée. Peut-être qu'ayant aperçu la bonne contenance de mes troupes, jugé qu'il pouvoit y en avoir davantage dans le fond, il voulut tenir bride en main et attendre qu'il en eût plus d'arrivées. Quoi qu'il en soit, nous nous tirâmes heureusement d'un aussi mauvais pas; et j'eus l'honneur d'être remercié, par une lettre de la part de Sa Majesté, d'y avoir contribué par tout ce qui étoit en moi[1]. Après avoir passé la Dendre, je m'en allai camper au delà et contre Ninove, et, le lendemain, derrière le centre de l'armée, qui eut cette rivière devant elle, sa droite un peu en deçà d'Alost, et sa gauche tout le long jusqu'à l'Escaut, sur lequel on fit un pont et passer quelques troupes, pour empêcher les ennemis de jeter du monde dans le château ou citadelle de Gand, qui

---

1. La lettre du 7 juillet, par laquelle Saint-Hilaire rendit compte à Chamillart de sa conduite, n'existe plus dans les registres du Dépôt de la Guerre; mais la réponse du ministre, du 11, par laquelle il lui mande en terminant la satisfaction du Roi de sa conduite, se trouvera ci-après à l'Appendice, dans la Correspondance de Saint-Hilaire. Deux lettres de MM. de Montviel et de Contades du 8 juillet (vol. Guerre 2081, n°s 42 et 43) parlent de cet incident, mais ne semblent pas y attacher la même importance que notre auteur. Voici ce qu'écrit Contades : « Il parut hier des troupes des ennemis pour inquiéter ce qui n'avoit pas passé la Dendre. M. Pasteur, qui étoit à l'arrière-garde, fut poussé. Il y a eu quelques charrettes de pillées, de celles qui n'avoient pas exécuté l'ordre qui leur avoit été donné de s'en aller à Charleroy avec les gros bagages, et quelques équipages aussi qui s'étoient écartés par la faute des valets. »

n'étoit pas encore soumis, mais qui ne tarda guère à l'être; car celui qui y commandoit, avec cinq ou six cents hommes des ennemis, capitula dès le lendemain, et se rendit; à la vérité la place n'étoit guère en défense.

Le même jour que nous passâmes la Dendre et que nous campâmes dans la disposition que je viens de dire, le prince Eugène joignit l'armée de M. le duc de Marlborough, et trouva à redire, suivant ce qui en fut dit, qu'on eût manqué le beau coup de prendre toute notre artillerie au passage de la Dendre. Il avoit amené avec lui quelques régiments de cavalerie de l'Empereur, qui faisoient l'avant-garde de l'armée qu'il amenoit d'Allemagne. Ils se campèrent en front parallèle au nôtre, la rivière séparant les deux armées.

Pendant tout ceci, Chemerault[1], lieutenant général, prit un détachement qui s'étoit allé saisir de Gand, et s'avança devant Audenarde, place importante sur l'Escaut, favorablement située et bien fortifiée, quoiqu'elle ne soit que de terre, et qui étoit le seul passage qui restoit aux ennemis sur cette rivière après la perte de Gand, et où la garnison étoit très foible, et se posta devant en attendant des ordres, et fit même remuer quelque terre. Pendant ce temps-là, Champclos, brigadier des ennemis[2], trouva le moyen de se jeter dans la place avec des troupes à suffisance, sans que Chemerault l'en pût empêcher.

Je reviens aux opérations des deux armées. Les ennemis étant campés en la manière que je viens de dire,

1. Tome III, p. 208.
2. Ce M. de Champclos ou Chanclos était sans doute un réfugié protestant d'origine française.

nous tînmes un conseil de guerre, où il fut agité lequel étoit le plus expédient de défendre le passage de la Dendre, ou bien celui de l'Escaut, en s'approchant de Gand. Ce dernier parti prévalut, et il sembla que M. de Vendôme avoit peine à s'y résoudre en ce que, nonobstant ce parti pris, il séjourna un jour tout entier dans son même camp et jusqu'à ce qu'il eût vu celui des ennemis entièrement levé, et qu'ils tiroient du côté de Grammont et de Lessines. Il avoit même fait partir d'avance toute son artillerie, avec ordre d'aller jusqu'à un quart de lieue de Gand, et de n'en point bouger sans un ordre par écrit, se tenant toujours prêt à marcher d'un côté ou d'autre.

Cependant l'armée resta dans son même camp, où elle passa tout le jour et la nuit suivante, que M. de Vendôme apprit, au point du jour, que les ennemis avoient levé leur camp au commencement de la nuit, et prenoient leur route le long de la Dendre, pour s'acheminer vers Grammont et Lessines. Aussitôt il commença à marcher droit à Gavere, où j'envoyai des ponts sur l'Escaut. Mais, quoiqu'il arrivât de fort bonne heure et que les ponts fussent faits, il ne voulut point passer cette rivière ce jour-là, et campa au delà, laissant encore dans son vieux camp son aile gauche de cavalerie, avec quelques brigades d'infanterie et une d'artillerie, qui gardoient le vieux pont qui avoit été fait sur l'Escaut.

Les affaires restèrent en cet état jusqu'au lendemain matin, que M. de Vendôme eut nouvelle que les ennemis marchoient certainement sur l'Escaut et tournoient sur Audenarde. Il envoya aussitôt ordre aux troupes qu'il avoit laissées dans son vieux camp de marcher sur

Gand; la cavalerie traversa la ville et y passa la rivière. Jusque-là, le dessein de M. de Vendôme paroissoit de se camper, après avoir passé l'Escaut à Gavere, de laisser cette rivière devant lui et de faire camper sa droite tirant sur Audenarde, et sa gauche où elle pourroit aller du côté de Gavere; mais on oublia d'envoyer ordre à l'artillerie de suivre la route de l'armée. Cependant elle ne laissa pas de marcher, et de passer à travers Gand, pour joindre la gauche de l'armée, au plus près qu'elle pourroit; car il étoit déjà dix heures du matin devant qu'elle s'ébranlât, attendant toujours des ordres. Tout ce que je pus faire à l'avance fut de faire marcher, quoique sans ordre, dix pièces de canon et vingt charrettes composées de munitions de guerre, avec des bateaux que j'avois eu ordre d'envoyer à Gavere pour faire des ponts, ne jugeant pas qu'il fût de convenance de laisser l'armée sans canon et sans munitions, [me trouvant aussi éloigné que j'en étois.] Cette précaution fut très utile; car sans elle il n'y auroit eu ni artillerie, ni munitions de guerre pour le combat, tant on s'y étoit peu disposé.

Cependant les ennemis marchoient toujours vers Audenarde, avec une diligence extrême et sans s'arrêter, afin d'y passer l'Escaut devant l'armée de France ou en même temps, et pour cela ils détachèrent les majors généraux Cadogan[1] et Rantzau[2], avec seize bataillons et trente escadrons, pour aller jeter des ponts sur cette rivière, près de la ville, et leur en assurer le

---

1. Tome IV, p. 346.
2. Peut-être Christiern, comte de Rantzau, d'une famille danoise, dont un membre, Josias, passé au service de Louis XIII, était devenu maréchal de France.

passage. Chemerault étoit resté presque jusque-là dans son poste devant Audenarde, et, ne pouvant y tenir contre tant de troupes qu'il apprit qui marchoient vers lui, il se retira en diligence et rejoignit heureusement l'armée.

Sur les nouvelles de cette marche, réitérées de toutes parts, M. de Vendôme commença à faire passer l'Escaut à l'armée à Gavere sur les dix heures du matin, paroissant avoir dessein de la camper le long de l'Escaut, ou d'aller établir son camp sur les hauteurs contre Audenarde, où le prince de Condé vint se poster autrefois avec l'armée de France, lorsqu'il fit lever le siège d'Audenarde au prince d'Orange.

Le premier paroissoit le plus probable, en ce que, s'il fût venu sur les hauteurs qu'on appelle de Monsieur le Prince, il paroissoit qu'il laissoit aux ennemis les passages ouverts pour aller à Gand. Quoi qu'il en soit, le marquis de Biron, lieutenant général de jour, s'en alla faire marquer le camp.

Combat d'Audenarde, 11 juillet 1708[1]. — Quand il fut arrivé à peu près sur les lieux, la plupart des cava-

---

1. La bibliographie de la bataille d'Audenarde est très abondante : outre les nouvelles qu'on trouve dans la *Gazette*, dans le *Journal de Dangeau* ou dans les *Mémoires de Sourches*, il y eut de nombreuses lettres et relations publiées dans le *Mercure*, volume supplémentaire d'août, p. 145-284 et 337-391, dans la *Gazette d'Amsterdam*, n°s LVII et LXI, et dans d'autres recueils comme le *Journal de Verdun;* le volume 2081 du Dépôt de la Guerre contient toutes les lettres envoyées à Chamillart par les divers officiers généraux. Le récit de Saint-Hilaire semble assez impartial. Dans les *Mémoires de Saint-Simon*, t. XVI, p. 182 et suiv., M. de Boislisle a joint un commentaire abondant au texte de l'auteur.

liers et soldats se débandèrent pour aller à la paille et au fourrage, ce qui ayant été remarqué par Cadogan, qui avoit déjà passé l'Escaut avec ses troupes et les avoit postées dans un terrain fort avantageux, [qui étoit une espèce d'amphithéâtre, entouré de haies, de ravins et de watergans, et des défilés du village d'Asper[1]], il envoya un détachement sur eux et les mit en fuite. Dans ce temps-là, notre avant-garde survint, arrêta le désordre et chassa les ennemis de ce terrain. On aperçut sur une hauteur voisine quatre bataillons, qui étoient soutenus par une quantité d'autres, postés derrière des watergans, des ravins et des haies, sous le canon d'Audenarde. Biron envoya aussitôt à M. de Vendôme pour l'avertir de ce qui se passoit. Ce prince fit marcher aussitôt sept bataillons dans le village de Heurne[2], sur le grand chemin le long de l'Escaut, et les fit soutenir de quelques escadrons qui se mirent en bataille dans la plaine, entre Rotz et Mullem[3], à mesure qu'ils arrivoient. Cadogan, qui les vint reconnoître, crut qu'il n'y avoit point de temps à perdre, s'ébranla avec seize bataillons et huit escadrons pour les venir attaquer, quoique le gros de son armée ne commençât qu'à passer l'Escaut. Le combat dura environ une demi-heure, et nos troupes, qui furent assez malmenées, furent obligées de se retirer fort en désordre dans un

---

1. Asper, sur l'Escaut, au nord d'Audenarde.
2. Heurne est aussi sur la rive gauche de l'Escaut, à mi-chemin entre Audenarde et Asper.
3. Le village de Mullem est au nord-ouest de Heurne ; quant à Rotz, Saint-Hilaire veut peut-être parler du village de Roygem, au sud de Mullem.

terrain coupé. Pfiffer[1], brigadier, Lasky[2] et Ximenez[3], colonels, y furent tués.

Rantzau, major général des ennemis, attaqua en même temps quatre de nos escadrons, qui soutenoient ces sept bataillons, et les fit plier; celui qui les commandoit fut blessé et pris.

Après ceci, un de nos brigadiers françois fut détaché, avec cinquante compagnies de grenadiers, pour s'aller poster dans des haies qui n'étoient pas encore occupées par les ennemis. Il s'acquitta de sa commission; mais, soit que l'impatience le prît de ne point voir de troupes à portée de le soutenir, ou bien qu'il fût véritable qu'on lui eût envoyé un ordre de se retirer, comme il le dit pour se disculper, sans pouvoir nommer celui qui le lui avoit apporté, il quitta son poste très mal à propos, en ce que les ennemis y arrivant s'en surent bien prévaloir, et y mirent aussitôt des troupes, que l'on ne put forcer après différentes tentatives. Voilà comme l'impatience ou l'ignorance font souvent commettre des fautes essentielles et qui décident du succès d'une bataille, ainsi qu'il arriva dans cette occasion.

Le prince Eugène et le duc de Marlborough, qui pendant ce temps-là avoient passé l'Escaut avec l'avant-garde de leur armée, ayant aperçu que nos troupes grossissoient, firent poster leur infanterie angloise dans ces mêmes haies et ravins qui la séparoient de la

---

1. Louis Pfiffer de Wyher, colonel d'un régiment suisse, brigadier depuis 1704.

2. Il commandait un régiment de hussards.

3. Geoffroy de Ximenez, colonel du régiment de Royal-Roussillon.

plaine où nos troupes se mettoient en bataille, à mesure qu'elles arrivoient, [et surent bien profiter de la faute de notre brigadier.]

Pendant que ceci se passoit, un maréchal de camp espagnol, accompagné du même brigadier françois, qui avoit une grande envie de réparer sa faute, de quelque manière que ce pût être, se persuadèrent qu'il étoit aisé d'enlever quatre bataillons ennemis qui leur parurent trop avancés vers le château de Boham[1], et obtinrent facilement de M. le duc de Bourgogne, [qu'ils rencontrèrent, la permission de les aller enlever, ainsi qu'ils se le proposoient de faire, sans pourtant rien engager, avec deux de nos brigades qui se trouvoient là ; ce prince, encore sans expérience militaire, le leur permit.] Mais l'affaire devint plus difficile qu'ils n'avoient cru : quatre autres bataillons ennemis avoient joint les premiers, et étoient suivis encore par d'autres, et nos officiers généraux, consultant en ce moment plus leur valeur que le nombre des ennemis, les chargèrent avec vivacité ; mais ils furent contraints de céder. L'infanterie du centre voulut soutenir nos deux brigades qui étoient poussées par les ennemis, et, par un contretemps, un aide de camp, s'étant figuré que c'étoit par ordre de M. de Bourgogne que tout cela se faisoit, l'alla persuader à M. de Vendôme, qui, de dépit, fit attaquer de son côté les ennemis par vingt bataillons de sa droite protégés par les seules dix pièces de canon que j'avois envoyées de mon chef joindre l'armée à Gavere avec les vingt charrettes composées de munitions de guerre ; et il n'y en auroit

---

1. Saint-Hilaire veut probablement parler de Browaan, sur la commune d'Eyne.

point eu à l'armée sans cette précaution; car, quand le combat commença, je n'étois encore qu'à une demi-lieue en deçà de Gand avec toute l'artillerie, faisant route de mon chef pour joindre l'armée, qui en étoit à six lieues. Revenons au combat.

Nos dix pièces de canon, qui tirèrent fort à propos sur les bataillons ennemis que M. de Vendôme faisoit attaquer, contribuèrent beaucoup à les faire plier; on s'empara même du canon qu'ils avoient devant eux; mais, favorisés par l'avantage du terrain qu'ils occupoient, ils firent de derrière les haies, où l'on ne pouvoit pénétrer, de si effroyables décharges, que nous fûmes obligés de reculer. Cependant, on revint à la charge plus d'une fois, et M. de Vendôme, qui les faisoit faire, s'exposa comme s'il n'eût été qu'un simple soldat. Notre cavalerie ne pouvoit charger ni pénétrer sur les ennemis, à cause des haies et autres empêchements dont j'ai fait ci-dessus la description, et la gendarmerie, qui se trouva exposée au plus grand feu des ennemis, le soutint longtemps avec une valeur et un sang-froid d'autant plus grand qu'elle n'étoit pas échauffée par la chaleur de l'action, qui ne laisse pas le temps d'envisager le péril.

Quoique le terrain avantageux que les ennemis occupoient ne permît pas à notre cavalerie d'agir en corps, il y eut pourtant quelques attaques particulières d'escadrons qui furent avantageuses pour nous. Et la clôture de la journée se fit sous la conduite du prince Eugène qui, ayant remarqué un vide entre notre centre et le village de Mooregem[1], fit couler par des chemins

---

1. A l'ouest d'Audenarde.

creux une colonne de cavalerie et de dragons, et même de l'infanterie le long des haies pour remplir ce vide, qui avoit devant lui, de notre côté, un défilé d'environ trois à quatre cents pas, au delà duquel on avoit chargé antérieurement dans une petite plaine, où il y eut un combat de cavalerie pendant lequel les chevaux-légers de la garde, les gendarmes et la gendarmerie, avec quelques autres escadrons, chargèrent vivement et repoussèrent les ennemis. Deux de nos escadrons, qui se trouvèrent séparés des autres, percèrent au travers des ennemis et se retirèrent à Tournay.

La nuit termina le combat vers les neuf heures du soir, et le succès fut si douteux que les deux armées s'en attribuèrent l'avantage. Cependant, nous demeurâmes sur notre champ de bataille jusque vers une heure après minuit, et cet espace de temps fut employé à redresser l'armée et à poster toute notre artillerie, qui l'avoit jointe avec beaucoup de diligence, M. de Vendôme ayant résolu de livrer encore un combat aux ennemis le lendemain matin. Il y eut là-dessus quantité de discours dans un petit conseil qui se tint, dont il est inutile de rapporter ici les paroles.

J'eus l'ordre d'aller poster toute l'artillerie qui étoit arrivée tout le long du front de bandière que notre armée occupoit. Pendant que je me mettois en mouvement pour cela, on vint me dire de suspendre et de m'en revenir retrouver la généralité[1] au même endroit où je l'avois quittée. J'y trouvai M. de Vendôme, persistant dans son sentiment de combattre encore le lendemain, et la matière fut encore agitée. Peu d'officiers

---

1. C'est-à-dire les officiers généraux.

généraux furent de son avis. J'en avois fait l'ouverture, peut-être inconsidérément, par rapport à l'état des affaires, et, dans ce premier sens, ce prince soutenoit qu'il y alloit de l'honneur de la France et de la gloire de M. le duc de Bourgogne, que les ennemis avoient autant perdu que nous et que nous avions encore près de quatre-vingts bataillons qui n'avoient point combattu ; joint à cela, que la retraite étoit longue et périlleuse et que je ne pourrois jamais sauver l'artillerie, dont les équipages étoient recrus, quelque envie que je pusse avoir d'en sortir à mon honneur. Les altercations sur cette affaire durèrent encore un peu de temps, et la conclusion fut qu'on combattroit le lendemain. Sur cela, j'eus un nouvel ordre d'aller poster l'artillerie, et je m'en acquittai.

Pendant ce temps-là, les ennemis firent encore plusieurs décharges sur notre infanterie, qui étoit avancée sur eux, laquelle s'en ennuya et se retira en arrière, sans en avoir reçu d'ordre, et notre cavalerie de la droite se trouva si ébranlée que, dès que la nuit fut close, elle se mit en colonne pour prendre le chemin de Gand. On en vint avertir M. de Vendôme, et on lui dit que, s'il vouloit demeurer davantage où il étoit, qu'il resteroit seul dans la plaine. M. le duc de Bourgogne étoit avec lui quand il reçut cet avis. Alors on prit tout de bon le parti de se retirer, et, comme je m'en retournois joindre la généralité, je trouvai une grande partie des troupes qui se retiroit et alloit enfiler le chemin de Gand, par où j'étois venu avec l'artillerie. Je rencontrai aussi celle que j'avois postée sur la droite qui s'en revenoit, avec ordre de suivre le même chemin, et des officiers généraux que je rencontrai me dirent que M. le duc de Bourgogne et M. de Vendôme étoient déjà partis par un autre chemin avec toute la cavalerie de la droite.

J'envoyai déposter le reste de l'artillerie et me mis en marche avec icelle et les caissons d'artillerie. Je trouvai un major de brigade qui me dit qu'il avoit ordre de m'en amener une d'infanterie, pour m'aider à me retirer. Je lui montrai l'entrée du défilé où il devoit m'attendre; mais je n'y trouvai ni le major, ni la brigade, et il y eut tant de désordre [et de billebaudes à l'entrée de ce défilé] que, si les ennemis en avoient été avertis et s'y étoient présentés, la défaite auroit été complète. On s'y jetoit pêle-mêle, avec la plus grande confusion du monde. J'eus toutes les peines imaginables à y enfourner notre artillerie. Quand elle y fut toute entrée, il étoit petit jour; je m'en retournai dans la plaine avec trois ou quatre officiers, pour voir si les ennemis se disposoient à me tomber dessus, et je fus tout étonné d'y voir encore notre gauche de cavalerie en bataille et la tête tournée vers l'ennemi, qui étoit tranquille dans son camp. Je m'avançai pour parler à l'officier général qui la commandoit et lui remontrer le péril où il étoit, tout le reste de l'armée étant parti. Je ne pus m'adresser qu'à ses subalternes, parce qu'il s'étoit avancé sur sa droite, pour voir ce qu'étoit devenue l'armée. Ils me dirent tous qu'ils n'avoient eu aucun ordre de se retirer et qu'ils ne pouvoient se mouvoir sans l'ordre de leur supérieur, auquel ils alloient envoyer pour lui rendre compte de ce que je venois de leur rapporter. Je les laissai donc là et m'en revins à mon arrière-garde, que je ne quittai pas jusqu'à Gand. La précipitation et le désordre de la retraite furent cause, à mon avis, que cette gauche de cavalerie, première et seconde ligne, fut oubliée dans la plaine, et y demeura constamment jusqu'à deux ou trois heures de jour, ou bien que celui qui étoit chargé de leur porter l'ordre de se retirer s'acquitta mal de sa commission.

Quoi qu'il en soit, c'est ce qui sauva l'artillerie, qui se retiroit par le chemin qu'elle avoit pris en venant, et qui étoit un peu derrière cette cavalerie; car les ennemis, la voyant encore en bataille loin du défilé, quoique tout le reste de la plaine se trouvât vide de troupes, furent quelque temps à se mouvoir et à se préparer pour la débusquer et suivre notre arrière-garde. Cela lui donna le temps d'avancer chemin, quoiqu'avec beaucoup de lenteur, à cause de la lassitude des équipages, et la queue de cette file se trouvoit déjà à quatre lieues du champ de bataille, lorsque notre cavalerie, dont je viens de parler, commença à se mouvoir pour se retirer et gagner le défilé à travers les bois, qui étoient encore gardés par mille grenadiers sous le marquis de Nangis.

Les ennemis, qui s'aperçurent de son mouvement, s'avancèrent au nombre d'environ quatre mille chevaux, avec des fantassins en croupe, pour tâcher d'en profiter, et atteignirent sur le bord du bois quelques escadrons qui n'avoient pu encore entrer dans le défilé, les chargèrent et le leur firent enfourner avec beaucoup de précipitation.

Nous y perdîmes quelques officiers, cavaliers et dragons, et je crois même quelques étendards, et le désordre seroit devenu plus considérable, sans les mille grenadiers du marquis de Nangis qui continrent les ennemis au commencement du défilé, et nous donnèrent encore un peu de temps pour avancer chemin, ce qui s'exécuta heureusement, mais non sans beaucoup de peine. Les ennemis n'entrèrent qu'une lieue dans le défilé, jusqu'à un petit ruisseau, et s'en retournèrent à leur camp, sans pousser davantage; car M. de Vendôme, qui apprit ce qui se passoit, renvoya plusieurs régiments de dragons, pour favoriser cette retraite, qui furent assez inutiles; car ils me trouvèrent, avec mon arrière-garde, déjà arrivé à une lieue de Gand et hors de danger.

Toute l'armée traversa cette ville et alla camper le long du canal de Bruges, qu'elle eut devant elle jusque vers cette ville, dont le comte de la Motte s'étoit déjà emparé, aussi bien que du fort de Plasschendaele[1], qui devint un poste fort nécessaire pour ouvrir, aux convois qui vinrent de Nieuport et de Dunkerque, le chemin de Bruges et de Gand. Toute notre armée travailla à faire des retranchements devant elle tout le long du canal et à y faire des batteries de canon pour en défendre les avenues et le passage aux ennemis, en cas qu'ils eussent le dessein de nous y venir attaquer. On prit aussi, l'épée à la main, le petit fort de Rotenhuis[2], situé à la tête du canal qui va au Sas-de-Gand.

Le chevalier du Rozel[3] pénétra aussi jusqu'en l'île de Cadzand, appartenant aux Hollandois, et fit raser les lignes et les redoutes qu'ils y avoient fait élever pour la défendre et imposa à ceux de cette île huit cent

---

1. Plasschendaele, dans la commune d'Adegem, est à une croisée de canaux entre Bruges et Nieuport.
2. On n'a pu identifier cette localité.
3. Tome IV, p. 110.

mille livres de contributions, amena plusieurs otages pour la sûreté du paiement et y fit un grand butin.

Je reviens encore un moment à parler de cette bataille, qui se donna fort irrégulièrement; car les troupes combattirent à mesure qu'elles arrivoient, et il y en eut beaucoup des nôtres qui ne chargèrent point. Elle ne laissa pas d'être fort opiniâtrée, et se passa dans des attaques de postes assez mal concertées. Les deux partis perdirent considérablement; mais notre perte consista bien plus dans les prisonniers que les ennemis firent pendant la nuit, parce qu'il y eut plusieurs troupes qui se trouvèrent séparées des autres, au moyen de la colonne que j'ai dit que le prince Eugène avoit fait couler, qui s'empara du défilé dont j'ai parlé, et coupa la communication avec la partie de l'armée qui étoit en bataille dans la plaine.

Les ennemis se servirent encore d'une ruse qui leur réussit. Ils envoyèrent plusieurs tambours à la tête de leur camp, qui battirent la retraite à la françoise, et firent crier par quelques officiers réfugiés « A moi Picardie! » et autres noms de régiments, ce qui fit qu'un grand nombre d'officiers et de soldats allèrent les joindre, croyant que c'étoit leur corps.

[Parmi les gens de considération, il n'y eut que Ximenez, colonel du régiment de Roussillon[1], de tué, avec ceux dont j'ai parlé, qui le furent d'abord; mais] nous eûmes deux lieutenants généraux faits prisonniers, trois maréchaux de camp, quatre brigadiers et dix colonels, avec douze ou quinze officiers de la gendarmerie et des gardes du corps. Nous eûmes encore six

1. Ci-dessus, p. 129.

cent quatre-vingts officiers tant tués que blessés ou faits prisonniers et sept mille tant cavaliers, soldats que dragons. Les ennemis prirent aussi trente-quatre étendards, vingt-cinq drapeaux et cinq paires de timbales[1].

Ils ne publièrent point ce qu'ils avoient perdu; mais, à la réserve du nombre des prisonniers, j'estime que leur perte fut à peu près pareille à la nôtre.

Le maréchal de Berwick vient en Flandre avec des troupes qu'il amène de l'armée d'Allemagne. — Dès qu'on eut apprit à la cour que le prince Eugène assembloit un corps d'armée de vingt-cinq à trente mille hommes sur le Mein et sur le Rhin et faisoit courir le bruit que son dessein étoit de la faire agir du côté de la Moselle, le maréchal de Berwick eut ordre de prendre une partie de l'armée qui servoit en Allemagne sous l'électeur de Bavière et de l'amener sur cette rivière, pour s'opposer à ce prince; et du depuis, ayant appris qu'il s'acheminoit du côté de la Flandre, où nous étions supérieurs et où nous paroissions avoir de grands desseins, il y mena aussitôt son armée, qui se rassembla vers Mons et prit les devants, sur les nouvelles qu'il eut de ce qui s'étoit passé au combat d'Audenarde. Il alla visiter Tournay et Lille, qui se trouvoient menacés de sièges, en attendant la venue du maréchal de Boufflers, qui en étoit gouverneur, aussi bien que toute la Flandre françoise. Il en augmenta les garnisons au fur et à mesure que ses troupes arrivoient,

1. Tous ces chiffres varient selon les relations; les gazettes étrangères indiquèrent pour l'armée française des pertes bien plus élevées : voyez les *Mémoires de Saint-Simon*, t. XVI, p. 195, note 2.

et il pourvut à tout, au mieux qu'il lui fut possible. On pouvoit bien s'en rapporter à lui[1].

Les Alliés rasent les lignes d'Ypres. — Cependant les ennemis, après le combat, s'en allèrent camper à Espierres, et, ne jugeant pas à propos de venir attaquer notre armée derrière le canal, ils furent quelques jours en suspens du parti qu'ils prendroient et commencèrent leurs opérations par envoyer un gros détachement raser nos lignes, depuis Ypres jusqu'à Comines[2], sur la Lys. C'étoit un méchant bourg, qu'ils occupèrent, aussi bien que Warneton, et ils envoyèrent quelques partis dans l'Artois, pour établir des contributions, qu'ils prirent presque toutes en grains. Puis, s'étant déterminés à faire le siège de Lille, leur première démarche fut de faire charger à Bruxelles un convoi de six mille chariots de vivres et de munitions de guerre, qui en partirent sous une si bonne escorte et avec tant d'ordre, que l'on ne put l'empêcher de passer et d'arriver à leur armée, quoiqu'on eût envoyé à cet effet un gros détachement pour s'y opposer; car le duc de Marlborough passa l'Escaut et alla au-devant.

Investiture de Lille par l'armée des Alliés. Le prince Eugène commande l'armée du siège et le duc de Marlborough celle d'observation. — Après cela[3], il fut résolu

1. On remarquera que Saint-Hilaire fait volontiers l'éloge de Berwick.
2. Comines est aujourd'hui une commune du département du Nord, sur l'extrême frontière, ainsi que Warneton (ci-après).
3. Le lieutenant Sautai a fait paraître en 1899 un excellent ouvrage sur *le Siège de la ville et de la citadelle de Lille en 1708*, auquel on ne peut rien ajouter d'important. Il faut aussi voir le commentaire des *Mémoires de Saint-Simon*, t. XVI, p. 286 et suivantes.

que ce général anglois commanderoit l'armée d'observation, [qui fut de soixante-quinze mille hommes,] et le prince Eugène celle du siège, [d'environ cinquante mille, après que les troupes de l'Empereur y furent arrivées, comme je le dirai dans la suite.] Il fit donc investir la ville de Lille le 12 août, avec trente bataillons et trente-cinq escadrons et, le lendemain, l'investiture de cette place étant achevée, il se mit à faire travailler à ses lignes, qui prenoient à Lambersart sur la Basse-Deule, passant par Haubourdin, sur la Haute-Deule[1], à Faches et Flers[2], et venant se fermer à l'abbaye de Marquette[3]. Ces lignes tenoient environ trois lieues de pays.

Le maréchal de Boufflers défend Lille. Détails du siège. — Deux jours après, les assiégeants, ayant achevé d'investir la ville, firent attaquer un petit fort détaché des ouvrages de la place par deux mille hommes détachés. Le maréchal de Boufflers, [qui s'étoit réservé l'honneur de la défendre et en étoit gouverneur, comme je l'ai déjà dit,] fit faire une sortie à propos sur ces deux mille hommes, qui furent obligés de se retirer avec beaucoup de perte.

Un jour ou deux après, il y eut une action plus vive, les assiégeants ayant entrepris de rompre une digue qui soutenoit des eaux destinées à former une inonda-

---

1. Lambersart est au nord-ouest de Lille, près de la citadelle, et Haubourdin au sud-ouest.
2. Faches est au sud et Flers à l'est de la ville; le manuscrit porte *Secq* ou *Fecq* et non *Faches*.
3. Marquette était une abbaye de cisterciennes, au nord de Lille, fondée au milieu du xiiie siècle par Jeanne, comtesse de Flandre.

tion du côté de la ville ; les ennemis furent encore repoussés, avec une perte considérable.

Depuis ce jour jusqu'au 22, les assiégeants s'employèrent à perfectionner leurs lignes et à se préparer à l'ouverture de la tranchée, qui se fit la nuit du 22 au 23, du côté de la porte de la Madeleine[1], avec deux mille travailleurs soutenus par quinze bataillons et cinq cents chevaux. Les assiégés ne s'en aperçurent que sur les deux heures après minuit et firent voir d'abord, par un feu terrible, qu'ils feroient acheter cher cette place aux assiégeants, qui, ayant voulu s'emparer d'une maison voisine entourée d'un fossé, en furent repoussés avec une grande perte.

Les deux nuits suivantes ne furent pas moins funestes aux ennemis ; car les assiégés, à la faveur de la lumière d'un moulin, qui étoit au dehors de la place, où ils mirent le feu, en firent un si grand de canon et de mousqueterie que les assiégeants furent forcés d'interrompre leurs travaux, à cause de la quantité de monde qu'on leur tua et qu'on leur blessa.

Pendant ce temps-là, je m'en allai à Douay pour y faire préparer jusqu'à cent pièces de [gros et petit] canon pour l'exécution du projet de M. de Vendôme, dont je parlerai bientôt[2].

Le maréchal de Berwick rassemble un corps d'armée sous Mons et Saint-Ghislain. — Le maréchal de Berwick, ayant rassemblé un corps d'armée d'environ quatre-vingts escadrons et de vingt-trois ou vingt-quatre bataillons, tant des troupes qu'il avoit amenées

1. Au nord de la ville.
2. Ci-après, p. 143.

d'Allemagne que de celles qu'il avoit pu tirer des garnisons circonvoisines, vint camper à Boussu[1] et à Saint-Ghislain, pour interrompre les convois de munitions de guerre, de grosse artillerie et de vivres qui venoient de Bruxelles aux ennemis, sous l'escorte des troupes impériales, [qui avoient achevé d'arriver à Bruxelles].

Sur cette nouvelle, et pour les protéger, le duc de Marlborough passa l'Escaut à Helchin[2] et s'avança à Wattripont sur la Rosne[3]. Pendant ce temps-là, notre armée étoit encore dans son camp le long du canal de Bruges, et M. de Vendôme avoit témoigné antérieurement une grande envie de faire assiéger Ostende. Mais, comme pour cela il falloit avoir une espèce d'armée navale et presque abandonner Gand (qui ne valoit rien) à ses propres forces, et que d'ailleurs la grosse artillerie et les munitions de guerre nécessaires pour ce siège étoient à Douay, et que les ennemis répandus dans l'Artois et leur armée paroissoient un obstacle invincible pour la faire venir, on n'y songea donc plus, et on eut recours, sur le faux rapport de quelques habitants du pays, à des idées si extravagantes, pour se rendre maîtres de cette place d'Ostende par une espèce de surprise, qu'elles n'occupèrent les esprits que fort peu de temps.

Les François se préparent pour secourir Lille. — Ainsi on ne songea qu'à tâcher de secourir Lille de vive force, et pour cet effet il fut résolu qu'on renver-

---

1. Boussu-lès-Mons, au sud de Saint-Ghislain.
2. Helchin est sur l'Escaut entre Tournay et Audenarde.
3. Wattripont est dans la direction de Renaix en venant d'Helchin; la Rosne est un petit affluent de droite de l'Escaut.

roit les gros bagages sous Dunkerque et qu'on laisseroit au comte de la Motte un petit camp volant, pour la conservation de Gand et de Bruges ; que toute l'armée décamperoit et marcheroit à Hérinnes, près d'Enghien, où le maréchal de Berwick devoit se trouver avec toutes ses troupes. Cette jonction se fit sans aucun empêchement ; de là l'armée se rétablit sur Tournay, où elle passa l'Escaut, [le 1er septembre, et acheva le lendemain à midi ;] elle campa à environ trois quarts de lieue de cette ville, et de là à Orchies[1]. Sur ces nouvelles, le duc de Marlborough [repassa l'Escaut à Helchin et] vint se camper à Pont-à-Tressin[2], où il passa la Marque.

Projet de M. de Vendôme pour secourir Lille. — Il faut un peu parler à présent du projet de M. de Vendôme pour venir secourir Lille ; ce qui auroit peut-être réussi, car, au décamper d'Orchies, il prétendoit passer brusquement la Marque vers sa source et entrer incontinent dans la plaine de Lille, puis marcher droit aux lignes des ennemis, les faire battre et ouvrir par sa grosse artillerie, secondée de toute la petite[3], et y faire donner l'assaut, si les ennemis ne levoient pas le siège. Mais ce projet fut interrompu, et il en arriva tout autrement, peut-être par un peu trop de prudence de la part de notre cour, à qui ce dessein avoit été communiqué et qui apparemment aima mieux qu'il

1. Orchies est un gros bourg au sud-est de Lille, entre cette ville et Valenciennes.
2. Hameau de la commune actuelle de Chéreng, dans le canton de Lannoy.
3. Vendôme, dit Saint-Simon (t. XVI, p. 314), « ne compta de venir à bout des ennemis qu'en les écrasant par un feu d'enfer ».

lui en coûtât Lille que de risquer un combat très hasardeux, dont la perte auroit entraîné celle de la plupart de nos places de Flandres et ouvert une entrée facile dans notre ancien domaine. C'est pourquoi le Roi fit partir M. Chamillart, son ministre, en toute diligence[1], à l'insu de M. de Vendôme, pour joindre notre armée et voir les choses dessus les lieux et mûrir davantage le projet, en cas qu'il en fût besoin et qu'il y eût apparence de réussir. Mais, comme ce ministre n'arrivoit pas assez tôt dans la situation où étoit notre armée à Orchies, elle n'en décampa que sur les dix heures du matin, au lieu de l'en faire partir dès minuit, comme il convenoit. Encore lui fit-on prendre un détour, en la faisant marcher du côté du pont de Bouvines[2], d'où elle ne se rendit que fort tard à Mons-en-Pévèle, près le Pont-à-Marque[3], où elle campa et séjourna quatre ou cinq jours, sans aucune action. On se saisit pourtant, le soir en arrivant, du passage du ruisseau du Pont-à-Marque, où les ennemis avoient jeté quatre ou cinq cents hommes, qui ne soutinrent point et se retirèrent.

Les ennemis surent bien profiter de ce temps perdu; car M. de Marlborough coula hâtivement de son côté tout le long de la Marque et vint se camper au delà de cette petite rivière, en front parallèle au nôtre, leur gauche sur la Marque, au pont de Bouvines, et

1. Chamillart quitta secrètement Versailles le vendredi 7 septembre à huit heures du soir et arriva le 8 à six heures du soir à Mons-en-Pévèle, où était Vendôme.

2. Bouvines, célèbre par la victoire gagnée par Philippe-Auguste sur les Allemands en 1214, est un petit village sur la Marque, au nord de Cysoing.

3. Mons-en-Pévèle et Pont-à-Marque sont deux localités sur la rivière de Marque.

leur droite appuyée à un marais contre le canal de Douay à Lille; tout leur camp [étoit sur la crête d'une hauteur, dont la pente] étoit un talus naturel, qui formoit un glacis entrecoupé de ravins ou chemins creux, dominant sur un grand fond, par lequel il falloit passer pour aller à eux; tellement que la situation de leur armée sur ce terrain leur donnoit un grand avantage.

Dès que les ennemis furent arrivés, ils commencèrent à se retrancher solidement sur la crête de tout leur front de bandière, aussi bien dans le village d'Ennetières[1], contigu à leur retranchement, qu'ils accompagnèrent de redoutes et de batteries de canon, et de tous les ouvrages qu'ils voulurent; car nous leur en laissâmes tout le temps.

Notre armée, au camp de Mons-en-Pévèle, avoit sa droite contre la Marque, débordant un peu la chaussée qui va de Douay à Lille, et la gauche se prolongeant tout le long de cette petite rivière jusques contre le canal, ayant le village de Seclin[2] devant elle et au delà le camp des ennemis, qui étoit à une bonne portée de canon, et lequel fut encore fortifié par la personne du prince Eugène et d'une partie des troupes qu'il avoit au siège, qui ne discontinua pas, quoique poussé avec moins d'activité.

Les ennemis ne doutèrent point, nous voyant ainsi sur eux, que l'événement du siège de Lille ne fût décidé par une bataille et s'y préparèrent sans aucune négligence; car je ne m'arrêterai pas à dire qu'il se répandit un bruit que, sur les nouvelles de notre approche, ils avoient songé à lever le siège de Lille et à se reti-

1. Hameau de la commune d'Avelin.
2. Aujourd'hui chef-lieu de canton du département du Nord.

rer, et qu'on eut avis même qu'ils avoient retiré une partie de leurs gros canons des batteries, auxquels ils étoient sur le point de faire prendre le chemin de Menin; car cela se contrediroit trop. Quoi qu'il en soit, il est certain que le séjour de trois ou quatre jours que nous fîmes à Mons-en-Pévèle ou Pont-à-Marque, sans passer cette petite rivière, pour nous approcher plus près d'eux, les tranquillisa beaucoup; car ils les employèrent, ainsi que je l'ai déjà dit, à faire de si bons retranchements dans le terrain avantageux qu'ils avoient pris, qu'il nous fut impossible d'y mordre avec espérance de succès et sans une témérité évidente.

Pendant notre séjour à ce camp de Mons-en-Pévèle, il se tint chez Mgr le duc de Bourgogne des conseils entre lui, M. de Vendôme, le maréchal de Berwick et M. Chamillart. Ces deux derniers (après que la situation des ennemis eut été bien reconnue) ne paroissoient pas incliner à attaquer les ennemis dans une situation aussi avantageuse. Mais, pour n'en démouvoir pas absolument M. de Vendôme, qui s'y opiniâtroit fort, quoique un peu tard, et qui espéroit que notre gros canon abattroit les retranchements des ennemis et lui feroit une entrée facile, il fut consenti qu'on lui donneroit la satisfaction de la tentative. C'est pourquoi il fut résolu que toute l'armée passeroit la Marque sur plusieurs colonnes et se mettroit en bataille de l'autre côté sur une hauteur qu'il y avoit, et se camperoit en présence des ennemis.

Les deux armées se trouvent en présence et se canonnent. — Je fus reconnoître en avant un terrain qui parut avantageux pour y placer la grosse artillerie et battre le village retranché d'Ennetières, où les ennemis jetèrent beaucoup d'infanterie et où ils firent de si bons parapets que notre canon n'y put faire aucune ouverture, ainsi que M. de Vendôme se l'étoit proposé. Il arriva même que notre canonnade, qui dura trois ou quatre jours, sans faire beaucoup de mal aux ennemis, leur devint utile, en ce que, manquant de gros boulets pour leur siège, ils les ramassoient soigneusement et les y envoyoient; ainsi ils servoient contre nous.

L'armée de France se retire et va passer l'Escaut à Tournay. — Cette tentative n'ayant pas réussi, il fut résolu, dans un autre conseil qui se tint, que toute l'armée repasseroit la Marque pour aller repasser l'Escaut à Tournay et camper au delà, et que la grosse artillerie seroit renvoyée à Douay; que l'on y mettroit quelques bataillons et quelques escadrons d'augmentation, et qu'on enverroit un corps de cavalerie dans l'Artois pour s'opposer aux ennemis, qui y avoient déjà fait des courses pour en tirer des vivres de contributions, ainsi que du Boulonnois; ce qui fut exécuté; et les ennemis nous laissèrent repasser la Marque sans aucune opposition.

Situation de l'armée de France au delà de l'Escaut. — Notre armée, ayant ainsi repassé l'Escaut à Tournay, s'étendit par quartiers le long d'icelui, depuis Condé jusqu'à Gand, et de Gand jusqu'à Bruges, où l'on envoya encore des troupes au comte de la Motte. On masqua Audenarde avec un corps de troupes, qui se campa sur la montagne près de cette ville, et s'y retrancha, et l'on ne songea plus qu'à tâcher d'empêcher les ennemis de recevoir, par la voie de Bruxelles, aucun secours de vivres et de munitions de guerre, dont ils commençoient à manquer. Mais, s'ils leur furent interdits de ce côté-là par la position de notre armée et par l'attention qu'on eut d'empêcher qu'il ne leur en passât en détail, ils se frayèrent un autre chemin par Ostende, dont je parlerai en son lieu; car il me faut à présent reprendre le fil de la narration du siège de Lille, dont je ne rapporterai que les principaux événements, pour éviter un détail assez connu et qui me mèneroit trop loin.

Continuation du détail du siège de Lille. — Quoique nos deux armées fussent encore en présence l'une de l'autre, le prince Eugène, ayant jugé, par notre retardement à l'attaque dont j'ai parlé, que nous n'attaquerions point ses lignes, puisque nous lui avions laissé tout le temps de les perfectionner, fit attaquer la contrescarpe de Lille, du côté de la porte de la Madeleine, la nuit du 6 au 7 de septembre. Il y perdit beaucoup de monde, et ses troupes ne purent se loger que sur deux angles saillants, après avoir été cinq ou six fois repoussées en deux nuits, avec une perte très considérable.

Le 11, les assiégés firent une sortie très vigoureuse avec six ou sept cents hommes, et chassèrent les ennemis des angles du glacis de la contrescarpe, où ils s'étoient logés, comblèrent une partie de leurs travaux, leur enclouèrent du canon et leur firent quelques prisonniers.

La nuit du 17 au 18, le prince Eugène, qui avoit ses coudées franches par la retraite de notre armée, fit donner trois assauts aux traverses qui défendoient les angles saillants du chemin couvert, dont les assiégeants s'emparèrent; mais ce ne fut pas pour longtemps : car ils en furent dépostés la même nuit par les assiégés.

La nuit du 21 au 22 septembre, le prince Eugène fit donner en même temps un assaut général à la droite et à la gauche de ses attaques, par quatre mille grenadiers, soutenus de quelques bataillons : savoir à la corne du bastion de Saint-André, à la Tenaille et à la contrescarpe de la Basse-Deule, au chemin couvert vis-à-vis de la brèche du bastion et à la place d'armes entre la corne de ce bastion et la demi-lune ou ravelin, et, à l'attaque gauche de la rivière, à la contrescarpe depuis le ravelin jusqu'à la porte de la Madeleine, par cinq mille Anglois choisis, que le duc de Marlborough lui avoit envoyés; car les troupes allemandes, qui avoient beaucoup perdu aux précédents assauts, étoient fort rebutées du peu de fruit qu'elles en avoient tiré. Le prince Eugène, qui comptoit que les assiégés, qui avoient déjà perdu beaucoup de monde, ne pourroient se soutenir également dans un si grand front attaqué, et que ses troupes trouveroient quelque foible, en quelque endroit, se trouva à cette attaque, pour y donner tous les ordres nécessaires et animer ses troupes par sa présence. Cette attaque générale commença sur les six heures du soir et dura jusqu'à huit avec un feu terrible de part et d'autre; ils donnèrent jusqu'à quatre assauts, qui furent repoussés avec la même vigueur. La bravoure des assiégés ne se ralentit pas, et les assiégeants ne se purent rendre maîtres que d'une portion d'une tenaille à la droite, et d'une partie du chemin couvert à la gauche. Le prince Eugène fut même blessé d'un coup de feu au-dessus de l'œil gauche. Les assiégeants perdirent tant de monde qu'un tambour vint le lendemain demander au maréchal de Boufflers une suspension d'armes de vingt-quatre heures, pour retirer les morts; mais il n'eut garde de l'accorder, de crainte que quelques ingénieurs ne se glissassent et ne s'avançassent trop près de la place pour en reconnoître mieux les ouvrages. Le maréchal répondit fièrement au tambour que, quand il y en auroit davantage, il auroit soin lui-même de les faire enterrer, et tint parole dès la même nuit, par une sortie qu'il fit faire, où les assiégés regagnèrent les postes que les assiégeants leur avoient pris, et comblèrent quelques toises de leurs tranchées, où l'on jeta les corps morts qui se trouvèrent à portée de recevoir cette espèce de sépulture.

Les mauvais succès du siège, joints à la difficulté que les ennemis avoient d'avoir des munitions de guerre et victuailles à suffisance, fit redoubler de soins pour empêcher qu'il ne leur en passât, et il arriva encore que les deux ingénieurs principaux des ennemis, qui conduisoient les travaux du siège, ne s'accordèrent pas; car un d'iceux prématurément avoit fait faire les attaques dont j'ai parlé, qui avoient coûté tant de monde aux assiégants et qui les avoient rebutés. Cette expérience funeste fut cause que l'avis de son collègue prévalut ensuite, et qu'il fut résolu d'aller aux approches à la sape; ce qui est une voie lente, et qui faisoit dégénérer le siège en plus de longueur, nonobstant le grand feu des ennemis, qui épuisoit journellement leurs munitions sans trop avoir le moyen d'en recouvrer, [dans la situation où étoit notre armée, dont je ferai la description en détail,] après que j'aurai rapporté les nouvelles qu'on eut du maréchal de Boufflers par la voie de Dubois, capitaine de grenadiers, qu'on lui dépêcha de l'armée pour être informé précisément de la situation présente de Lille, et combien il pouvoit encore tenir de temps à peu près.

Cet officier, très zélé pour le bien de l'État, et qui ne manquoit point d'adresse, se chargea de cette commission. S'étant avancé sur la Deule, chargé des lettres des ducs de Bourgogne et de Vendôme, qu'il enveloppa dans la toile cirée, il s'y déshabilla, se jeta dans la Deule et nagea entre deux eaux jusques dans Lille et y entra. Il s'en revint de même et rapporta des lettres du maréchal qui portoient en substance qu'il avoit pris toutes les mesures nécessaires pour faire durer le siège, qu'il avoit fait faire de bons retranchements bien palissadés derrière les branches, avec des traverses pour les défendre, et fait faire aussi un troisième fossé entre l'esplanade et la citadelle, qu'il avoit fait munir de munitions de guerre et de tout ce qui est nécessaire pour une longue défense ; à quoi il ajoutoit que beaucoup de jeunes gens et d'apprentis s'étoient volontairement enrôlés et qu'ainsi celles de ses troupes qui avoient souffert davantage étoient recrutées ; mais qu'il appréhendoit de manquer de poudre à la longue. Sur cette dernière nouvelle, on songea sérieusement à lui en faire passer. Le chevalier de Luxembourg, depuis appelé le prince de Tingry[1], fut chargé de cette commission. Il s'en alla secrètement à Douay, où il assembla un détachement d'environ deux mille chevaux et de bons guides. On ferma les portes de la ville, et on donna à chaque cavalier, à porter en croupe, un sac où il y avoit cinquante à soixante livres de poudre. Un accident survint en chemin, qui auroit pu faire échouer l'entreprise, s'il avoit été poussé plus loin ; car, au sortir de Douay, en passant au Pont-à-Raches[2],

1. Christian-Louis de Montmorency : tome IV, p. 192.
2. Aujourd'hui Raches, à mi-chemin entre Douay et Orchies.

quelques cavaliers, dont les sacs étoient ou mal conditionnés, ou mal liés, laissèrent tomber des traînées de poudre sur le pavé. Ceux qui les suivoient y mirent le feu en marchant dessus, avec les fers de leurs chevaux. Il y en eut plusieurs de grillés, et ceux qui les suivoient ne purent passer. Cependant le reste faisoit toujours son chemin et arriva pendant la nuit jusqu'à une barrière du camp des ennemis qui étoit assez mal gardée, disant que c'étoit un de leurs partis qui revenoit de la guerre, et y passa presque tout à cette faveur et se jetèrent heureusement dans la ville; car, s'il leur avoit fallu combattre en chemin, ils auroient été bien embarrassés, avec une charge aussi facile à s'enflammer.

Quelques jours après, les assiégeants donnèrent un autre assaut général au chemin couvert des tenailles et demi-lune. Leurs fourneaux y ayant fait des ouvertures, ils s'en emparèrent à la quatrième attaque et travaillèrent à s'y loger et y établir des batteries de canon, qui y montoient déjà, lorsque la garnison fit une grande sortie, se coulant le long du chemin couvert. Le chevalier de Luxembourg fut de la partie avec sa cavalerie, avec laquelle il pénétra jusques dans le parc de l'artillerie des assiégants et fit mettre le feu en quelques endroits et enclouer quelques pièces de canon. Pendant cela, l'infanterie chassoit les ennemis des ouvrages dont ils s'étoient rendus maîtres deux jours auparavant; le lendemain, les assiégeants les vinrent reprendre et s'en emparèrent à la troisième attaque. Mais ils ne les gardèrent que huit heures; la garnison sortit encore et les obligea de les abandonner. La perte des uns et des autres fut fort grande.

Les autres nouvelles du maréchal de Boufflers que Dubois avoit apportées répandirent beaucoup de joie dans toute l'armée, quoiqu'on jugeât bien qu'à la longue il falloit que Lille succombât, ce qui se confirma, quand on sut que le Mylord Marlborough avoit déjà trouvé le moyen de faire arriver devant cette ville, par la voie d'Ostende, un convoi considérable, chargé de munitions de guerre et de menues victuailles, venues d'Angleterre sur plusieurs bâtiments en premier lieu destinés pour le Portugal, sur lesquels il y avoit aussi quelques troupes réglées. Tout cela ayant débarqué, ce Mylord envoya seize mille hommes se saisir du canal de Nieuport, qui s'emparèrent du village de Leffinghem et du gros bourg d'Oudenbourg[1]. Ils étoient suivis par sept à huit cents chariots vides, partis de leur armée, qui passèrent le canal de Nieuport sur des ponts qu'on y jeta et allèrent charger ces munitions à Ostende, puis rejoignirent leur armée, non sans coup férir, ainsi que je le dirai bientôt. Et, pour assurer davantage la marche de ce convoi et de ceux qui pouvoient encore venir, le duc de Marlborough avoit aussi envoyé à Dixmude[2] un brigadier avec six bataillons; un major général, avec un autre détachement, se posta à Rousselaere, et un lieutenant général les suivit avec un corps de cavalerie. M. de Vendôme, étant averti de toutes ces choses, fit passer de nouvelles troupes au comte de la Motte, qui étoit à Bruges, et distribua deux ou trois petits camps le long du canal de cette ville, jusqu'à Gand, où on avoit mis beaucoup d'infanterie, qui s'occupoit à rétablir les dehors de la

1. Entre Ostende et Bruges.
2. Dixmude est dans l'intérieur entre Ostende et Ypres.

place, qui étoient dans un terrain si léger et si sablonneux, qu'ils étoient sujets à s'ébouler au moindre effort. Il avoit aussi établi un autre poste [à Gavere], entre Audenarde et Gand, et j'ai déjà dit que cette première ville étoit masquée de notre côté par un camp retranché sur la hauteur, commandé par le comte de Hautefort[1], consistant en dix-huit ou vingt bataillons, quelques régiments de dragons et deux brigades d'artillerie. De plus, les partis, tant de Gand que de ce camp, rôdoient continuellement le long de l'Escaut, entre ces deux villes, pour empêcher les menues victuailles que les paysans pourroient faire passer subrepticement aux ennemis. Nous avions encore un gros poste d'infanterie à Molden[2], situé à une lieue et demie au-dessus d'Audenarde, sur le bord de l'Escaut; un camp d'infanterie, de cavalerie et d'artillerie, sous Sousternon[3], lieutenant général, à Berchem[4]; un autre à Escanafiles[5] et à Pont-à-l'Haye, sous le marquis de la Châtre[6], qui n'avoit point de canon; un autre à Pottes, vis-à-vis d'Helchin, et un cinquième à Hérinnes[7], sur le bord de

1. C'est le marquis d'Hautefort, lieutenant général : tome IV, p. 71.
2. Molden est sur la rive droite de l'Escaut.
3. Antoine d'Aix de la Chaise, comte de Sousternon, était neveu du confesseur du Roi et capitaine des gardes du comte de Toulouse; il avait le grade de lieutenant général depuis 1704.
4. Berchem-Notre-Dame, au sud de Molden.
5. Escanafiles est au delà de la Rosne, sur la rive droite de l'Escaut, et Pont-à-l'Haye est un peu au sud sur le petit ruisseau de l'Haye.
6. Louis-Charles-Edme, marquis de la Châtre, avait eu un régiment d'infanterie en 1684 et était alors lieutenant général.
7. Hérinnes-lès-Pecq ou sur-Escaut : tome II, p. 244.

l'Escaut, avec deux ponts de bateaux sur cette rivière, je ne sais à quel usage, si ce n'est pour grapiller quelques fourrages prochains.

Le gros de l'armée, qui étoit réduit à peu de chose par la quantité de détachements qui en avoient été faits, étoit campé le long du Haut-Escaut, la droite un peu en deçà d'Hérinnes et la gauche allant un peu au-dessus de Tournay, tirant sur Antoing[1]. Le quartier général étoit à l'abbaye du Saussois[2], tellement que notre armée tenoit plus de quarante lieues de pays selon la méthode de M. de Vendôme, et par ainsi ne pouvoit être enforcée à temps pour s'opposer au passage en corps d'armée, que les ennemis pouvoient tenter en quelque endroit, et c'est ce qui arriva ainsi que je le dirai en son lieu.

Voilà la description que j'avois promise ci-dessus de la situation de notre armée. Je reviens à M. de Vendôme, qui, ayant appris que les ennemis se disposoient à faire passer d'Ostende à leur armée le convoi dont j'ai parlé, envoya ordre au comte de la Motte, à Bruges, de tomber dessus, avec quinze ou seize mille hommes qu'il avoit à portée, et quelque artillerie qu'il rassembla.

Combat de Couckelaere. — Le comte de la Motte se mit donc en campagne et trouva les ennemis en bataille, entre Ichteghem et Couckelaere[3], entre deux petits bois, à droite et à gauche; leur cavalerie occupoit cet espace de terrain dans le fond de cet entre-deux,

---

1. A sept kilomètres sud de Tournay.
2. Abbaye de religieuses cisterciennes, à deux kilomètres nord de Tournay.
3. Ichteghem et Couckelaere sont deux villages au sud d'Ostende, entre Thourout et Nieuport.

et ils avoient jeté leur infanterie en avant dans ces deux petits bois, qui s'y tenoit bien cachée, tellement que le comte de la Motte ne s'en aperçut pas, et, s'étant mis en bataille un peu hors de portée, il marcha en avant sur les troupes qu'il voyoit devant lui et s'enfourna imprudemment entre ces deux bois. Quand il fut prêt à charger les troupes qu'il avoit pour objet, l'infanterie ennemie, qui étoit dans ces bois, fit des décharges si prodigieuses sur les flancs de ses lignes, qui n'avoient pas une grande étendue à cause du peu d'espace d'un bois à l'autre, qu'ils les culbutèrent et les renversèrent les unes sur les autres. Il les rallia jusqu'à deux ou trois fois, le mieux qu'il put; mais ce fut toujours inutilement; car le feu des ennemis les pressoit toujours en flanc; à la fin, il fallut céder et se retirer. Pendant ce combat, qui commença sur les quatre heures après midi et dura jusqu'à la nuit, le convoi des ennemis filoit vers leur armée derrière leurs troupes et s'y rendit heureusement. Il paroît certain que, si on avoit pu empêcher ce convoi d'arriver devant Lille, les ennemis auroient été obligés de lever le siège faute de munitions de guerre.

M. de Vendôme s'en va à Bruges. — Après ceci, M. de Vendôme s'en alla à Bruges pour aviser aux expédients d'empêcher la récidive de leurs convois. Y étant arrivé, il envoya ordre au chevalier de Langeron[1], qui commandoit les galères de Dunkerque, de préparer à Nieuport plusieurs barques armées, sur lesquelles on

---

1. Claude-François Andrault, chevalier de Langeron, était capitaine des galères et devint chef d'escadre en 1719; c'était le neveu du Langeron, dont il a été parlé en 1692 (tome II, p. 272).

mit des troupes de la marine, qui s'emparèrent du pont de Slype[1], sur le canal contre Nieuport, et en même temps Puyguyon[2], lieutenant général, eut ordre d'attaquer par tranchée le poste de Leffinghem, du côté où le terrain trop élevé n'avoit pu être inondé. Il y avoit dedans deux mille Anglois qui s'y retranchèrent, lesquels firent une sortie sur la tranchée dès qu'elle fut ouverte, culbutèrent les travailleurs et firent quelques prisonniers, parmi lesquels se trouva le marquis de Croissy, maréchal de camp[3]; mais, la nuit du 25 au 26 octobre, Valernod, capitaine de grenadiers dans le régiment de Navarre, suivi de plusieurs autres compagnies, traversa l'inondation, ayant de l'eau jusqu'à la ceinture, et entra dans Leffinghem l'épée à la main suivi de son détachement, qui se rendit maître de ce poste, où on trouva quinze cent mille francs d'argent comptant, destiné au payement de leur armée, douze cents barils de poudre et d'autres munitions destinées pour le siège de Lille.

Dans cet entre-temps, M. de Vendôme fit inonder un espace de terrain le long du canal de Nieuport, pour empêcher l'accès aux ennemis; mais cela ne put empêcher qu'au moyen de quelques barques et chariots, montés sur des rouages plus hauts qu'à l'ordinaire, ils

1. Slype est un village entre Nicuport et Ostende, près du canal qui réunit ces deux villes à Bruges.
2. François de Granges de Surgères, marquis de Puyguyon ou Puiguion, avait eu un régiment de cavalerie en 1691, était passé maréchal de camp en 1704 et venait d'être fait lieutenant général.
3. Louis-François-Henri Colbert, chevalier, puis comte de Croissy, était le frère du marquis de Torcy, secrétaire d'État des Affaires étrangères; il était maréchal de camp depuis 1704.

ne fissent passer encore plusieurs chariots qui gagnèrent leur armée. Pour en faciliter le transport, le Mylord Marlborough vint camper à Rousselaere avec celle qu'il commandoit.

Monroux, maréchal de camp[1], surprit près de Furnes deux régiments d'infanterie des ennemis et quatre escadrons qui y amassoient des grains. Après quelque résistance qui leur coûta plusieurs hommes, il les força à se rendre prisonniers de guerre au nombre de douze cents hommes, de deux colonels, deux lieutenants-colonels, trente-trois capitaines ou autres officiers.

Pendant que tout ceci se passoit, le siège de Lille alloit grand train, au moyen des munitions qui étoient arrivées aux ennemis. Outre l'ancienne brèche au corps de la place, qu'ils agrandirent de beaucoup, ils en firent une nouvelle et livrèrent divers assauts aux chemins couverts et ne purent s'y loger fermement qu'au septième, après avoir fait des pertes infinies. Ils se rendirent aussi maîtres d'un tenaillon par surprise, détruisirent le batardeau et saignèrent le fossé. Cependant, le maréchal témoignoit être résolu de disputer le terrain pied à pied, au moyen de grands retranchements qu'ils avoient fait faire aux dépens des gros arbres du rempart et de l'esplanade, où on y avoit laissé une partie des branches aiguisées en pointe du côté des brèches et hérissées de pointes de fer. Les grilles des fenêtres de la ville furent converties en palissades, et il avoit fait disposer une partie de ces arbres hérissés en manière de bascule, pour tomber sur ceux qui monte-

1. Philippe-Marie de Monroux, qui devint lieutenant général en 1710.

roient à l'assaut. Il avoit aussi quantité de feux d'artifices de toutes sortes préparés, avec des huiles pour répandre sur ceux qui monteroient à l'assaut.

Le maréchal de Boufflers fait battre la chamade et capitule pour la ville. — Les affaires étoient en cet état, lorsque les bourgeois et le clergé, qui avoient rempli leurs devoirs avec beaucoup d'affection pendant le siège, représentèrent au maréchal la destruction totale de leur ville, s'il s'opiniâtroit à ôter l'espérance d'une capitulation, et, comme apparemment il avoit reçu ordre de ne point s'exposer à la dernière extrémité, il fit battre la chamade le 22 octobre et obtint du prince Eugène telle capitulation qu'il voulut, tant pour sa garnison que pour les habitants. Ce prince lui accorda aussi trois jours pour donner avis à M. le duc de Bourgogne de l'état de la ville et recevoir ses ordres ou l'espérance d'un prompt secours; après quoi la garnison entreroit dans la citadelle le 25 à midi; qu'il ne seroit fait aucun acte d'hostilité jusqu'au 26; que la porte de la Madeleine seroit libre le 25 à midi et qu'il seroit dressé une barrière, afin que les troupes des Alliés ne pussent entrer dans la ville. Le maréchal de Boufflers voulut stipuler en sa capitulation que la citadelle ne seroit point attaquée du côté de la ville; mais le prince Eugène ne s'y voulut engager que verbalement, prévoyant les contradictions qu'il pouvoit trouver de la part des Anglois et des Hollandois, dans une saison aussi avancée. Le reste des articles de la capitulation concernant le transport des malades et blessés, équipages et manutention de la religion et privilèges des habitants furent accordés avec toute la facilité et l'extension qu'on pouvoit désirer[1]. C'est ainsi que cette ville se rendit après une belle et longue défense et une attaque des plus vives. Les chefs y acquirent beaucoup d'honneur et de gloire, et notamment le prince Eugène, dont l'entreprise fut des plus hardies, et le maréchal de Boufflers, qui sut tirer tout le parti possible de sa garnison et des bourgeois de la ville, dans un temps malheureux de disette et d'affliction.

Je reviens présentement au récit du siège de la citadelle et à ce qui s'en ensuivit.

Siège de la citadelle de Lille. — Le maréchal de Boufflers, étant entré dans la citadelle avec ses troupes, se prépara à y soutenir un second siège. J'ai dit ci-dessus que le prince Eugène s'étoit engagé envers lui verbalement de ne diriger point ses attaques par la ville, ce qu'il n'exécuta pourtant pas, d'autant que les autres généraux trouvèrent trop d'inconvénients, dans une saison si avancée, à l'attaquer du côté de la campagne. Leur avis prévalut, mais avec tant de ménagement pour la ville, que l'on ne tira que fort peu de coups de canon de part et d'autre et que les travaux s'avancèrent par-dessous les terres de l'esplanade, par des espèces de tranchées en galeries jusques à une certaine distance, que l'on travailla à des sapes, pour embrasser l'avant-chemin couvert et y pousser des lignes parallèles pour l'attaque.

L'électeur de Bavière se présente devant Bruxelles à dessein de s'en rendre maître. — Tout ceci emporta plusieurs jours, et cependant, pour former une diver-

1. Le texte de la capitulation de Lille a été donné dans le livre du capitaine Sautai, p. 190 et suiv.

sion, l'électeur de Bavière, qui étoit revenu d'Allemagne à Mons, y fit préparer quelques pièces de grosse artillerie et assembla des troupes qui, jointes à quelques-unes qu'on lui envoya de l'armée, composèrent un corps de dix ou douze mille hommes, avec lequel il marcha droit à Bruxelles, espérant de s'en rendre maître au moyen des bourgeois de cette ville, qui lui étoient fort affectionnés, et qu'ils se déclareroient contre la garnison, qui ne laissoit pas d'être nombreuse; mais en cela il fut trompé; car personne n'y branla, et la garnison fut la maîtresse[1].

Le duc de Marlborough s'avance sur l'Escaut dans le dessein de forcer le passage pour dégager Bruxelles. — Sur la nouvelle de cette expédition, le duc de Marlborough partit avec son armée de Rousselaere et vint passer la Lys à Harlebecque. Cette marche ne nous fut pas inconnue et l'on pressa fort M. de Vendôme, qui étoit revenu de Bruges, de rappeler et de réunir vers le centre de son armée les corps de troupes de droite et de gauche qu'il en avoit séparés. Cependant, le temps qu'on perdit à l'y résoudre étoit très précieux; tout ce qu'on put en obtenir fut qu'il feroit venir du côté de Gavere les troupes qu'il avoit sur le canal de Bruges et celles qui étoient dans l'Artois, à Douay et à Condé[2], et, comme il étoit dans la persuasion que les ennemis ne tenteroient point le passage de l'Escaut qu'à Gavere, il se préparoit à y faire marcher toute l'armée, et voulut pourtant attendre que les ennemis eussent absolument déterminé leur marche, quoique

1. Cette expédition eut lieu du 18 au 27 novembre; Quincy en a donné le récit dans son *Histoire militaire*, t. V, p. 592-597.
2. Condé-sur-Escaut.

persuadé qu'ils ne pourroient passer l'Escaut à Audenarde, à cause du camp retranché qu'il y avoit mis, ni qu'ils ne le tenteroient pas depuis cette ville jusque contre Tournay, au moyen des différents camps qu'il avoit sur le bord de l'Escaut, qu'il se flattoit de soutenir facilement au moyen des troupes qui campoient près de cette ville et des autres postes qu'il avoit le long de cette même rivière, qui se replieroient les uns sur les autres, ainsi que le besoin le requiéreroit; mais en tout ceci le plus probable est qu'il ne put se persuader que les ennemis osassent l'attaquer et passer l'Escaut devant lui entre Audenarde et Tournay, et que sa véritable pensée étoit que, si leur dessein étoit véritable, ils ne pourroient entreprendre le passage que vers Gavere, où l'Escaut n'étoit pas également gardé.

Les ennemis surprennent le passage de l'Escaut. — Mais il s'y trompa; car le duc de Marlborough surprit le passage de l'Escaut et y fit faire des ponts pendant la nuit du 26 au 27, vis-à-vis le camp de Sousternon à Berchem[1], à la faveur d'un brouillard fort épais, et avec tant de bonheur, qu'un gros corps de ses troupes étoit déjà passé avant que celles de Sousternon s'en fussent aperçues; et certainement le duc de Vendôme, qu'une incommodité empêcha de s'y rendre la veille, auroit couru grand risque d'y être enlevé, s'il s'y étoit trouvé.

Le prince Eugène vint aussi à l'appui du duc de Marlborough, avec la grande partie de son armée, et, n'ayant pu faire des ponts à Escanaffles, alla aussi passer l'Escaut à Berchem.

---

1. Ci-dessus, p. 154.

Les ennemis avoient aussi envoyé un gros corps à Gavere, qui y arriva avant le comte d'Estrades, qui y amenoit les troupes du canal de Bruges et de Gand, et passa aussi la rivière. Un autre corps des ennemis tira sur Audenarde, où il passa l'Escaut.

Les Alliés ayant ainsi passé à Berchem, les troupes que nous y avions se retirèrent du côté de notre armée avec beaucoup de précipitation, avec perte de quelque monde, de leurs munitions et de leurs équipages. Le poste de Molden fut hâtivement replié au camp retranché de la montagne d'Audenarde, qui se trouva entièrement hors de toute communication avec notre armée, qui ne pouvoit plus le soutenir. Le comte de Hautefort fut donc obligé de se retirer hâtivement sous Mons, sans avoir été trop inquiété en sa retraite, et le comte d'Estrades ramena ses troupes à Gand.

Nos camps d'Escanaffles, Pont-à-l'Haye, Hérinnes et autres se replièrent sur Tournay, aussi bien que le corps de l'armée, qui s'étoit mis en marche pour les soutenir, et l'artillerie, après que nos deux ponts sur l'Escaut furent levés.

L'électeur de Bavière se retire précipitamment de devant Bruxelles et y laisse son canon. — Ceci fait, le duc de Marlborough s'avança avec son armée vers Bruxelles, faisant marcher devant lui un corps de cinq ou six mille chevaux. L'électeur de Bavière, qui étoit encore devant cette ville, ayant été averti du passage des ennemis et de leur marche vers lui, leva hâtivement le siège, sans pouvoir emmener son artillerie, et se retira à Mons avec ses troupes. Le prince Eugène retourna achever son siège de la citadelle de Lille, et notre armée ne tarda pas à repasser l'Escaut et aller camper derrière la Scarpe. Mais, comme on sut que la garnison d'Ath nous avoit surpris Saint-Ghislain près Mons, Albergotti y marcha avec un détachement et du canon et le reprit facilement le lendemain, parce que le poste ne valoit rien et qu'il y avoit peu de monde.

Peu après cette petite expédition, notre armée se sépara pour aller prendre des quartiers d'hiver, et, comme on jugea que la citadelle de Lille ne pouvoit plus se sauver, M. le duc de Bourgogne, accompagné de M. le duc de Berry, s'en revint en France, et M. de Vendôme ne tarda pas à prendre le même chemin.

Ainsi finit cette malheureuse campagne, qui, à en juger par les apparences, ne devoit pas avoir des suites aussi funestes. Je ne dirai point à qui en est précisément la faute; mais il me semble qu'on ne la peut aucunement attribuer à Mgr le duc de Bourgogne, en ce que la direction de toute l'armée étoit entre les mains de M. de Vendôme.

Je m'en vais faire à présent une relation sommaire du siège de la citadelle de Lille, pour éviter de tomber dans le détail de ce qui s'y passa, et sortir, au plus vite qu'il me sera possible, du récit d'une campagne aussi ennuyeuse.

Siège de la citadelle de Lille. — La ville de Lille ayant été prise en la manière que je l'ai dit, la plupart des troupes ennemies se logèrent dans la ville et commencèrent le siège de la citadelle avec lenteur, pour deux raisons : la première, en ce qu'ils manquoient de munitions de guerre, et l'autre, d'autant que le prince Eugène avoit marché avec la plus grande partie de ses troupes, pour favoriser le passage de l'Escaut au duc de Marlborough, qui vouloit sauver Bruxelles et les pays et places contigus qu'il avoit occupés sur nous de ce côté-là. Mais, cette expédition finie, le prince Eugène s'en revint à son siège, où il lui arriva des munitions en abondance, le duc de Marlborough ayant tous les passages et les moyens libres de lui faire passer ses convois.

Pendant ce temps-là, les assiégeants se contentèrent d'avancer leurs travaux le plus qu'ils purent, et le feu étoit très médiocre pour ménager les munitions, dont on n'avoit guère de part ni d'autre.

Les assiégés de leur côté faisoient de fréquentes sorties qui retardoient souvent les progrès des assiégeants; et, entre autres, une le 20 novembre, dans laquelle ils ruinèrent quelques logements des assiégeants et détruisirent les ponts qu'ils avoient commencé de jeter sur l'avant-fossé. Le maréchal de Boufflers, ayant fait sortir sur eux la plus grande partie de sa garnison, reprit non seulement les angles saillants du chemin couvert, où les ennemis s'étoient logés, mais les chassa même de tout l'avant-chemin couvert, dont ils étoient aussi maîtres depuis quinze jours, combla leurs tranchées et leur tua et blessa beaucoup de monde.

Le prince Eugène, à son retour, trouva les affaires du siège en cet état, et, ne manquant plus de munitions, ayant la facilité des convois depuis le passage du duc de Marlborough au delà de l'Escaut dont j'ai parlé, il ranima les assiégeants par sa présence et leur fit reprendre le siège avec beaucoup plus de vigueur. Ils rattaquèrent donc l'avant-chemin couvert, dont ils se rendirent maîtres, puis continuèrent les sapes pour s'emparer du second et avancer leurs batteries pour s'en servir lorsque ce prince le jugeroit à propos.

Cependant, il envoya un trompette au maréchal de

Boufflers pour lui donner avis du passage de l'Escaut, de la levée du siège de Bruxelles et de la retraite de notre armée au delà de la Scarpe, l'invitant en même temps d'envoyer des officiers dans la ville pour s'informer de la vérité de ces nouvelles, et l'exhorta, par un billet, de ne se plus roidir à défendre une place dépourvue de toute espérance de secours et de songer à conserver sa personne et le reste de sa garnison. Ce billet étoit à peu près conçu en ces termes :

« La gloire que vous vous êtes acquise pendant une si longue et si belle défense vous dédommagera amplement dans l'esprit du public de la nécessité à laquelle le sort des armes vous réduit. Si vous attendez à la dernière extrémité, il me sera très douloureux de ne pouvoir vous accorder toutes les marques d'honneur que mérite un aussi grand capitaine que vous et une aussi brave garnison que la vôtre. »

Le maréchal répondit à ce qu'il y avoit de personnel dans cette lettre dans les termes que lui dicta une modestie accompagnée de reconnoissance; mais, quant au point capital, il marqua qu'il n'étoit pas encore assez pressé pour songer à capituler, sa garnison étant en bon état et portée de bonne volonté, et qu'il espéroit même de la justice de ce prince que plus la défense seroit longue et les espérances du secours incertaines, plus l'estime qu'il témoigneroit avoir pour lui et pour sa garnison augmenteroit, et que du moins il étoit résolu de travailler sur ce fondement pour la mieux mériter.

Prise de la citadelle de Lille. — Dans cet esprit, il soutint la place jusqu'au 8 décembre au soir, qu'il fit battre la chamade, et la capitulation se fit le lendemain. Les conditions ou les articles en furent aussi honorables que le maréchal les pouvoit désirer, et il reçut personnellement toutes sortes d'honneurs et de louanges du prince Eugène et de tous les officiers généraux qui servoient sous lui. Le maréchal fut conduit et escorté avec sa garnison jusqu'à Douay, d'où il se rendit à la cour les derniers jours de l'année. Il fut récompensé par le Roi d'un brevet de pair de France et de la survivance de son gouvernement de Flandre en faveur de son fils, qui n'étoit encore qu'un enfant.

Campagne d'Allemagne, 1708. — Il y a si peu de choses à dire sur ce qui se passa en Allemagne pendant la présente campagne de 1708 que je n'en parlerai que pour observer l'ordre que je me suis proposé. Je dirai donc seulement que l'électeur de Bavière fut généralissime des troupes des deux Couronnes qui devoient agir de ce côté-là et qu'il eut sous ses ordres le maréchal de Berwick, qui passa en Flandre avec une partie des troupes, lorsque le prince Eugène s'y achemina avec celles de l'Empereur.

L'électeur d'Hanovre fut généralissime des troupes de l'Empereur et de l'Empire, et le prince Eugène étoit à ses ordres.

Voilà la première disposition qui changea quand on eut appris que Mgr le duc de Bourgogne passoit en Flandre avec une armée très nombreuse, dont on inféra qu'il étoit chargé de l'exécution des grands desseins qu'on avoit formés à notre cour pour les exploits de cette campagne, et c'est ce qui fut cause que le prince Eugène, avec les troupes impériales, alla fortifier l'armée des Alliés dans les Pays-Bas et fit non seulement échouer les grands desseins que nous pouvions y avoir formés, mais fut aussi la cause principale de tous nos mauvais succès et de notre malheureuse campagne, ainsi qu'on l'a vu ci-dessus. Je dirai donc seulement que l'électeur de Bavière, ayant passé le Rhin, s'avança sur l'électeur d'Hanovre, qui se retira dans ses lignes d'Ettlingen[1], ne se trouvant pas assez fort pour agir à l'offensive, parce que la plupart des troupes de l'Empire, toujours tardives à se mettre en campagne, ne lui étoient point encore arrivées, et, quand il les eut reçues et qu'il se trouva le plus fort, l'électeur de Bavière repassa le Rhin et alla camper à son tour derrière nos lignes de la Lauter.

Ces deux électeurs s'ennuyèrent, quelque temps après, de ne s'être pas trouvés en état d'agir pour leur gloire; l'électeur d'Hanovre quitta l'armée qu'il commandoit, se plaignant fort des États de l'Empire, qui avoit manqué de lui fournir toutes les troupes et autres secours auxquels ils s'étoient obligés, et l'électeur de Bavière s'en revint à Mons, d'où, peu de temps après, il manqua Bruxelles, comme on l'a vu vers la fin du récit de la campagne de Flandre[2].

Expéditions maritimes. — La France, dont les finances étoient en fort mauvais état et qui ne pouvoit mettre en mer des armées navales aussi nombreuses que celles d'Angleterre et de Hollande, voulut s'épargner la dépense d'un armement, qui aussi bien ne lui auroit pas été fort utile. Elle ne mit en mer que l'escadre du chevalier de Forbin, pour l'expédition d'Écosse en faveur du Prétendant, dont j'ai parlé ci-dessus[3], et qui ne réussit pas.

1. Ci-dessus, p. 37.
2. Ci-dessus, p. 160-164.
3. Ci-dessus, p. 100-106.

[Les puissances maritimes ennemies mirent en mer quantité de vaisseaux de guerre et de transports pour le passage et convoi de leurs troupes en Portugal et en Espagne et pour se saisir du royaume de Sardaigne et de l'île de Minorque, comme on l'a vu ci-devant[1].]

Les ennemis firent encore un autre armement sur lequel ils avoient embarqué quelques troupes, qui vint rôder tout le long des côtes de Picardie, à dessein d'y faire quelque descente; mais ils les trouvèrent si bien garnies de troupes et de milices qu'ils furent contraints de s'en retourner dans leurs ports sans avoir pu rien faire.

Du reste, il ne se passa que quelques petites actions sur mer entre les armateurs, qui ne valent guère la peine d'en parler.

Les ennemis se rendent maîtres de Bruges et vont assiéger Gand. — Vers les derniers jours de cette année 1708, les ennemis, avant que de se retirer pour leur quartier d'hiver, voulurent reprendre Gand, et, à cet effet, le duc de Marlborough quitta son camp de Beirlegem[2], et vint se camper sa droite à Melle, vers le Bas-Escaut, et sa gauche au village de Meirelbeke[3]. Le lieutenant général Dedem se campa avec un corps de cavalerie et d'infanterie entre la Lys et l'Escaut, et l'on fit des ponts de communication sur ces deux rivières et sur les canaux de Bruges et du Sas. Le prince Eugène, de son côté, ayant laissé vingt bataillons

---

1. Ci-dessus, p. 93-94.
2. Beirlegem est à dix kilomètres nord-est d'Audenarde et à vingt et un kilomètres sud de Gand, non loin de l'Escaut.
3. Melle-lès-Gand et Meirelbeke sont deux localités au sud de Gand; Marlborough occupait ainsi l'entre-deux de la grande boucle que forme l'Escaut avant et après Gand.

et trois escadrons dans Lille, vint avec le reste de ses troupes se camper à Harlebecque[1], et de là contre Gand, au camp du général Dedem, qui passa la Lys et se campa au delà, depuis le canal du Sas jusqu'à cette rivière. Ils firent venir à leur armée une nombreuse artillerie, qui leur fut fort inutile par la raison que je dirai ci-après, et résolurent de faire trois attaques, l'une au château, une autre entre les portes de l'Empereur et de Bruxelles, et la troisième entre celles de Saint-Pierre et de Courtray.

Le comte de la Motte s'étoit jeté dans la ville, où le baron de Capres[2] commandoit, et il y avoit dedans trente à trente-cinq bataillons fort foibles et dix-neuf escadrons à peu près de même.

Les 24 et 25 décembre, la tranchée fut ouverte aux trois différentes attaques, et, le 26 sur le midi, les assiégés firent une sortie de deux mille hommes, à la faveur d'un brouillard, et mirent d'abord en désordre deux régiments anglois et firent un brigadier et un colonel prisonniers; mais, plusieurs autres troupes ennemies étant venues au secours des leurs, les assaillants se trouvèrent obligés de se retirer dans la ville, quoique avec peu de perte.

Le même jour, ils tentèrent une autre sortie du côté du château, qui ne leur réussit pas si bien, et, le 27, les assiégeants se rendirent maîtres du fort Rouge, détaché du corps de la place, et qui étoit fort mau-

---

1. Tome II, p. 141.
2. Michel-Joseph de Bournonville, baron de Capres, était capitaine des hallebardiers de la garde de Philippe V et lieutenant général espagnol depuis 1706; il venait d'être fait gouverneur de Gand.

vais. Nous n'avions dedans que deux cents hommes, qui se rendirent à discrétion.

Le comte de la Motte capitule et rend Gand. — Le 29, le comte de la Motte, qui apparemment avoit ordre de la cour de ne point attendre à l'extrémité pour capituler et empêcher que ses troupes ne courussent risque d'être faites prisonnières de guerre et de faire obtenir aux bourgeois, dont on étoit fort content, une capitulation avantageuse, fit battre la chamade et envoya des otages avec un projet de capitulation, dont le résultat fut que toute la garnison, sans aucune exception, sortiroit de la place et du château, avec armes et bagages et tous les honneurs de la guerre, et seroit conduite à Tournay, ce qui fut exécuté.

Les magistrats et la bourgeoisie eurent une capitulation des plus avantageuses et furent maintenus dans tous leurs anciens privilèges.

Comme le comte de la Motte n'avoit laissé aucune garnison dans Bruges, parce que le peu de fortifications qui y étoient n'en valoient rien, et que ç'auroit été autant de troupes de perdues, les ennemis n'eurent pas de peine à s'en rendre maîtres. Notre garnison sortit de Gand le 2 janvier suivant, et la gelée terrible qui survint ensuite ne commença que la nuit du 5 au 6. Il est fort à présumer que si le comte de la Motte ne s'étoit pas tant pressé de capituler, les ennemis auroient été contraints de lever le siège; car la gelée fut si forte et si âpre qu'on n'en avoit point vue de pareille de mémoire d'hommes, et dura un très long temps d'une force presque égale[1].

1. Sur les rigueurs de cette saison et la disette qui en fut la

Après cette expédition, les ennemis séparèrent leur armée et entrèrent dans leurs quartiers d'hiver.

Le maréchal de Boufflers s'en retourne en Flandres avec quelques officiers généraux. — Cependant, le maréchal de Boufflers avoit eu ordre de s'en venir en Flandres avec quelques officiers généraux, dont je fus du nombre, y faire semblant d'assembler une armée pour marcher au secours de Gand, ou plutôt pour aider à ceux dedans à obtenir une capitulation plus avantageuse; mais ce n'étoit, à mon avis, qu'un prétexte pour couvrir le véritable dessein de ce voyage; car on avoit encore un autre objet bien plus important, qui étoit de se concerter et prendre des mesures justes pour aller reprendre Lille dans les premiers jours de mars. Le Roi devoit venir en personne commander son armée, qui devoit être formidable; mais on trouva tant de difficultés insurmontables pour avoir rendu au camp, à point nommé, les vivres et les fourrages nécessaires [pour la subsistance d'une aussi grosse armée, qu'il falloit tirer de loin par charrois du dedans du royaume, les frontières étant absolument épuisées,] que cela, joint à la rigueur extrême du temps, fit exhaler ce projet en fumée.

Le maréchal de Boufflers et les officiers généraux s'en retournent à la cour. — Le maréchal de Boufflers et les officiers généraux revinrent à la cour, et tout resta tranquille sur la frontière pendant l'hiver, jusqu'au commencement de la campagne de l'année 1709, que je vais commencer.

suite, il faut consulter le travail de M. de Boislisle, *le Grand hiver de 1709*, paru en 1903 dans la *Revue des questions historiques*.

Année 1709. — *Campagne de Flandres de l'année 1709.* — L'armée de France, qui fut d'un tiers moins forte que celle des Alliés, fut commandée en chef cette année par le maréchal de Villars, qui n'avoit pas encore paru sur ce théâtre, où il eut occasion de se signaler, après que deux de nos généraux assez célèbres y eurent échoué.

Les Alliés assemblèrent toutes leurs forces aux environs de Lille le 20 et le 21 mai. Elles se trouvèrent monter à deux cent vingt-quatre escadrons et à cent trente-neuf bataillons[1], avec une artillerie de campagne proportionnée; tellement que l'on n'avoit point encore vu dans les Pays-Bas une armée aussi formidable. Ces forces furent divisées en deux corps considérables, dont le plus nombreux fut commandé par le prince Eugène et l'autre par le duc de Marlborough. Ils campoient à même hauteur, c'est-à-dire que l'armée du prince Eugène faisoit la droite et celle du duc de Marlborough la gauche; et, comme on appréhendoit qu'ils ne fissent le siège d'Ypres, ou plutôt que leur dessein ne fût d'entrer dans l'Artois et de s'ouvrir une communication jusqu'à la mer, par le Boulonnois qui le joint, et se faire puis après une entrée presque certaine dans le royaume, le maréchal de Villars se trouva chargé d'une des plus grandes affaires qu'il y ait jamais eu dans cette monarchie; nous allons voir comment il s'en tira.

---

1. D'après les *Mémoires militaires*, t. IX, p. 29, toutes les forces des Alliés réunies atteignaient trois cents escadrons et cent quatre-vingts bataillons, tandis que l'armée française ne comptait au début que cent trente-cinq bataillons et deux cent cinquante-sept escadrons.

Position de l'armée française au camp d'Annay. — Sur les avis qu'il eut des forces et du dessein des ennemis, il se vint camper, sa droite joignant le canal de Douay à Lille, et la gauche s'étendant jusqu'au marais de Cambrin[1]; son quartier général étoit à l'abbaye d'Annay[2], entre Lens et Pont-à-Vendin[3]. Il fit tirer un grand retranchement tout le long de son front de bandière, flanqué par des redans et défendu par des batteries de canon. Ce retranchement étoit bordé de toute son infanterie, qui ne pouvoit former qu'une ligne, à cause de la grande étendue du retranchement, à l'exception toutefois de trois brigades qui furent campées en seconde ligne; savoir, une derrière chacune des deux ailes et l'autre au centre. Sa cavalerie étoit campée derrière pour soutenir son infanterie. Il fit raser le village d'Auchy[4], qu'il avoit devant lui vers sa gauche, et couper les arbres et les haies, [entre son camp et la Bassée, qui étoit démantelée,] afin que rien n'embarrassât le champ de bataille, si les ennemis venoient l'attaquer, ainsi que leurs préparatifs et leur supériorité sembloient l'en menacer.

Position de l'armée des Alliés dans le même temps. — Les ennemis, s'étant mis en mouvement le 26 juin, vinrent camper, le prince Eugène avec son armée à

---

1. Entre Béthune et la Bassée.
2. Annay est un peu au sud du Pont-à-Vendin et au nord de Lens; non loin du village était une abbaye de cisterciennes fondée au xiie siècle et connue sous le nom de Brayelle-lès-Annay ou Aulnay.
3. Pont-à-Vendin est au nord de Lens, sur le canal de la Basse-Deule.
4. Auchy-lès-la-Bassée, dans le canton moderne de Cambrin.

Wavrin[1], entre Lille et la Bassée, et le duc de Marlborough à sa gauche, qui passa la Marque au delà du canal de Douay à Lille; et dans cette situation l'on apprit qu'ils devoient s'avancer sur notre armée et l'attaquer en trois différents endroits; savoir, le prince Eugène du côté de la Bassée et le duc de Marlborough à Berclau[2] et à Pont-à-Sault[3], entre le Pont-à-Vendin et Douay. Le maréchal de Villars se précautionna, après avoir donné les ordres nécessaires pour la sûreté d'Ypres, autant qu'il lui fut possible dans la situation où il se trouvoit. Ainsi on s'attendoit, selon toutes les apparences, à une action mémorable; mais la bonne contenance du maréchal amortit le feu des deux illustres généraux et les fit résoudre à se retirer plutôt que de l'attaquer dans un poste tel que celui qu'il occupoit; effectivement, il s'y étoit établi de la manière la plus avantageuse.

Le duc de Marlborough va assiéger Tournay. — Mais la réputation qu'il s'étoit acquise dans la conduite de nos armées, tant en Allemagne qu'en Dauphiné, leur fit changer de dessein et les engagea d'aller faire le siège de Tournay, dont la garnison se trouvoit affoiblie, le maréchal de Villars ayant été obligé de renforcer son armée aux dépens de quelques garnisons, dont celle-ci fut du nombre.

Le prince Eugène commande l'armée d'observation. — Ainsi ils résolurent que le duc de Marlborough, avec

1. Wavrin est une commune du canton de Haubourdin.
2. Aujourd'hui Billy-Berclau, à l'ouest de Pont-à-Vendin et proche de la Bassée.
3. Pont-à-Sault, simple pont sur le canal de la Haute-Deule, dans la commune actuelle de Dourges.

son armée, iroit assiéger cette ville, pendant que le prince Eugène, avec la sienne, observeroit la nôtre et couvriroit le siège. Cette place fut donc investie.

Hautefort-Surville[1], qui avoit eu part à la défense de Lille et y avoit acquis de la réputation, s'y trouva commander; la garnison, comme je viens de le dire, étoit fort foible, et il y avoit outre cela fort peu de vivres et d'argent. La bourgeoisie étoit nombreuse et peu affectionnée; tellement qu'on n'en pouvoit guère espérer de secours et qu'au contraire on étoit obligé de l'observer beaucoup et de s'en défier.

Ouverture de la tranchée devant la ville de Tournay. — La tranchée fut ouverte à la ville la nuit du 7 au 8 juillet[2], en trois endroits différents, et poussée avec la même vivacité, afin d'obliger la garnison à se partager pour la défense.

Après quelques jours de tranchée, les assiégeants s'étant logés sur le chemin couvert à leurs trois attaques et rendus maîtres d'un ouvrage à corne et d'un bastion détaché, Surville voulut faire une sortie pour les en déloger, qui ne lui réussit pas, et les brèches se trouvant assez grandes pour donner un assaut général aux trois attaques, Surville fit battre la chamade le 28 au soir.

1. Louis-Charles d'Hautefort, marquis de Surville, lieutenant général depuis 1702, avait été disgracié à la suite d'un duel; le maréchal de Boufflers avait obtenu du Roi la permission de l'employer dans Lille assiégée, en 1708.
2. Saint-Simon (*Mémoires*, t. XVIII, p. 141 et suiv.) a raconté le siège de Tournay et la défense de Surville; on y trouvera un commentaire détaillé. Il y a un journal succinct du siège dans le volume Guerre 2151, n° 293; il a été publié dans les *Mémoires militaires*, t. IX, p. 327-329.

La ville de Tournay se rend par capitulation. — Il y eut deux capitulations différentes; savoir, une pour les gens de guerre et une pour les habitants. Il y fut stipulé, entre autres choses, que la garnison de la ville, au nombre de quatre mille hommes, entreroit dans la citadelle et que les malades et les blessés, avec les médecins et les chirurgiens, seroient transportés à Valenciennes six jours après la signature. Les Alliés se réservèrent d'en prendre les noms et les qualités pour leur faire suivre le sort de la garnison de la citadelle qu'ils alloient assiéger; tout ceci fut exécuté de bonne foi [1]. La citadelle étoit une très bonne place, à la vérité un peu petite; mais il y avoit quantité de galeries, de mines et de fourneaux contreminés et autres défenses souterraines dans les parties extérieures, avec bon nombre de mineurs. Mesgrigny, lieutenant général [2], plus ancien que Surville, et qui avoit fait faire tous ces ouvrages, en étoit gouverneur, et, comme Surville avoit un ordre d'y commander, il en résulta que Mesgrigny en prit un grand sujet de mécontentement et ne s'empressa point du tout à la défense de sa place, qui lui étoit autant connue qu'elle étoit inconnue à Surville.

Il arriva encore qu'un commissaire des guerres, que Surville, pendant le siège de la ville, avoit chargé de faire voiturer une quantité de sacs de blé ou de farine de la ville dans la citadelle, s'acquitta mal de sa com-

---

1. On trouve dans les *Mémoires militaires*, p. 322-327, le texte de la capitulation de Tournay; il y est dit par le dernier article que la capitulation de la ville (pour les habitants) sera examinée à part.

2. Jean, comte de Mesgrigny : tome II, p. 369.

mission, et que Mesgrigny, qui avoit une terre près de Tournay et en avoit fait venir les blés d'icelle de la récolte précédente dans les greniers de la citadelle, soit par avarice (car les blés en cette année avoient manqué partout, à cause du grand hiver, et étoient extrêmement chers), soit par mécontement, les fit passer en sûreté dans la ville, pendant qu'elle étoit assiégée. Ainsi Surville, qui apparemment n'en fut pas averti [ou ne songea pas assez à approvisionner la citadelle pendant qu'il le pouvoit], se trouva, avec une grosse garnison, dans une place qu'il ne connoissoit pas et avec peu de subsistance.

Cet exemple doit servir à ceux qui se pourront trouver dans un pareil cas et donner à connoître aux ministres combien il est dangereux de substituer à une défense de place un commandant étranger, surtout moins ancien en grade militaire que celui qui en est gouverneur.

Le duc de Marlborough fait ouvrir la tranchée devant la citadelle de Tournay et fait une tentative pour l'avoir sans la détériorer. — Les Alliés, ayant ouvert la tranchée devant cette citadelle le 2 ou 3 d'août, firent une tentative pour la conquérir, sans ruiner un des plus beaux ouvrages qu'il y eût, [craignant d'ailleurs qu'elle ne leur coûtât infiniment.] C'est pourquoi ils proposèrent à Surville que les hostilités cesseroient de part et d'autre et que la citadelle demeureroit seulement bloquée jusqu'au 5 de septembre; que, si elle n'étoit pas dégagée entre ci et ce temps-là par l'armée de France, Surville la remettroit aux Alliés, ce terme étant expiré. [Ce commandant donna là-dedans; il étoit difficile d'en pénétrer la véritable raison[1].]

La proposition du duc de Marlborough n'est point goûtée à la cour. — Quoi qu'il en soit, on lui permit d'envoyer à la cour Ravignan, maréchal de camp[2], qui servoit sous lui, y porter cette proposition, [et on fut fort surpris qu'il se fût chargé de cette commission,] qui ne fut nullement goûtée à la cour. On ne voulut point consentir à un accord qui ne tendoit qu'à conserver aux ennemis une forteresse déjà perdue pour la France et à leur conserver des munitions dont ils auroient profité. Ainsi Ravignan s'en revint, et le siège se reprit avec vigueur.

Continuation du siège de la citadelle de Tournay par les Alliés. — Je ne ferai point un long détail de ce qui s'y passa; car il n'y eut rien de fort mémorable. Je dirai seulement que les défenses souterraines furent très mal exécutées, par rapport à la grande dépense et à l'art avec lequel elles avoient été construites[3], et que la garnison nombreuse, qui mouroit presque de faim, ne fit aucune sortie, quoiqu'elle en eût dû faire, quand ce n'auroit été que pour diminuer le nombre et prolonger les vivres et la défense.

Les Alliés se rendent maîtres de la citadelle de Tournay par capitulation. — Cette citadelle capitula le

---

1. C'est exactement ce que dit Saint-Simon, p. 144. La conduite de Surville étonna non seulement la cour, mais encore tous les militaires.

2. Joseph de Mesmes, comte de Ravignan (1670-1742), avait été fait maréchal de camp en novembre 1708 pour sa belle conduite pendant la défense de Lille.

3. Il y a une longue description des fortifications de la cita-

3 de septembre, et apparemment n'auroit pas tenu tant de temps si les assiégeants ne l'avoient pas fort tâtonnée, à cause des défenses souterraines qu'ils redoutoient; ce qui allongea leur siège [1].

La capitulation militaire fut assez extraordinaire en ce que les généraux des Alliés exigèrent que tous les officiers généraux et autres seroient faits prisonniers de guerre [2]; qu'on ne laisseroit à la garnison que leurs épées et bagages et qu'elle seroit échangée dans l'espace de quinze jours, qualité par qualité, homme par homme, contre autant de leurs troupes que nous avions faites prisonnières de guerre, tant à Warneton [3] qu'en d'autres endroits en Flandres; que provisionnellement cette garnison seroit conduite en toute sûreté à Douay, sans pouvoir servir dans nos troupes jusqu'à l'échange; et qu'en attendant qu'il fût fait, le marquis de Surville et les autres officiers de la garnison resteroient en otage à Tournay; à quoi on ajouta qu'en cas qu'il ne se trouvât pas, parmi les prisonniers des ennemis, des officiers généraux du rang de ceux qui étoient dans la citadelle pour faire un remplacement égal, on permettroit néanmoins à ceux de France d'y aller, à condition de ne pas servir jusqu'au remplacement.

Artagnan reprend sur les Alliés le poste de Warneton. — Pendant que le siège dont je viens de parler

delle de Tournay dans le *Grand dictionnaire géographique* de Bruzen de la Martinière.

1. Villars écrivit au ministre, dès le lendemain 4 septembre, une lettre fort dure pour Surville (vol. Guerre 2152, n° 146), qu'on trouvera ci-après à l'Appendice, n° III.

2. Le texte de la capitulation de la citadelle est dans les *Mémoires militaires*, p. 342-343.

3. On va voir la prise de cette petite place quelques lignes

se faisoit, Artagnan, lieutenant général[1], s'en alla avec un gros détachement et du canon, favorisé par une partie de la garnison d'Ypres, reprendre le poste de Warneton sur la Lys, que les Alliés occupoient depuis la dernière campagne. Il y avoit dedans environ deux mille hommes, qui furent si brusquement attaqués, qu'après quelques volées de canon ils abandonnèrent leur poste et voulurent passer la rivière; mais ils ne purent éviter d'être faits prisonniers de guerre[2].

Le maréchal de Villars décampe de l'abbaye d'Annay et vient établir son quartier général au village de Sains près Douay. — Le maréchal de Villars, persuadé que cette expédition mettroit Ypres tout à fait à couvert et que les ennemis n'y songeroient plus, ainsi que le bruit en avoit couru, décampa de l'abbaye d'Annay, s'en vint asseoir son camp le long de la Scarpe, sur laquelle on conserva les ponts pour se communiquer avec Artagnan et au poste du Pont-à-Sault[3]. Sa gauche fut appuyée à Pont-à-Raches[4], où il établit un bon poste, et sa droite se prolongeant par quartiers vis-à-vis de Marchiennes, faisant un retour qui fut retranché jusqu'à Denain.

Nangis reprend l'abbaye d'Hasnon. — Le chevalier de Luxembourg, qui étoit gouverneur de Valenciennes,

---

plus bas. Warneton, au nord-ouest du Quesnoy, est actuellement tout à fait sur la frontière belge (ci-dessus, p. 139).

1. Le futur maréchal de Montesquiou.
2. La prise de Warneton eut lieu le 4 juillet : *Gazette*, p. 335 et 344; *Mercure* de juillet, p. 373-377; *Mémoires du chevalier de Quincy*, t. II, p. 339-340.
3. Ci-dessus, p. 175.
4. Ci-dessus, p. 151.

en sortit avec un gros détachement et alla se poster [vers Quièvrechain[1]], à portée de Condé, de Saint-Ghislain et de Mons; mais, comme les ennemis avoient mis un poste de deux cents hommes dans l'abbaye d'Hasnon[2], au delà et sur la Scarpe, le maréchal envoya le marquis de Nangis l'attaquer, qui les fit prisonniers de guerre.

La situation de notre armée demeura en cet état pendant tout le siège de la citadelle de Tournay, le prince Eugène se tenant toujours campé vers Orchies pour nous donner jalousie et contenir, du côté de Lens et du Pont-à-Vendin, le comte d'Artagnan, qui y étoit resté avec quarante bataillons pour couvrir l'Artois et tenir le passage, en cas que ce prince y voulût marcher et donner le temps au reste de l'armée de s'y rabattre en ce cas, tellement que nous étions en échec de droite et de gauche; mais la prise de la citadelle développa le dessein que les ennemis avoient formé sur nous; car leurs deux armées, s'étant rejointes, vinrent passer l'Escaut assez lentement, un peu au-dessous de Mortagne, et marchèrent du côté de Mons, laissant la Haine et Saint-Ghislain sur leur droite, après avoir fait rester un petit corps de troupes vers Mons-en-Pévèle, ce qui contint encore un peu plus le maréchal de Villars dans l'appréhension que les ennemis ne fissent qu'une fausse marche et qu'ils ne se rabattissent tout d'un coup du Pont-à-Vendin ou d'Ypres. C'est pourquoi il hésita tant à retirer le comte

---

1. Quiévrechain, au nord-est de Valenciennes, sur l'extrême frontière.
2. Abbaye bénédictine, fondée au VIIe siècle sur la Scarpe, entre Marchiennes et Saint-Amand-les-Eaux.

d'Artagnan du Pont-à-Vendin, pour lui faire rejoindre l'armée.

Le maréchal de Villars passe l'Escaut à Valenciennes et vient camper sur l'Honneau. — Mais, après qu'il les vit tout à fait déterminés et au delà de l'Escaut, tirant sur Mons, il marcha droit à Valenciennes, où il passa cette rivière, [et s'en vint camper à Quiévrain[1], sans pourtant passer l'Honneau[2], si ce n'est à quelques troupes qui campèrent au delà, vers Hensies[3], sur la Haine, et un autre petit corps qui alla camper vis-à-vis Saint-Ghislain, pour le soutenir.] Le chevalier de Luxembourg marcha aussi avec vingt escadrons, quelques bataillons et une brigade d'artillerie, pour s'aller poster dans les lignes de la Trouille[4], du côté de Givry[5], avec ordre de jeter quelques bataillons dans Mons, en cas de besoin.

Le maréchal de Boufflers arrive à l'armée. L'armée de France passe l'Honneau et se campe au delà, c'est-à-dire du Rubicon. — On en étoit là quand le maréchal de Boufflers, qui venoit de la cour, joignit l'armée [contre Quiévrain, où elle séjourna un jour et demi, sans passer l'Honneau; après cela, on passa cette rivière,] et on campa au delà, la droite vers Montignies[6] et la gauche tirant du côté d'Hensies. Le cheva-

1. Quiévrain est sur la route de Valenciennes à Mons.
2. L'Honneau, grossi de la Honnelle, est un affluent de la Scarpe.
3. Hensies, à l'ouest de Saint-Ghislain, n'est pas sur la Haine, mais entre cette rivière et l'Honneau.
4. Affluent de droite de l'Escaut, dans lequel il se jette à Mons.
5. Givry est en Hainaut, entre Mons et Maubeuge.
6. Montignies-sur-Roc, au sud-est de Quiévrain, dans la direction de Bavay, sur la Honnelle.

lier de Luxembourg [eut ordre, comme je l'ai dit, de s'avancer aux lignes de la Trouille, avec son camp volant ; mais il] n'y fut pas longtemps sans revenir joindre l'armée ; car, ayant vu l'avant-garde de celle des ennemis en deçà de la Haine vers le pont d'Obourg et d'Havré[1], il ne douta pas qu'elle ne fût suivie par tout le reste de l'armée et ne se trouvant pas assez en forces pour leur disputer l'entrée de ces lignes, sans qu'il eût ordre de s'en retirer à la première apparition des ennemis, il en décampa, à ce qu'il parut à d'aucuns, un peu trop hâtivement, pour venir rejoindre notre armée ; car les ennemis s'étoient arrêtés à Obourg et à Havré, pour attendre le reste de leur armée, et ne surent que le matin que nous n'avions plus personne dans nos lignes ; ainsi cette avant-garde n'y entra que sur les dix heures du matin. Cela nous fit comprendre que, [si notre armée ne se fût point arrêtée à Quiévrain, comme elle le fit, et y eût marché tout droit,] elle fut arrivée avant les ennemis, qui ne les auroient certainement point attaquées : [car elles étoient toutes des meilleures, ayant la rivière presque tout le long.] Cela auroit épargné la vie à des gens, de part et d'autre, qui la perdirent dans la bataille qui se donna quelques jours après, et sauvé Mons, où le chevalier de Luxembourg ne put jeter les bataillons qu'il avoit eu ordre d'y faire entrer ; car la nuit de sa retraite fut des plus noires et accompagnées de grosses pluies, qui la rendirent assez tumultueuse [et désordonnée, si bien que ces bataillons se trouvèrent fort petits et mêlés les

---

1. Obourg est sur la Haine, à peu de distance au nord-est de Mons, et Havré (l'édition de 1756 a imprimé *Aure*) est aussi sur la Haine, un peu en amont.

uns avec les autres, sans qu'il fût possible de les débrouiller. J'ai dit ci-dessus les raisons apparentes qui firent avancer le maréchal de Villars jusques à Quiévrain et qui le firent tarder à envoyer les ordres au comte d'Artagnan de le joindre avec ses troupes; s'il en eut quelques autres meilleures, je ne les puis deviner].

L'armée de France marche à Blaugies et Malplaquet. — Comme on vit les ennemis maîtres de nos lignes, on leva tous les petits camps, et toute notre armée marcha par sa droite, du côté de Blaugies[1] et de Malplaquet[2], où se donna la bataille. Quand elle y fut arrivée, on vit une partie de l'armée des ennemis campée au delà des bois, à travers lesquels il y avoit de grandes trouées; et sur notre marche nous fîmes plus de huit ou neuf cents prisonniers des maraudeurs des ennemis épanchés par la campagne. On apprit d'eux que toute leur armée n'étoit point encore là; que le prince Eugène, avec une partie de la cavalerie, n'avoit pas joint et qu'il étoit demeuré vingt-cinq à trente de leurs bataillons sur Tournay, [avec quelque cavalerie qui n'avoit pas marché avec l'armée], et auxquels ils avoient envoyé ordre de venir promptement la joindre, [aussi bien qu'à leur camp de Mons-en-Pévèle]. Toutes ces choses firent juger à plusieurs qu'il auroit fait bon de les attaquer en ce temps-là.

Les deux armées commencent de se canonner. — C'étoit le 9 septembre, sur les neuf ou dix heures du matin; mais on ne fit que reconnoître le terrain et

1. Blaugies, commune belge, au sud de Saint-Ghislain.
2. Malplaquet est un hameau de la commune de Taisnières-sur-Hon, au nord de Bavay.

l'on se contenta de se canonner de part et d'autre jusqu'au soir. Nous tirâmes de quarante pièces de canon, et les ennemis d'environ quatorze ou quinze; le reste de leur artillerie, dont ils avoient cent soixante pièces, n'étoit pas arrivé. Nous n'en avions que quatre-vingts en toute l'armée. Comme les troupes étoient fort en vue, nous perdîmes quelque monde, et nous leur en tuâmes aussi.

La nuit suivante, je fis couvrir notre canon, et, le jour venu, on fit retirer les troupes un peu en arrière, et nous tirâmes foiblement pendant la journée, afin de leur épargner le feu de l'ennemi.

Description du terrain du champ de bataille. — Notre infanterie de la droite se retrancha assez bien devant lui dans quelques vergers et occupa son terrain en retour, couvrant son flanc d'un bon retranchement, qui avoit devant lui une petite plaine. Je fis établir en cet endroit une batterie de dix pièces, qui étoit encore soutenue d'une autre de dix pièces sur un monticule en dedans qui découvroit beaucoup. J'y en fis loger encore vingt pièces; j'établis dans notre centre vingt autres pièces, qui battoient dans une petite plaine sur l'ennemi; et dans le revers gauche, j'y fis mettre dix autres pièces pour battre le revers, auquel j'en joignis encore dix autres le jour du combat. A la droite et à la gauche de cette petite plaine, il y avoit de grands bois qui se prolongeoient sur l'ennemi qui occupoit celui de la gauche de ladite plaine, à son égard. Nous occupâmes celui de la droite, qui s'appelle le bois de Sart, qui étoit vis-à-vis notre gauche d'infanterie et un peu trop loin devant elle, à ce qu'il sembloit, pour être soutenue à propos. On y logea cinq pièces de canon des plus prochaines devant la brigade du Roi, qu'on fit entrer dans le bois avec une autre d'infanterie, et ces deux brigades se retranchèrent à la tête du bois, lequel ne le fut pas en arrière par son flanc, et il sembla que ce fut une faute. Dans la petite plaine qui faisoit notre centre, notre infanterie se retrancha pareillement, soutenue par plusieurs lignes de cavalerie et notamment de la maison du Roi et de la gendarmerie, qui se trouvèrent au centre; car on mit à sa droite notre réserve, avec quelques autres escadrons en bataille, dans une petite plaine, faisant en retour une espèce de cercle rentrant jusques à l'Honneau, selon la figure du bois[1].

Cette ligne avoit aussi un petit ruisseau devant elle et le bois de Gensart. Notre gauche de cavalerie s'étendoit dans une plaine, ayant devant elle le bois de Blaugies et le bois de Sart, [à la pointe duquel étoit la brigade du Roi, et une autre brigade comme je l'ai dit ci-dessus.]

Bataille de Malplaquet[2]. — On étoit dans cette situation, lorsque, le 11, sur les sept heures et demie du matin, les ennemis commencèrent à battre de vingt

1. Saint-Simon a décrit plus sommairement le terrain du combat (*Mémoires*, t. XVIII, p. 175) : « La droite et la gauche appuyées sur deux bois, des haies et des bois assez étendus devant le centre, qui y laissoient deux plaines par leurs coupures. »

2. Le lieutenant Sautai a fait paraître en 1904 une étude très documentée sur *la Bataille de Malplaquet*, et M. de Boislisle a donné une bibliographie très complète du sujet aux Additions et Corrections du tome XVIII des *Mémoires de Saint-Simon*, p. 511-514. Le chevalier de Quincy, témoin oculaire comme Saint-Hilaire, a fait de la bataille un récit assez pittoresque (*Mémoires*, t. II, p. 351-384). La relation de Saint-Hilaire, comme on va le voir, est particulièrement soignée.

pièces de canon les deux brigades du bois de Sart et les attaquèrent vivement. Il y eut là un grand combat d'infanterie, qui dura près d'une heure, et la tête de la colonne de l'infanterie ennemie, qui étoit devant la plaine qui aboutissoit à notre centre, entra par le flanc du bois de Sart, qui ne se trouva point retranché. Elle fut soutenue par deux autres brigades, qui entrèrent dans le bois, d'où les ennemis nous firent sortir, après une autre heure de combat.

Dans ce temps-là, ils attaquèrent notre infanterie de la droite dans son retranchement, percèrent sur un revers et vinrent jusques à nos batteries qui étoient sur le monticule, dont ils furent bientôt rechassés. Ils ne purent pénétrer les autres retranchements et principalement celui de la brigade de Piémont, où nous avions une batterie; et, comme ils s'y opiniâtrèrent davantage, on leur tua là beaucoup de monde. On ne peut trop louer la bravoure du régiment de Piémont, qui les rechassa après leur avoir fait perdre bien du monde et leur prit encore deux ou trois drapeaux.

Après cela, la droite fut en repos pendant environ deux heures, les ennemis se contentant de faire toujours un grand feu de tout leur canon et de quelques obus. Le nôtre leur parut plus vif, quoique nous en eussions beaucoup moins.

Les ennemis, qui se trouvèrent maîtres du bois de Sart, se prolongèrent à travers dans celui de Blaugies. Cela fit marcher de ce côté-là, non seulement le résidu de la brigade du Roi, mais les autres qui avoient combattu dans le bois de Sart; mais d'autres de leurs bataillons s'étendirent en bataille entre ce bois et celui de leur gauche, dans une petite plaine, avec du canon à leur tête, et s'avancèrent ainsi droit au centre de nos retranchements, où il n'y avoit plus qu'un bataillon des gardes de Cologne[1]. Je passai par là dans ce même temps, venant de la droite, et vis fort bien ce qui en pouvoit arriver. Je poursuivis mon chemin pour m'en retourner à la gauche retrouver M. le maréchal de Villars, que j'avois quitté pour aller à la droite donner quelques ordres, et j'arrivai dans le temps qu'il faisoit charger par son infanterie, qui étoit sur quatre lignes, celle des ennemis, qui étoit en bataille sur le bord du bois et partie dans le dedans; ils plièrent un peu. Dans ce temps-là, je joignis le maréchal et lui rapportai ce que j'avois vu du dégarnissement de notre centre et du danger qu'il en pouvoit arriver. Il me répondit qu'il falloit y faire venir de l'infanterie de la droite pour l'y mettre. Dans ce moment-là, les ennemis firent une décharge sur nous de cinquante ou soixante coups de fusil, dont le maréchal fut blessé dangereusement au genou, et on l'emporta.

J'envoyai vite chercher quinze pièces de canon pour battre l'infanterie ennemie en cet endroit; mais, avant qu'il fût arrivé, elle fit de si rudes charges à notre gauche que la nôtre plia et abandonna son terrain, et je ne vis plus que la brigade des Irlandois faire ferme devant l'ennemi avec quelques régiments de dragons pied à terre. Nous ralliâmes pourtant les bataillons et les remîmes devant les ennemis, et notre canon arriva qui fit grand feu sur eux et les contint.

Dans ce temps-là, leur infanterie qui marchoit à

1. Régiment appartenant à l'électeur de Cologne, Joseph-Clément de Bavière.

notre centre y arriva soutenue par du canon et quantité d'escadrons, et n'eut pas de peine à se rendre maître du retranchement, dégarni qu'il étoit d'infanterie. Il fut bientôt occupé, et leur cavalerie, qui y pénétra, fut chargée par la nôtre avec des avantages alternatifs.

J'omettois de dire que, pendant que la droite de l'infanterie ennemie avoit fait perdre du terrain à nos lignes qui lui étoient opposées, dix de leurs escadrons percèrent dans le bois de Blaugies par une trouée et vinrent assez imprudemment dans la plaine, où ils se mirent en bataille. Le chevalier du Rozel[1], à la tête des carabiniers, les chargea si vivement et les défit si bien qu'il ne parut plus du depuis de leur cavalerie de ce côté-là.

Le combat dura depuis les sept à huit heures du matin jusques vers les trois heures après midi. On combattit de part et d'autre avec tout l'acharnement imaginable, et les ennemis ne nous obligèrent à nous retirer que parce qu'ils n'avoient trouvé aucune infanterie dans notre centre et que, par ce moyen, ils prirent notre droite en flanc et la séparèrent de notre gauche. Malgré de si grands avantages, nous combattions, je le puis dire, comme des lions attaqués par d'autres lions, pour me servir de cette expression, jusqu'à ce que le maréchal de Boufflers jugea qu'il étoit temps, par les raisons susdites, de faire retraite, et, quoique notre gauche se trouvât séparée, comme je viens de le dire, elle ne laissa pas de demeurer encore environ deux heures en bataille devant l'ennemi qui

1. Tome IV, p. 110.

lui étoit opposé, espérant que les affaires se pourroient rétablir à la droite, et notre canon tira toujours sur lui jusqu'au dernier moment que la retraite se fit, et contint les ennemis, si bien que les derniers coups qui se tirèrent en cette journée furent des coups de canon. Cette artillerie se retira par le défilé de Hon[1], où elle passa l'Honneau, puis arriva avec la droite de l'armée au camp du Quesnoy. La cavalerie et l'infanterie de la gauche firent leur retraite par Quiévrain sur Valenciennes. Aucun de ces corps ne fut suivi au delà du premier défilé et de l'Honneau, par le bon ordre dans lequel ils se retiroient et le respect qu'ils avoient imposé à l'ennemi. Cinq de nos pièces de canon, dont les affûts avoient été brisés pendant le combat et qui se trouvoient absolument démontées, demeurèrent sur le champ de bataille au pouvoir de l'ennemi. Nous en perdîmes encore dix autres, qui furent prises entre le champ de bataille et le passage de l'Honneau, qui se fit assez vite.

[Si les ennemis restèrent maîtres du champ de bataille en cette journée, ils l'achetèrent bien chèrement;] car, de leur aveu, ils eurent plus de vingt-cinq mille hommes tués ou blessés, [dont six mille de coups de canon,] et au par-dessus six lieutenants généraux, dix maréchaux de camp et plusieurs autres officiers de moindre considération. Notre perte ne fut pas si considérable, car nous n'eûmes qu'environ quatorze mille hommes tués ou blessés[2]. Nous perdîmes aussi plu-

1. Hon est un hameau de la commune de Hon-Hergies.
2. Voyez, dans les *Mémoires de Saint-Simon*, t. XVIII, p. 192, note 1, les chiffres de morts et de blessés donnés par les diverses relations et ceux qui sont fournis par les documents officiels.

sieurs gens de considération entre lesquels étoient Chémerault[1], lieutenant général, Pallavicin, maréchal de camp[2], le chevalier de Croy[3], le duc de Charost[4], d'Angennes[5] et plusieurs autres. Entre les blessés, le duc de Guiche[6], Coëtquen[7], Courcillon[8] et beaucoup d'autres.

Nous tirâmes environ douze mille coups de canon et, comme les ennemis en avoient une moitié plus que nous et que leur feu fut aussi très vif, on laisse à juger de la quantité.

Cette journée fut fort glorieuse à la France en ce que, l'ancienne valeur de la nation se retrouvant, elle rétablit la réputation de nos armes et donna beaucoup à penser aux ennemis pour les suites. Elle valut au

---

1. Tome III, p. 208.
2. Charles-Emmanuel, baron Pallavicino, avait quitté en 1702 le service de Savoie pour celui de France et avait été fait maréchal de camp en 1704 et lieutenant général en 1707. C'est par erreur que Saint-Hilaire le qualifie encore de maréchal de camp.
3. Albert-François de Croÿ, de la branche de Solre, était colonel du régiment de Solre et brigadier.
4. Non pas le duc, mais le marquis de Charost, Louis-Joseph de Béthune, brigadier depuis 1708.
5. Charles d'Angennes de Poigny, colonel d'un régiment d'infanterie et brigadier.
6. Antoine IV de Gramont, colonel du régiment des gardes-françaises et lieutenant général; il avait épousé la fille aînée du maréchal de Noailles.
7. Malo-Auguste, marquis de Coëtquen, lieutenant général et gendre aussi du maréchal de Noailles, eut une jambe emportée par un boulet.
8. Philippe-Égon, marquis de Courcillon, fils unique du marquis de Dangeau, était mestre de camp du royal-Allemand; il eut la cuisse brisée et fut longtemps en danger de mort.

maréchal de Villars le titre de pair du royaume[1] et à M. d'Artagnan le bâton de maréchal de France[2], qui prit le nom de Montesquiou, étant de cette maison-là[3].

Campagne d'Allemagne, 1709. — Le maréchal d'Harcourt commanda cette année notre armée d'Allemagne, qui étoit, dès le commencement de la campagne, d'un grand tiers moins forte que celle des Impériaux. Comme ils l'ouvrent ordinairement les derniers, le maréchal les prima, et, ayant passé le Rhin au fort de Kehl, à Drusenheim et au Fort-Louis, après avoir laissé un petit corps aux lignes de Lauterbourg, pour les garder, il alla faire subsister le reste de ses troupes aux dépens des Allemands, en attendant que la moisson se pût faire en Alsace. Mais son séjour au delà du Rhin fut plus court qu'il ne prétendoit; car ce fleuve se déborda furieusement et inonda une partie de la campagne voisine. Joint à cela que son armée se trouva bientôt affoiblie par les détachements qu'il eut ordre d'envoyer en Flandre, tellement qu'il fut contraint de repasser le Rhin plus tôt qu'il ne croyoit, par l'électeur de Hanovre, qui avoit repris le commandement des troupes de l'Empire, ses mécontentements précédents ayant été calmés par les cours de Vienne et de Londres,

1. Louis XIV notifia au maréchal son élévation à la pairie par une lettre de la main, du 20 septembre, qui a été publiée par Grimoard dans les *Œuvres de Louis XIV*, t. VI, p. 204; les lettres patentes d'érection sont dans l'*Histoire généalogique*, t. V, p. 99.
2. Ses lettres de provision sont du 15 septembre.
3. Le duc de Bourbon fut fort mécontent de ce qu'il eût pris ce nom, parce qu'un Montesquiou avait tué de sang-froid son aïeul le prince de Condé à la bataille de Jarnac.

qui lui avoient promis de le mettre en état de travailler pour sa gloire et pour l'utilité de la cause commune.

L'électeur de Hanovre, général de l'armée impériale, passe le Rhin et fait mine d'en vouloir à nos lignes de Lauterbourg, défendues par l'armée de France. — Ce prince, ayant joint l'armée impériale, lui fit passer le Rhin près de Philipsbourg et diriger sa marche vers nos lignes de Lauterbourg. Le maréchal, qui en eut avis, s'y rendit avec notre armée et y fit si bonne contenance et si assurée qu'après que l'Électeur les eut reconnues de près, il n'osa ni ne voulut les faire attaquer; je développerai plus bas ce mystère.

Nous avions, pour la défense de la Haute-Alsace, et empêcher que les ennemis n'y passassent le Rhin vers les Suisses, établi un poste de deux bataillons dans l'île de Neubourg, et mis dans cette petite ville[1], qui n'est que comme un méchant village, cinq escadrons sous le brigadier Des Rozeaux[2], qui patrouilloient le long du fleuve et observoient ce qui se pouvoit passer de l'autre côté.

Exécution d'un projet du duc de Hanovre, qui ne lui réussit pas. Le comte de Mercy est chargé de l'exécution de ce projet. — Pendant que l'électeur de Hanovre tenoit ainsi le maréchal en échec, dans les lignes de Lauterbourg, il envoya ordre au comte de Mercy[3],

1. C'est Neuenburg, sur la rive badoise, à mi-chemin entre Huningue et Brisach.
2. Cet officier, qui était de Bar-le-Duc, servait depuis fort longtemps et avait eu un régiment de dragons dès 1695; à la suite de la bataille de Calcinato en 1706, où il s'était fort distingué, le Roi l'avait nommé brigadier.
3. Claude-Florimond, comte de Mercy : tome IV, p. 128.

qu'il avoit laissé exprès dans les lignes d'Ettlingen[1], avec quatre régiments de cuirassiers et quelques escadrons de houssards, de marcher diligemment, par derrière les montagnes, droit en Souabe, où il trouveroit le général La Tour[2] avec quelques régiments d'infanterie, des dragons et des pièces de campagne, ce qui, tout étant joint, composa une petite armée de huit à neuf mille hommes, avec laquelle il marcha droit au Rhin et se rendit vis-à-vis l'île de Neubourg.

Le maréchal d'Harcourt envoie le comte du Bourg, lieutenant général, dans la Haute-Alsace pour s'opposer aux Impériaux, en cas qu'ils parussent de l'autre côté du Rhin. — Le maréchal, [qui étoit en défiance de ce côté-là, au premier vent qu'il eut de cette marche,] envoya vite le comte du Bourg[3] dans la Haute-Alsace, avec trois escadrons, qui furent bientôt suivis de huit autres.

Le comte du Bourg retire les bataillons qui étoient dans l'île de Neubourg, se forme une petite armée et marche aux Impériaux, qui avoient passé le Rhin, à dessein de les combattre. — Dès qu'il y fut arrivé, le comte du Bourg sut que les Impériaux étoient déjà sur le Rhin et envoya ordre à Des Rozeaux de retirer les deux bataillons de l'île, de peur qu'ils n'y fussent enlevés, et de les lui amener dans un lieu marqué, avec ses cinq escadrons. Il tira promptement des garnisons voisines ce qu'il put de bataillons de cavalerie et de dragons, dont il composa un petit corps avec

1. Ettlingen est dans le grand-duché de Bade, à une quinzaine de kilomètres au sud de Carlsruhe.
2. Inigo-Lamoral, comte de la Tour-et-Taxis; il était gouverneur de Rheinfelden et des villes forestières.
3. Tome IV, p. 121.

promptitude, qui se trouva pourtant un peu inférieur à celui du comte de Mercy; mais cela ne l'empêcha pas de se préparer à l'aller combattre.

Pendant ce temps-là, les Impériaux passèrent le premier bras du Rhin et vinrent occuper l'île, dont nos deux bataillons s'étoient retirés, à l'aide de quelques bateaux qu'ils avoient ramassés. Ils firent un autre pont vis-à-vis de la petite ville de Neubourg, [qui, comme je l'ai déjà dit, n'est qu'une espèce de village,] et vinrent se camper au delà, tout joignant, et s'y retranchèrent d'une manière à y pouvoir tenir poste, en attendant que le duc de Hanovre pût leur envoyer à l'avance un bon renfort. [Jusque-là, tout alloit bien pour les Impériaux.]

Le comte du Bourg, ayant assemblé son petit corps d'armée, qui se trouva en tout composé de dix-huit escadrons, tant de cavalerie que de dragons, et de six bataillons, se mit en marche le 26 août pour arriver à Rumersheim[1]. Le général Mercy sortit imprudemment de son poste pour aller au-devant de lui, dans lequel il ne pouvoit être forcé, à moins que le comte du Bourg ne reçût de plus grands renforts[2], auquel cas l'électeur de Hanovre auroit été le maître de forcer le maréchal dans ses lignes; mais le comte de Mercy, par une bravoure à contretemps, aima mieux aller à la rencontre de du Bourg, qu'il trouva entre Hammerstadt[3] et Rumersheim.

1. Rumersheim est à quatre lieues au sud de Neuf-Brisach. Saint-Hilaire écrit *Rudersheim*.
2. Le 26 au matin, le maréchal d'Harcourt envoya à du Bourg un renfort de deux bataillons et de deux escadrons qui n'arriva qu'après le combat.
3. Saint-Hilaire dit *Hormstatt;* il faut lire Hammerstadt,

Combat de Rumersheim, donné le 26 août entre le comte du Bourg et Mercy. — L'action fut plus tôt engagée qu'il ne croyoit, et deux bataillons, soutenus de quelque cavalerie, qu'il envoya pour s'emparer d'un poste, dont il avoit connu trop tard l'importance, furent chargés et battus fort brusquement par les François. Il arriva encore, dans ce prélude, qu'un de nos régiments, commandé pour remplir un vide, fut chargé par cinq escadrons impériaux et en soutint fort valeureusement la charge. Après cela, on combattit en ligne : les François, qui eurent ordre de charger l'épée à la main et la baïonnette au bout du fusil sans tirer, renversèrent et mirent les Impériaux en fuite. Cette action, qui fut décidée en une demi-heure à l'avantage du comte du Bourg[1], coûta aux Allemands douze drapeaux, deux étendards, une paire de timbales et leur artillerie, avec les équipages du général des Impériaux et sa cassette qui fut envoyée à la cour. Il s'y trouva plusieurs papiers d'importance, par lesquels on apprit que le projet des ennemis avoit été de se faire une communication avec M. le duc de Savoie, qui s'étoit avancé jusqu'à Annecy[2]; [j'en parlerai plus au long ci-après.]

petit village au nord de Rumersheim, et situé également sur la route de Brisach à Huningue et Bâle.

1. Ce combat, peu important par les effectifs engagés, mais qui eut en réalité de grandes conséquences, est raconté d'une façon pittoresque dans les *Mémoires de Sourches*, t. XII, p. 46-50; les lettres de du Bourg sont dans les *Mémoires militaires*, t. IX, p. 250-261, et il y a aussi des relations dans la *Gazette*, p. 430-432, et dans le *Mercure* d'août, p. 412-417, et de septembre, p. 187-209.

2. En réalité, le projet des Impériaux était de gagner la Franche-Comté, où ils avaient des intelligences, et de fomen-

Le pont par où les Impériaux voulurent regagner l'autre côté du Rhin s'étant rompu, il y périt encore beaucoup de cavaliers qui se noyèrent, et les débris du détachement eurent beaucoup de peine à repasser avec le comte de Mercy et à se retirer d'affaire par le même chemin qu'ils étoient venus.

L'électeur de Hanovre, voyant son projet manqué, se retira dans ses lignes d'Ettlingen. Le comte du Bourg fut récompensé du collier de l'Ordre[1], et le comte d'Anlezy, maréchal de camp[2], qui s'étoit signalé en cette action et en porta la nouvelle au Roi, fut fait commandeur de l'ordre de saint Louis[3]. [Je ne vois pas qu'il se soit plus rien passé de considérable sur le Rhin pendant cette campagne.]

Campagne de Dauphiné, 1709. — Le duc de Savoie étoit si mécontent de la cour de Vienne qu'il ne se pressoit pas du tout de se mettre en campagne, lorsque la reine d'Angleterre intervint, et fut cause du projet qui se fit, de lui faire passer des troupes impériales de l'armée d'Allemagne, au moyen desquelles on prétendoit le mettre assez en force et causer une si puissante diversion qu'il seroit en état de pénétrer

---

ter une révolte dans cette province, naguère espagnole, et où il y avait encore beaucoup de mécontents. Les papiers trouvés dans la cassette de Mercy firent découvrir qu'une conspiration s'y préparait; il y eut des arrestations, des procédures et quelques exécutions. Voyez les *Mémoires de Saint-Simon*, t. XVIII, p. 169-173.

1. *Dangeau*, t. XIII, p. 29; *Sourches*, t. XII, p. 54.
2. Louis-Antoine-Érard Damas, comte d'Anlezy, était tout récent maréchal de camp (20 mars 1709); il mourut en 1712 à Huningue, dont il était commandant.
3. Il n'eut, en réalité, qu'une expectative, parce qu'il n'y avait pas de place vacante.

dans le Bugey et la Bresse, malgré l'opposition de notre armée de Dauphiné, qui fut commandée par le maréchal de Berwick; et qu'ils le soutiendroient de toutes les forces de l'Empire, au moyen de la communication que leur armée du Rhin se feroit avec lui par la Franche-Comté, et qu'alors ils le mettroient en possession de la partie de nos dépouilles qu'ils avoient stipulée pour lui dans leur grande alliance. Cette espérance le fit donc remettre en campagne avec ses troupes et les impériales qui lui étoient restées. Un de ses détachements s'approcha d'Annecy et s'en saisit facilement, car nous n'y avions que cinquante hommes, et le reste de l'armée devoit suivre pour favoriser l'entreprise des Impériaux par la Haute-Alsace, sur la Franche-Comté; mais le malheur qui arriva au comte de Mercy, dont j'ai parlé ci-dessus, fit avorter ce projet. Il arriva même que le général impérial Rhebinder[1], qui s'étoit avancé au pont de la Vachette[2], près Briançon, avec quatre mille hommes de pied et cinq cents chevaux, y fut bien battu par Dillon, un de nos lieutenants généraux[3]. C'est à quoi se réduisit cette campagne, et le duc de Savoie s'en retourna avec tous

1. Bernard-Othon Rhebinder était originaire de Livonie; entré d'abord au service de l'Électeur palatin, il était passé à celui de Savoie en 1708 et avait alors le commandement en chef des troupes savoyardes.
2. La Vachette est un hameau avec un petit fort, dépendant de la commune du Val-des-Prés, sur le versant français du Mont-Genèvre.
3. Arthur, comte Dillon, d'origine irlandaise (1666-1728), était passé en France en 1690 avec le régiment de son père, et avait obtenu en 1706 le grade de lieutenant général; commandant à Briançon en 1709, il y restera jusqu'en 1712. — Le combat de la Vachette eut lieu le 28 août.

ses mécontentements, ne se souciant guère d'acheter de ses alliés, par de nouveaux services, des faveurs qu'il croyoit lui être dues.

Campagne d'Espagne, 1709. — M. le duc d'Orléans, qui retourna en France à la fin de la campagne précédente, ne revint pas en Espagne celle-ci pour être général des armées des deux Couronnes. Bezons, le plus ancien lieutenant général, y resta pour commander les troupes françoises, et, ayant été fait maréchal de France, vers le mois d'avril de cette année[1], il prétendit commander aussi les troupes d'Espagne qui devoient servir sur la frontière de ce royaume; mais les officiers généraux espagnols ne lui vouloient pas obéir; d'où il s'ensuivit une grande mésintelligence entre eux, qui nous coûta Balaguer, lequel fut repris, avec trois bataillons qui y étoient en garnison, par le comte de Stahrenberg, général des Alliés sur cette frontière[2]. Cette mésintelligence alla si loin que le roi d'Espagne fut obligé de partir en poste de Madrid pour y venir donner ordre et éviter de plus grandes pertes[3]. Sa présence calma les esprits et suspendit, pour un temps, les ressentiments de ces messieurs, en déférant le commandement général au maréchal

---

1. C'est seulement en mai que cette nomination fut déclarée.
2. Stahrenberg en effet déroba une marche à Bezons, passa la Sègre sans difficulté, le 26 juillet, et se présenta devant Balaguer, qui se rendit aussitôt.
3. Le mécontentement des Espagnols venait surtout de l'inaction de M. de Bezons. Celui-ci, qui savait que la France avait l'intention de retirer ses troupes d'Espagne et qui avait ordre en conséquence de ne point engager d'opération, exécuta ses instructions trop à la lettre et ne s'opposa même pas aux mouvements des ennemis.

de Bezons[1], qu'il fit même chevalier de la Toison d'or[2]; puis il s'en retourna à Madrid, sous prétexte d'aller se mettre à la tête de son armée qui agissoit vers le Portugal, sous le commandement du marquis de Bay, mais plus effectivement pour vaquer au dedans de son royaume, très agité, et où il croyoit que M. le duc d'Orléans, prince très ambitieux et doué de beaucoup de courage et d'esprit, avoit formé de si puissantes intrigues qu'elles ne tendoient pas moins que de lui faire perdre la couronne[3]. [Comme le développement certain de cette grande intrigue n'est parvenu jusques ici qu'à peu de personnes, je dirai seulement qu'elle ne laissa pas de paroître avoir quelque fondement[4],]

1. Philippe V, parti de Madrid le 2 septembre, arriva à l'armée le 11, et se convainquit que le maréchal, auquel tout manquait, était en effet dans l'impossibilité de rien faire.
2. Louis XIV ne permit pas au maréchal d'accepter cet honneur.
3. Saint-Simon a raconté longuement dans ses *Mémoires*, t. XVIII, p. 45 et suivantes, toute cette affaire, dont le fond n'est pas encore connu maintenant d'une façon précise. Il semble bien que le duc d'Orléans, voyant les affaires de Philippe V péricliter en Espagne, avait eu le projet (peut-être même y eut-il quelque commencement d'exécution) d'entamer des négociations avec les Alliés pour se faire attribuer la couronne d'Espagne, si, par le sort des armes, Philippe V était obligé de se retirer. Peut-être cette combinaison avait-elle des partisans parmi les grands espagnols. Toujours est-il que la princesse des Ursins en eut quelque connaissance et fit arrêter deux agents du duc d'Orléans, nommés Flotte et Regnault, qui furent emprisonnés, mais auxquels on ne fit pas de procès, peut-être dans la crainte de trouver au bout le duc d'Orléans.
4. Tout ce commencement de phrase, qui se trouve ainsi dans le manuscrit, avait été remplacé dans l'édition antérieure par ces mots, qui disent exactement le contraire : « Quoique

en ce que le roi d'Espagne destitua ses principaux ministres et changea tous ses conseils. Il envoya le duc de Medina-Cœli[1], son premier ministre, au château de Ségovie, où il fut gardé très étroitement[2]. Plusieurs autres seigneurs espagnols de grande considération furent aussi arrêtés et gardés avec beaucoup de soin. Il ordonna à tous les François habitués dans les villes de son royaume de se retirer et demanda au Roi de rappeler Amelot, son ambassadeur, près de lui, auquel il avoit donné une part très intime dans toutes ses affaires les plus grandes et les plus essentielles[3]. Flotte, homme d'esprit[4], et quelques autres confidents de M. le duc d'Orléans, qui se trouvèrent en Espagne, furent envoyés prisonniers dans des châteaux[5], et Son Altesse Royale elle-même tomba dans une telle disgrâce près de notre Roi qu'elle a paru durer presque jusques à sa mort. Pour ce qui est des troupes de

ces prétendues intrigues n'eussent aucun fondement, le roi d'Espagne ne laissa pas de destituer », etc.

1. Notre tome IV, p. 240.
2. Saint-Hilaire fait confusion : l'arrestation des agents du duc d'Orléans est de 1709, tandis que la destitution du duc de Medina-Celi et son emprisonnement sont d'avril 1710 ; le ministre était accusé d'intelligence avec l'Archiduc.
3. Tome IV, p. 240-241. Le rappel d'Amelot ne fut pas la conséquence de cette affaire ; il était décidé auparavant, l'ambassadeur ayant demandé lui-même à quitter les fonctions qu'il occupait depuis 1705.
4. Joseph de Flotte-la-Crau était gentilhomme ordinaire du duc d'Orléans et avait été son aide de camp pendant la campagne de 1706 ; on prétendait qu'il était l'agent du duc d'Orléans auprès des Alliés.
5. Outre Flotte, il y eut aussi un nommé Deslandes de Regnault, qui ne fut relâché, comme Flotte, qu'au commencement de 1715, après la disgrâce de Mme des Ursins.

France, elles demeurèrent en Espagne, avec le maréchal de Bezons, jusques à la fin de la campagne, qu'elles en furent rappelées, sous prétexte que les Espagnols s'en pouvoient passer et que notre Roi en avoit besoin pour parvenir à une paix moins onéreuse que celle qui avoit été proposée par les ennemis[1], mais plutôt pour calmer les mécontentements des grands et du peuple d'Espagne, les deux nations ayant toujours été très incompatibles.

Je rapporterai ci-après, le plus sommairement qu'il me sera possible, les négociations qui furent faites[2], après que j'aurai repris et fini le récit de cette campagne, [que je n'ai pu empêcher d'interrompre, afin de mieux placer, à mon avis, la digression ci-dessus.]

Après la prise de Balaguer par les Alliés, les deux armées passèrent le reste de la campagne à s'observer réciproquement, si ce n'est que le comte d'Estaing, lieutenant général[3], avec un petit corps de six ou sept mille hommes, fut détaché de notre armée et alla en Aragon, où il reprit plusieurs châteaux, petites villes et postes que les Alliés y occupoient, et où ils avoient si peu de monde qu'on pouvoit croire qu'ils les y tenoient plutôt pour avoir pied dans ce royaume, y fomenter la rébellion [et nous inquiéter un peu du côté de Cominges[4], que pour un autre usage.]

Les Alliés avoient encore une espèce de camp volant

1. Louis XIV ne laissa à son petit-fils que vingt-six bataillons français, sous le commandement de M. d'Asfeld.
2. Saint-Hilaire veut parler des premières négociations entamées en vue de la paix; voyez ci-après, p. 205.
3. Tome IV, p. 27.
4. Le pays de Cominges, en Guyenne, avec titre de comté, était en effet limitrophe au sud de l'Aragon et de la Catalogne.

en Catalogne, à l'appui de Girone, qui fut fort resserré par le duc de Noailles, [gouverneur du Roussillon, qui remporta sur eux divers petits avantages.]

Mais la guerre fut plus vive du côté du Portugal; le marquis de Bay, qui commanda l'armée d'Espagne, l'ayant assemblée, passa la Guadiana et vint camper au delà, près le fort Saint-Christophoro, qui n'est pas éloigné de Badajoz. Son armée étoit d'environ vingt mille hommes, mais supérieure en cavalerie à celle du roi de Portugal, qui étoit à peu près de même force, mais plus nombreuse en infanterie. Le marquis de Frontera commandoit les Portugais et Mylord Gallway les troupes auxiliaires d'Angleterre et de Hollande. Toute cette armée s'étant assemblée vint camper sous Elvas. A quelques jours de là, ils eurent nouvelle que le marquis de Bay, qui vouloit les attirer, avoit dessein de venir fourrager les blés de la campagne de Campo-Mayor[1], et, voulant l'en empêcher, ils résolurent de passer la Caya sur des ponts qu'ils y firent jeter.

Bataille donnée entre les Espagnols et les Portugais, le 7 mai 1709. — Sur cela, le général d'Espagne marcha droit à eux; le combat s'engagea sur les quatre heures après midi; l'aile droite de la cavalerie portugaise fut rompue et mise en fuite à la première charge. Il en arriva bientôt autant à l'aile gauche, que le lord Gallway voulut rallier à la faveur des trois régiments d'infanterie qu'il y envoya. Les Portugais ne se rallièrent point; mais les trois bataillons se maintinrent jusques à la fin de la journée, que, se voyant séparés de leur armée et la bataille perdue, ils se trouvèrent contraints de se rendre prisonniers de guerre.

---

1. Au nord d'Elvas et de Badajoz : tome IV, p. 214.

Les généraux portugais se retirèrent sous Campo-Mayor avec leur infanterie, dont ils firent une phalange ou bataillon carré, qui devint si respectable que le marquis de Bay ne jugea pas à propos de la faire attaquer[1]. Les Espagnols et les Portugais perdirent peu de monde en cette action; mais les derniers laissèrent deux ou trois personnes de considération prisonnières et nombre d'autres. Ils perdirent aussi presque toute leur artillerie, leurs pontons, plusieurs drapeaux et étendards, avec quelques équipages. L'infanterie de cette armée alla camper quelques jours après derrière Elvas, où elle rassembla sa cavalerie; puis elle marcha à Torre-Allegada[2]. Le marquis de Bay demeura trois jours campé sur le champ de bataille, puis s'en alla bloquer Olivença. Les grandes chaleurs étant bientôt survenues, il fut obligé de lever le blocus pour aller prendre des quartiers d'été. Les Portugais en firent autant, et je ne vois pas qu'il se soit rien passé de considérable entre ces deux armées pendant la campagne d'automne.

Négociations. — Dès l'année 1707, le duc de Bavière[3] avoit fait pressentir en Hollande, par Petkum[4], que le duc d'Holstein-Gottorp[5] entretenoit à la Haye pour

1. Cette bataille porta le nom de la Gudina; le marquis de Quincy dans son *Histoire militaire*, t. VI, p. 275 et suivantes, en donne un long récit.
2. Village de Portugal qu'on n'a pu identifier.
3. L'électeur Maximilien-Emmanuel.
4. Edgard-Adolphe de Petkum avait eu déjà occasion de négocier avec les Français; il vint même à Paris en novembre 1709; il prit part aux négociations d'Utrecht et mourut en 1721.
5. Depuis 1702, le duc d'Holstein-Gottorp était Charles-Frédéric, né en 1700, qui régnait sous la tutelle de son oncle Christian-Auguste, évêque de Lubeck.

l'intérêt de quelques régiments qu'il avoit au service des Alliés, si les États-Généraux voudroient entrer en quelques propositions de paix, et on dit même dans ce temps-là que, pour en accélérer la conclusion, M. de Chamillart, qui étoit le principal ministre, avoit fait entendre que l'on ne se feroit pas une affaire de faire revenir en France le roi d'Espagne, moyennant quelque portion de cette monarchie, dont on conviendroit ensuite; que sur cela les États-Généraux avoient trouvé bon que Petkum vînt faire un voyage à Paris pour entamer sous main quelque négociation, [au moyen de quoi on pût entrer en quelque traité.] Il fut fort bien reçu à la cour et y donna quelques espérances d'une conclusion. Après cela, Petkum s'en retourna, et il fut conclu que le président Rouillé[1], ci-devant notre ambassadeur en Portugal et du depuis envoyé auprès de l'électeur de Bavière, s'avanceroit à Hal, près de Bruxelles, où il s'aboucheroit avec le comte de Bergeyck[2], ministre d'Espagne, et le baron de Reinswoode et Van-den-Berg, députés des Provinces-Unies, à Bruxelles. Ensuite, il passa à la Haye, où il eut quelques conférences avec les pensionnaires Buys[3] et Van-der-Dussen, l'un d'Amsterdam, l'autre de Gouda[4], nommés pour entendre ses propositions.

Sur ces nouvelles, la nation angloise engagea la reine Anne à demander, par préliminaires du traité,

1. Pierre Rouillé de Marbeuf : tome III, p. 244.
2. Ci-dessus, p. 117.
3. Guillaume Buys, conseiller pensionnaire de la ville d'Amsterdam, fut ambassadeur en France en 1713 et mourut en 1749.
4. Gouda est une ville de la Hollande du Sud, au nord de Rotterdam.

que le Roi la reconnût reine de la Grande-Bretagne et la succession de ces royaumes dans la ligne protestante, sous la garantie des Alliés, et obligeât le Prétendant à sortir du royaume de France. Ils demandèrent aussi que Dunkerque, si funeste au commerce de leur nation, fût démoli et son port ruiné.

Le prince Eugène et le comte de Sinzendorf[1], chargés des intérêts de l'Empereur, le duc de Marlborough et le vicomte de Townshend[2], plénipotentiaires de la reine d'Angleterre, et le conseiller pensionnaire Heinsius[3], avec quelques autres députés de la République, ayant examiné les propositions du président Rouillé, ne les trouvèrent pas assez étendues pour servir de fondement à une négociation, et, pendant qu'un gentilhomme alla porter au Roi cette réponse et demander de plus grands éclaircissements, le duc de Marlborough alla concerter avec la reine Anne sur les avantages particuliers que l'Angleterre pouvoit se procurer en cas de congrès.

On en étoit là, lorsque le marquis de Torcy, qui souffroit impatiemment que M. de Chamillart eût commencé ces négociations sans sa participation, [lui étant ministre des Affaires étrangères[4],] s'intrigua si

1. Philippe-Louis, comte de Sinzendorf (1671-1742), avait été ambassadeur à Paris de 1699 à 1701, puis à la Haye en 1709; il fut plénipotentiaire au congrès d'Utrecht, puis premier ministre de l'empereur Charles VI.

2. Charles, vicomte Townshend (1674-1738), venait d'être nommé ambassadeur d'Angleterre auprès des États-Généraux; il prit part ensuite aux négociations de Gertruydenberg.

3. Antoine Heinsius (1641-1720), ambassadeur en France en 1678 et 1683, était grand pensionnaire de Hollande depuis 1689.

4. Sur ces conflits d'attributions entre Torcy et Chamillart,

bien que le Roi, qui d'ailleurs étoit fort impatient d'avancer un ouvrage aussi nécessaire que celui de la paix, lui ordonna de se rendre à la Haye et se remit à sa prudence de l'usage qu'il auroit occasion d'en faire.

Ce ministre étant arrivé à la Haye, où ceux d'Angleterre s'étoient aussi rendus, eut une longue conférence[1], et, le 20 de mai 1709, Rouillé et son collègue déclarèrent que le Roi consentiroit à démolir Dunkerque et céderoit les places dont on conviendroit pour former la barrière que les États-Généraux demandoient pour eux, offrant du surplus de remettre toutes choses sur le pied où elles étoient par le traité de Ryswyk et de raser certaines forteresses qui donnoient de la jalousie aux Alliés. Mais il arriva qu'à mesure que nos ministres sembloient se relâcher, les prétentions grossissoient. L'Empereur demandoit la Haute et Basse-Alsace. On leur offrit, à ce qu'on a dit, seulement la ville de Strasbourg. Il est probable même que le marquis de Torcy ne convint point de l'avance que M. de Chamillart avoit faite du rappel du roi d'Espagne, et, s'il est vrai qu'il ait écrit la lettre dont j'ai parlé ci-dessus, il est à présumer qu'il n'étoit pas assez inconsidéré, pour faire cette avance sans la participation du Roi, dans une affaire d'une si grande importance. Quoi qu'il en soit, dans les conférences qui suivirent, nos ministres [virent bien la difficulté de terminer quelque chose et] témoignèrent que, n'étant pas ins-

voyez les *Mémoires de Saint-Simon*, t. XVII, p. 179 et suivantes.

1. Sur ce voyage et cette négociation, on peut voir les *Mémoires de Torcy* lui-même, édit. Michaud et Poujoulat, p. 555 et suivantes.

truits sur chacune des nouvelles demandes qu'on leur faisoit, il y en avoit même de trop fortes pour qu'on en pût exiger l'exécution de la part de Sa Majesté.

On en étoit là, lorsque les Alliés firent leurs demandes préliminaires, et ce fut le 28 de mai, dont les principales étoient que le Roi rappelât le roi d'Espagne et qu'en cas qu'il refusàt d'évacuer le trône il joignît ses forces à celles des Alliés pour l'y contraindre. Ils demandoient encore [la démolition de Dunkerque et] qu'on rendît d'abord Strasbourg et Brisach à l'Empire; Furnes, le fort de la Kenoque[1], Ypres, Menin, Warneton, Comines, Wervicq[2], Poperinghe[3], Lille, Tournay, Condé et Maubeuge aux Hollandois; le comté de Nice au duc de Savoie, avec Exilles, Fénestrelles, Chaumont[4], la vallée de Pragelas, et quelques autres choses, et que tout cela seroit exécuté avant que de dresser l'instrument de la paix. Tous les ministres des Alliés signèrent ces préliminaires et les présentèrent aux nôtres, qui s'en excusèrent sur ce qu'ils n'avoient pas ordre du Roi de consentir à quelques-uns de ces articles; à quoi M. de Torcy ajouta qu'il alloit retourner à Versailles pour y prendre les ordres du Roi et qu'il feroit savoir sa dernière réponse avant le 15 de juin, [et il tint parole; après quoi le président Rouillé s'en revint aussi.] Ainsi toutes les apparences de paix parurent plus éloignées que jamais, au grand déplaisir

---

1. La Kenoque ou Quenoque est un fort sur l'Yser dans la Flandre occidentale à peu de distance de Dixmude.
2. Wervicq est sur la Lys entre Menin et Warneton.
3. Poperinghe est un gros bourg de la Flandre occidentale, à une douzaine de kilomètres à l'ouest d'Ypres.
4. Chiomonte, en Piémont, sur la Doire Ripaire.

de tous les peuples, et principalement ceux de France, qui souffroient extrêmement de la famine et de la disette d'argent.

Sa Majesté ressentit vivement l'iniquité de pareilles demandes et fit distribuer aux commandants, dans les provinces et dans les principales villes, des lettres circulaires à ce sujet[1], par lesquelles il faisoit connoître les raisons qu'il avoit de ne point consentir à ces articles [et faisoit voir que, même en les acceptant, la guerre ne seroit point cessée pour cela, puisqu'ils fixoient dans deux mois l'exécution de toutes leurs demandes et que, pendant ce temps-là, ils prétendoient l'obliger à leur livrer les places qu'ils demandoient dans les Pays-Bas et dans l'Alsace et à raser celles dont ils exigeoient la démolition.]

[« Ils refusent, disoit le Roi, de prendre de leur
« côté d'autres engagements que celui de suspendre
« tous les actes d'hostilité jusques au 1er août, se réser-
« vant la liberté d'agir alors par la voie des armes si
« le roi d'Espagne, mon petit-fils, persistoit dans la
« résolution de défendre la couronne que Dieu lui a
« donnée. »]

[Il marquoit ensuite combien cette suspension étoit plus dangereuse que la guerre même, puisqu'elle ne dispensoit point de la dépense d'entretenir les armées et, qu'après que le terme en seroit expiré, les Alliés l'auroient attaqué avec les nouveaux avantages qu'ils auroient tirés des places où il les auroit lui-même

---

1. Le texte de ces lettres circulaires, dont notre auteur va donner ci-après deux phrases, est bien connu ; on le trouvera notamment dans le *Journal de Dangeau*, t. XII, p. 448-450.

introduits, en même temps qu'il auroit démoli celles qui servoient de rempart à ses villes frontières.]

« Je suis persuadé, ajoutoit-il, que mes peuples s'op-
« poseroient eux-mêmes à la recevoir à des conditions
« également contraires à la justice et à l'honneur du
« nom françois. »

Les peuples, quoique fort épuisés, louèrent le Roi de n'avoir pas accordé des articles si préjudiciables à l'État et qui, sans en finir les malheurs, ôtoient plus à la couronne qu'elle ne pouvoit perdre en plusieurs campagnes. On ne murmura contre aucun des édits bursaux, qui furent encore lâchés; les particuliers portèrent de gré à gré leur vaisselle d'argent à la Monnoie[1], et chacun se força pour continuer la guerre avec moins de malheur. On pourvut au mieux qu'il fut possible à remédier à la famine, et on ordonna des prières pour apaiser la colère de Dieu, qui s'étendoit visiblement sur nous.

M. de Chamillart, accablé du poids des affaires et ne pouvant suffire à tous les devoirs de ses charges, s'étoit démis l'année précédente de celle de contrôleur général des finances, que le Roi avoit donnée à Desmaretz[2], [qui n'avoit pas laissé que de l'accepter

1. Sur ces vaisselles d'argent offertes au Roi par les particuliers et portées par eux à la Monnaie, on peut voir les *Mémoires de Saint-Simon*, t. XVII, p. 401-412 et 564-568.

2. Nicolas Desmaretz, neveu de Colbert et son collaborateur dans les derniers temps de son ministère, avait été ensuite disgracié pour malversations; en 1705, Chamillart avait obtenu de se servir de lui pour la gestion des finances, et enfin en 1708 il lui avait cédé la charge de contrôleur général.

dans un temps aussi difficile;] et celle-ci[1], il fut destitué du secrétariat de la Guerre[2], qui fut donné à Voysin[3].

Expéditions maritimes. — Costebelle[4], gouverneur de Plaisance dans la Nouvelle-France[5], se rendit maître sur les Anglois des forts Saint-Jean et Guillaume, sur le rivage oriental de Terre-Neuve. Le premier fut forcé et la garnison prise à discrétion, l'autre par capitulation ; mais les troupes qui étoient dedans furent faites prisonnières de guerre.

Duguay-Trouin[6] eut aussi quelques avantages dans un combat qu'il livra à une flotte angloise, sur laquelle il enleva cinq vaisseaux marchands. Les armateurs de part et d'autre se firent aussi quelques prises.

Louis de Bourbon, prince de Conti, mourut au mois de février de cette année, dans la quarante-cinquième année de son âge[7]. Il avoit toutes les qualités

1. Et cette année-ci.
2. La disgrâce de Chamillart et ses causes ont été exposées en détail par Saint-Simon dans ses *Mémoires*, t. XVII, p. 416 et suivantes.
3. Daniel-François Voysin avait été intendant de Hainaut et avait eu occasion d'y connaître Mme de Maintenon pendant les voyages de la cour; secrétaire d'État de la Guerre en 1709, il y joindra en 1712 l'office de chancelier de France.
4. Philippe Pastour de Costebelle, chevalier de Saint-Louis, gouverneur de l'Ile Royale ou Acadie.
5. Plaisance n'est pas dans la Nouvelle-France ou Canada, mais dans l'Acadie, dont elle est la capitale.
6. René Trouin du Gué, dit Duguay-Trouin (1673-1736), avait d'abord fait la course pour son compte. Louis XIV le nomma capitaine de vaisseau en 1706; il devint plus tard chef d'escadre et lieutenant général des armées navales.
7. François-Louis de Bourbon, prince de Conti, mourut à Paris le 21 février.

héroïques et dignes de la couronne de Pologne, à laquelle il avoit été destiné, et avoit auparavant donné dans nos armées, où il avoit servi, toutes les marques de valeur, de courage et de capacité qu'un grand prince comme lui doit avoir. Quoiqu'il fût doué de tant de belles qualités, il ne commanda pas cependant en chef aucune de nos armées, quoiqu'il en fût très capable, [par une espèce de jalousie à contre temps[1]; je n'en dirai pas davantage à ce sujet.]

Il fut suivi de près par Henri-Jules de Bourbon, prince de Condé, premier prince du sang, fils unique du prince de ce nom qui a répandu un éclat immortel sur le nom de Condé. Il mourut à Paris le premier d'avril, dans la soixante-sixième année de son âge[2].

Il pensa subvenir une rupture entre la France et la république de Venise, au sujet du cardinal Ottoboni[3], très habile ministre, que le Roi avoit revêtu de la qualité de protecteur de la nation françoise, à Rome. Le scrupuleux sénat ne put se résoudre ou ne voulut, par considération pour les Alliés, enfreindre ses lois, qui ne permettent pas qu'un citoyen qui a eu part aux affaires publiques puisse jamais passer au service d'un autre souverain. Cependant le cardinal ne se tint point pour battu; car, ayant reçu et communiqué au Pape le brevet du Roi, il fit arborer les armes de France sur la porte de son palais. La République, irritée de son

1. Voyez l'éloge complet qu'en fait Saint-Simon (*Mémoires*, t. XVII, p. 122 et suiv.) et ce qu'il dit de l'aversion implacable du Roi pour lui.
2. Voyez encore les mêmes *Mémoires*, t. XVII, p. 230 et suiv.
3. Pierre, cardinal Ottoboni (1667-1740), avait été élevé au cardinalat dès 1689 par son oncle Alexandre VIII; il fut désigné en 1709 comme protecteur des affaires de France.

procédé, dégrada sa famille de noblesse et l'exila de son État[1]. Le Roi, piqué de ce que cette république le ménageoit si peu, rappela l'abbé de Pomponne[2], son ambassadeur à Venise, et ce n'est que depuis peu que tout cela s'est raccommodé[3].

[L'ancienne querelle des molinistes contre les rigoristes, qu'on appelle aujourd'hui communément jansénistes, se ranima cette année en deux occasions avec grand dommage pour les derniers; l'une fut au sujet des ordonnances publiées par l'évêque de Chartres[4], portant condamnation des institutions théologiques d'un certain Père Soanen; l'autre la destruction et la démolition totale du monastère et bâtiments de Port-Royal-des-Champs, maison si célèbre pendant le siècle passé qu'elle mérite bien qu'on s'étende un peu davantage.]

Histoire abrégée de Port-Royal-des-Champs et de Port-Royal de Paris[5]. — Mathieu Ier de Marly, cadet

1. *Journal de Dangeau*, t. XIII, p. 46, 55 et 69; *Mémoires de Sourches*, t. XII, p. 93-94. Les biens de la famille Ottoboni furent même confisqués.
2. Henri-Charles Arnauld, abbé de Pomponne (1669-1756), avait été d'abord aumônier du Roi en 1698, puis avait été envoyé en 1704 à Venise comme ambassadeur. Il partit le 11 janvier 1710.
3. C'est en 1720 seulement que les relations diplomatiques furent rétablies; c'est donc peu après cette date que Saint-Hilaire écrit cette partie de ses Mémoires.
4. Paul Godet des Marais, directeur de Mme de Maintenon.
5. Malgré l'anomalie de trouver cet épisode d'histoire religieuse dans des Mémoires presque exclusivement militaires, nous le conservons néanmoins dans l'œuvre de notre auteur comme une trace de l'importance qu'eut la destruction de Port-Royal dans l'opinion contemporaine, et aussi comme un

de la maison de Montmorency, en partant pour la guerre de la Terre-Sainte, laissa à Mathilde de Garlande, sa femme, une somme d'argent pour employer en des œuvres pies, ainsi que cela se pratiquoit assez communément en ce temps. Cette dame s'étant conseillée à Odon de Sully, évêque de Paris, de l'usage qu'elle en devoit faire, elle commença la fondation de ce monastère, par l'acquisition et la donation d'un fief appelé Portois, situé dans une vallée près de Chevreuse, et y joignit quelques autres revenus. En 1204, l'église fut en état d'être consacrée, sous le nom de Notre-Dame-de-Port-Royal-des-Champs; on y bâtit un monastère, qui fut en état, en 1208, d'y recevoir des religieuses. En 1214, Pierre de Nemours, évêque de Paris, donna à ce monastère le droit de paroisse et, y ayant fait une visite, il trouva qu'il y avoit assez de revenu pour la subsistance et entretien de douze à treize religieuses ; il permit qu'on y élût une abbesse, conformément à l'intention des fondateurs. Il y en avoit déjà une en 1216, et la direction de cette maison pour le spirituel fut donnée aux religieux de l'ordre de Cîteaux de l'abbaye des Vaux-de-Cernay, qui n'en étoit éloignée que d'une lieue. Le pape Honoré III donna à cette abbaye plusieurs privilèges, et, entre autres, il défendit aux évêques d'empêcher les élections régulières des abbesses et d'en déposer aucune élue canoniquement, annulant les suspenses et excommunications qu'ils pourroient lancer contre elles et ceux qui leur appartiennent, leur permettant de célé-

---

témoignage des sentiments intimes de l'écrivain ; Saint-Hilaire, sans être janséniste, se retrouve avec beaucoup de gens de son temps sur la pente qui mène au jansénisme.

brer les divins offices, même pendant un interdit général, défendant au surplus qu'on arrêtât personne, et qu'on exerçât aucune violence dans leurs maisons, ni dans l'enclos de leurs Granges, excommuniant ceux qui troubleroient ce monastère et s'empareroient de leurs biens et qui les retiendroient. Du depuis, Grégoire IX déclara par une bulle qu'il prenoit l'abbesse et ses religieuses sous sa protection et celle du saint-siège, avec tous leurs biens. Philippe-Auguste. Louis VIII, saint Louis, Marie de Bourbon, femme de Jean, comte de Dreux, Renaud de Corbeil, évêque de Paris, et plusieurs autres personnes du premier rang usèrent de tant de libéralités envers ce monastère qu'il se trouva, en l'année 1233, des biens suffisamment pour l'entretien de soixante religieuses. Je ne rapporterai point ici la suite des abbesses jusques à l'année 1660. Il me suffira de dire que leurs biens reçurent de grands accroissements, dont d'aucunes usèrent bien, et d'autres mal, comme il arrive toujours pendant le cours d'un grand nombre d'années. Je saute tout cela pour abréger, et je viendrai tout d'un coup à l'année 1600 qu'Angélique Arnauld, petite fille âgée seulement de onze ans, fut élue abbesse de ce monastère, et qu'elle fut la cause innocente de la destruction de cette abbaye.]

[Elle étoit d'une famille odieuse à la Société[1] dès son établissement en France. Ayant pris l'habit, elle fit ses vœux à huit ans, fut nommée coadjutrice de l'abbesse, qui mourut deux ou trois ans après et laissa sa place à une enfant de onze ans; il n'y avoit plus

1. Il veut parler de la famille Arnauld et de la Société ou Compagnie de Jésus.

alors que dix religieuses dans ce monastère, dont trois imbéciles et deux novices.]

[Six années s'étant écoulées, l'abbesse prit des sentiments dignes de son état et entreprit de rétablir la discipline dans son monastère. Cette bonne conduite lui attira bientôt des ennemis, qui ne purent arrêter son zèle, et la réforme qu'elle avoit établie à Port-Royal avec succès la fit choisir pour en faire une pareille à Maubuisson, autre abbaye près Pontoise, qui n'en avoit pas moins de besoin que la sienne, et, comme cette occupation la devoit tenir du temps, elle fit élire sa sœur Agnès sa coadjutrice à Port-Royal-des-Champs.]

[Quelque temps après, l'abbesse ayant cru que sa présence étoit nécessaire à Port-Royal, elle quitta Maubuisson et en emmena une vingtaine de novices qui ne voulurent point la quitter. Elle fit, peu de temps après, encore un autre voyage pour le même sujet, et, comme Port-Royal-des-Champs se trouvoit malsain à cause des eaux et des marécages dont on avoit négligé l'écoulement depuis longues années, et qu'il n'y avoit pas assez de bâtiments pour un si grand nombre de religieuses, elle alla s'établir à l'extrémité du faubourg Saint-Jacques, dans une grande maison que sa mère lui donna : voilà l'origine de la maison de Port-Royal de Paris. Elle la fit réédifier en monastère et obtint des lettres patentes de Louis XIII avec permission d'y transférer la communauté, avec le consentement de l'archevêque de Paris et de l'abbé de Cîteaux, ce qu'elle fit avec soixante-dix religieuses, ne laissant à Port-Royal-des-Champs qu'un chapelain pour desservir l'église et conserver le droit de paroisse avec des officiers de justice pour y recevoir les foi et hommage et autres droits seigneuriaux.]

[Cet établissement fait, la mère Angélique fut encore employée à réformer d'autres monastères selon les pratiques de dévotion qu'elle avoit introduites parmi ses religieuses. Elle trouva tant d'opposition dans les moines qui les dirigeoient, qu'elle prit un parti qui parut bon alors; mais les suites ont fait connoître du depuis qu'elles furent bien funestes pour le monastère : ce fut de se démettre de sa dignité d'abbesse, pour rétablir la liberté de l'élection, et de se remettre sous la juridiction de l'ordinaire[1]. Elle obtint en 1627 une bulle d'Urbain VIII, qui la tiroit de la juridiction de l'ordre de Citeaux pour la soumettre à l'archevêque de Paris. Le roi Louis XIII donna ses lettres patentes pour l'enregistrement deux ans après; et, par l'entremise de la reine Marie de Médicis, sa mère, Sa Majesté renonça à son droit de nomination en faveur de la réforme, pour accorder l'élection triennale d'une abbesse. Celle-ci donna donc sa démission pure et simple en 1630, et Agnès sa sœur se démit aussi de sa coadjutrice, l'une et l'autre sous condition que la réforme subsisteroit.]

[Il survint à cette dernière une dévotion particulière, qui lui fit naître l'envie de former un institut qu'elle appela l'Adoration perpétuelle du Saint-Sacrement; elle alla s'établir en 1636, en une maison près du Louvre, avec quatre religieuses qu'elle tira de Port-Royal, et quelques autres filles qui se joignirent à elle; mais, n'ayant pu s'accorder avec l'évêque de

---

1. C'est-à-dire de l'évêque du diocèse.

Langres[1] qui l'avoit principalement excitée à cet établissement, cette nouvelle colonie s'en retourna à Port-Royal en 1637.]

[Je reviens à présent à la mère Angélique, à qui le séjour de Paris avoit préparé la connoissance du fameux abbé de Saint-Cyran[2]. Elle le prit pour directeur, s'étant retirée de dessous la conduite de l'évêque de Langres; et, Agnès Arnauld sa sœur ayant été élue abbesse de Port-Royal, il se fit une liaison fort étroite entre cette communauté, la famille des Arnauld et cet abbé, qui le regardoient tous comme un homme d'une spiritualité fort sublime. Mais, comme il avoit été fort attaché à Jansénius, qu'une partie du clergé traitoit d'hérétique, il n'épargnoit rien de son côté pour justifier la doctrine de cet évêque; d'où s'ensuivit toutes ces fameuses disputes, qui règnent encore de nos jours. Il y eut tant d'aigreur dans ces premières disputes que ses adversaires eurent le crédit de le faire mettre dans le donjon du château de Vincennes, où il fut détenu longues années, et ne vécut que quatre mois après son élargissement. Auparavant ces deux événements, Le Maistre[3], neveu de la mère Angélique, renonça au barreau où il brilloit si fort par son élo-

---

1. Sébastien Zamet, aumônier de Marie de Médicis, devenu évêque de Langres en 1615 et mort en 1655.
2. Jean Duvergier de Hauranne, abbé de Saint-Cyran en Berry, avait été condisciple de Jansénius et avait adopté ses idées sur la grâce. Très goûté comme directeur de conscience, il fit à cette doctrine de nombreux adeptes en France, surtout dans la haute bourgeoisie et dans les communautés de femmes.
3. Antoine Le Maistre était fils de Catherine Arnauld; avocat au Parlement et conseiller d'État, il quitta le monde de bonne heure et mourut à Port-Royal.

quence, quoiqu'il n'eût que vingt-huit ans, qu'il fût honoré d'une place de conseiller d'État, dont il refusa le brevet et, voulant songer à son salut, fit sa retraite dans une petite maison près le Port-Royal de Paris. Séricourt, homme de guerre, renonça aussi à la profession des armes, et leurs frères, de Sacy et de Vallemont[1], se joignirent aussi à eux et y menèrent tous quatre une vie tranquille et exemplaire ; mais la douceur de leur retraite fut bientôt interrompue ; car, étant devenus suspects aux adversaires de l'abbé de Saint-Cyran, Laubardemont[2], conseiller d'État, eut ordre de les venir interroger, et les fit déloger de leur refuge, d'où ils sortirent dès le lendemain pour aller se retirer, du consentement de Laubardemont, à Port-Royal-des-Champs, où il n'y avoit plus de religieuses. L'orage regardoit aussi la mère Angélique, qui courut grand risque d'être enlevée ; mais l'archevêque de Paris le dissipa.]

[Le Maistre et ses frères ne furent pas longtemps seuls à Port-Royal-des-Champs ; la vie chrétienne qu'ils y menoient grossit leur société, et ils reçurent bientôt une nombreuse compagnie de personnes qui avoient paru avec distinction dans le clergé, dans la robe et à la cour.]

[Le bruit qu'excita Antoine Arnauld, docteur de Sorbonne[3], par son livre *De la fréquente communion*,

---

1. Simon Le Maistre, sieur de Séricourt, Louis-Isaac Le Maistre de Sacy et leur frère Le Maistre de Vallemont étaient, comme Antoine, neveux des Arnauld.

2. Jean Martin, baron de Laubardemont, ancien président de la cour des aides de Guyenne, intendant en Touraine en 1636, puis conseiller d'État, mourut en mai 1653.

3. Antoine Arnauld, dit le Grand Arnauld (1612-1694), fut

réveilla les ennemis du prétendu jansénisme. Leur indignation se ralluma contre Port-Royal, où ce docteur avoit sa mère, plusieurs sœurs et nièces religieuses; ce monastère fut décrié comme une pépinière d'hérésie.]

[Cependant la maison de Port-Royal de Paris prenoit la forme d'un véritable monastère; l'église en fut commencée et achevée en deux ans, et cette maison devenoit de jour en jour trop petite pour le grand nombre de religieuses qui y étoient attirées par la réputation de vertu et de sainteté de ce monastère. C'est pourquoi on travailla à dessécher les marais de celui de Port-Royal-des-Champs et à le rendre plus habitable. Quand les bâtiments furent en état, l'archevêque de Paris donna permission qu'on y envoyât des religieuses de celui de Paris. Les solitaires, qui en leur absence avoient occupé le monastère, se retirèrent aux Granges, maison située sur la montagne voisine.]

[Peu de temps après, les guerres civiles obligèrent les solitaires de descendre dans l'abbaye, d'où les religieuses sortirent pour se mettre à couvert des insultes des gens de guerre, et en l'an 1653, le pape Innocent X ayant condamné les cinq propositions de Jansénius, cela donna lieu à une persécution que l'on fit aux monastères de Port-Royal-des-Champs et de Paris.]

[Les deux années suivantes se consumèrent en des

ordonné prêtre en 1641, publia en 1643 son traité *De la fréquente communion* et fut admis parmi les docteurs de la Sorbonne; il en fut exclu en 1656 par décision de la Faculté de théologie et mena une vie errante et agitée jusqu'à sa mort.

justifications qu'on employa inutilement auprès du cardinal de Retz, archevêque de Paris, qui étoit à Rome dans ce temps-là et dans l'endroit le moins favorable à des filles qui y étoient déjà accusées comme désobéissantes aux décrets du Pape et qui refusoient de condamner, sur la parole du Saint-Père, ce qu'elles ne se croyoient pas en état d'entendre. Cependant il ne laissoit pas d'y avoir une école très florissante, établie aux Granges; et de là nous sont venues ces excellentes méthodes pour les langues grecque et latine, les éléments de géométrie, l'art de penser, et quantité d'autres ouvrages qui sont aujourd'hui d'un usage plus général. Il y a grande apparence que la réputation de cette école contribua à dissiper ceux qui la gouvernoient; car le 30 mars de l'an 1656, d'Aubray, lieutenant civil[1], se rendit, par ordre de la cour, à Port-Royal-des-Champs pour en chasser ceux qui s'y étoient retirés et renvoyer tous les enfants qu'on élevoit aux Granges; les solitaires, prévenus sur sa visite, se retirèrent chacun de leur côté.]

[Quelques mois après, Arnaud d'Andilly[2] obtint pour lui et pour Lusancy, son frère, la permission d'y retourner, et lorsque l'orage parut un peu calmé, presque tous les autres y revinrent. Mais, en 1664, le lieutenant civil retourna à Port-Royal-des-Champs et chassa les enfants qui y étudioient et qui étoient dis-

1. Dreux d'Aubray, comte d'Offémont, lieutenant civil en la prévôté et vicomté de Paris, mourut le 10 janvier 1666 empoisonné par sa fille, la marquise de Brinvilliers.
2. Robert Arnauld d'Andilly (1588-1674) avait été dans l'administration des finances et intendant de l'armée d'Allemagne en 1634; on lui doit une traduction des *Confessions* de saint Augustin.

persés dans les villages voisins. Cela demeura là jusqu'au mois d'avril de l'an 1662, que la Société, jalouse, obtint par les sollicitations du confesseur du Roi, qui étoit de leur ordre, dans le temps des dévotions de la fête de Pâques, que le lieutenant civil retournât aux deux maisons du Port-Royal, pour en faire sortir toutes les pensionnaires, avec défense de ne plus recevoir de novices. Mais le formulaire qui fut dressé à l'occasion des cinq propositions de Jansénius fut presque le comble des maux de ces religieuses; car on s'obstina à prétendre que ces filles le signassent purement et simplement. Mais quel moyen d'accorder une telle signature avec les préjugés que l'abbé de Saint-Cyran et d'autres théologiens leur avoient donnés en faveur de la doctrine de Jansénius, qu'ils assuroient n'avoir jamais écrit les propositions condamnées, ni qu'elles se pouvoient trouver dans ses livres? De là vint les enlèvements des religieuses, l'interdiction des sacrements à celles qu'on traita de rebelles à l'Église, et, comme onze ou douze de celles qui étoient restées à Port-Royal de Paris signèrent le formulaire, on y renvoya les religieuses de Port-Royal-des-Champs qui avoient été enlevées, et on sacrifia à celles de Paris tout le temporel de cette communauté. On prétendit les y soumettre totalement; mais cela dura du temps, pendant lequel on n'oublia rien pour lasser la constance de ces religieuses, jusques à ce que le cardinal de Noailles, dans ce temps-là archevêque de Paris, se voyant lui-même à la veille d'être accusé de jansénisme et ne trouvant point de plus court moyen de prévenir cette accusation que de consentir à la ruine totale de ce monastère, elles furent traitées, en cette année que je décris, comme les plus dangereuses hérétiques de tout l'univers, quoique l'usage des sacrements leur eût été rendu et puis ôté à diverses fois. Ainsi d'Argenson, alors lieutenant de police [1], accompagné de deux commissaires, d'un greffier des commissions extraordinaires, de quelques exempts et archers, se transporta au monastère de Port-Royal-des-Champs, se saisit de tous les papiers et de toutes les clefs de cette maison et fit mettre toutes les religieuses en différents carrosses qui prirent aussitôt les routes qui leur avoient été marquées, et on les dispersa dans tous les couvents de France où l'on étoit des plus prévenus contre elles. Après cela, tous les effets de ce couvent furent vendus ou dissipés, les édifices démolis jusques aux fondements, et, afin que le cimetière pût être labouré avec moins d'horreur, on recueillit tous les os qu'on y trouva, et ils furent jetés pêle-mêle dans un cimetière de Paris où on les charroya [2]. Telle fut la fin de cette maison, dont le nom est demeuré immortel par une multitude d'excellents livres composés par les solitaires dont j'ai parlé. Je laisse à faire sur cette histoire tous les raisonnements qu'on voudra, sans mettre

1. Marc-René de Voyer, marquis d'Argenson, lieutenant général de police en 1697, garde des sceaux en 1718, mort en 1721.

2. L'expédition contre Port-Royal-des-Champs eut lieu le 29 octobre 1709, et la destruction du monastère se poursuivit pendant les mois suivants. Les familles qui avaient des parents enterrés dans le cimetière purent les enlever; quant aux autres restes, ils furent transportés dans la paroisse voisine de Magny-les-Hameaux, et non pas à Paris. Voyez les *Mémoires de Saint-Simon*, t. XVIII, p. 281-285, et surtout le dernier volume de l'*Histoire de Port-Royal*, par Sainte-Beuve.

du mien, ces faits-là n'étant point de ma compétence.]

[Il me semble que j'ai rapporté tous les événements les plus considérables de cette année 1709; je viens à présent à celle qui la suivit.]

Année 1710. — [J'ai cru aussi que, pour plus d'intelligence, et afin de ne point interrompre ma narration des faits militaires de cette année, je devois la commencer contre mon arrangement ordinaire] par le récit des négociations qui se renouèrent au commencement de la présente année 1710, dans l'espérance qu'on avoit en notre cour que la valeur héroïque que les troupes françoises avoient témoignée en la journée de Malplaquet feroit faire de sérieuses réflexions aux Alliés [sur les retours de fortune qui pouvoient arriver et auxquels la prospérité les avoit peut-être empêché de réfléchir jusques à présent]. On se servit à cet effet du même Petkum, envoyé du duc de Holstein, dont j'ai déjà parlé[1], qui vint faire un second voyage à Paris au mois de novembre de l'année précédente. Le marquis de Torcy lui remit un mémoire[2], par lequel il étoit prié de faire connoître au pensionnaire Heinsius que le Roi ne pouvoit pas exécuter le trente-septième article des préliminaires ci-devant proposés[3], quand même Sa Majesté se résoudroit à le

1. Ci-dessus, p. 205.
2. Les principaux documents diplomatiques relatifs aux négociations que Saint-Hilaire va sommairement exposer ont été publiés par M. de Lamberty dans les tomes V et VI de ses *Mémoires pour servir à l'histoire du XVIIIe siècle*.
3. Le texte de ces Préliminaires se trouve dans le recueil de Lamberty, t. V, p. 288 et suiv. L'article XXXVII avait rappor

signer; d'autant que cet article et les autres n'avoient été proposés que pour empêcher les événements de la campagne, qui étoit prête à commencer dans ce temps-là; que, cette raison ne subsistant plus, et l'hiver établissant naturellement l'armistice sans aucune convention par écrit, on pourroit employer les trois mois de l'hiver à traiter la paix définitivement; qu'en supprimant la forme de ces articles le Roi en laissoit la substance; qu'on traiteroit sur le fondement des conditions auxquelles Sa Majesté avoit déjà consenti pour la satisfaction de l'Empereur, de l'Empire, de l'Angleterre, de la Hollande et de leurs alliés; qu'elle étoit prête à reprendre les négociations sur le même pied et à envoyer des plénipotentiaires pour commencer à conférer avec ceux des Alliés, le premier de janvier 1710. Mais, comme ce mémoire ne leur parut pas assez positif, Petkum demanda des éclaircissements; sur quoi il reçut un projet de paix, par lequel le Roi consentoit aux conditions suivantes[1] :

I. Il acceptoit de reconnoître immédiatement, après la signature de la paix, l'archiduc Charles d'Autriche en qualité de roi d'Espagne et de tous les États de cette monarchie tant dans l'ancien que dans le nouveau monde, à la réserve seulement des États et pays promis au roi de Portugal et au duc de Savoie et des places réservées dans les Pays-Bas à la république de Hollande pour leur servir de barrière. Il promettoit de retirer tout le secours qu'il auroit pu donner au roi son petit-fils; de ne lui donner aucune assistance, ni directe ni

à la continuation de l'armistice; nous croyons que Saint-Hilaire doit se tromper de numéro.

1. Le texte complet de ce projet, dont il n'y a ci-après qu'un résumé, est dans le tome VI de Lamberty, p. 2-5.

indirecte, pour le maintenir sur le trône ; de ne s'intéresser en aucune façon aux affaires de cette monarchie ; et, pour gage de sa parole, elle vouloit confier aux États-Généraux quatre de ses places de Flandre en otage, jusqu'à ce que les affaires d'Espagne fussent terminées. De plus, Sa Majesté s'engageoit de défendre à ses sujets, sous de rigoureuses peines, de prendre parti dans les troupes de Philippe.

Elle consentoit que la monarchie d'Espagne ni aucune de ses parties ne fût jamais unie à celle de France, et qu'aucun prince de cette maison ne put régner, ni rien acquérir dans l'étendue de la monarchie d'Espagne par aucune des voies à spécifier dans le traité. Les Indes espagnoles devoient être comprises dans ce qui seroit stipulé au sujet de l'Espagne, et le Roi promettoit qu'aucun vaisseau de ses sujets n'iroit dans lesdites Indes, ni pour le commerce, ni sous aucun autre prétexte.

II. A l'égard de l'Empereur et de l'Empire, le Roi s'obligeoit de rendre Strasbourg, le fort de Kehl et Brisach et de se contenter de l'Alsace, suivant le sens littéral du traité de Westphalie, que Landau seroit remis à l'Empire, les fortifications en ayant été rasées, que les forteresses bâties sur le Rhin par la France seroient démolies et ruinées, depuis Bâle jusqu'à Philipsbourg, et que Rheinfels seroit remis au landgrave de Hesse-Cassel. On remettoit aussi aux conférences la discussion du quatrième article du traité de Ryswyk. Sa Majesté devoit reconnoître le roi de Prusse en cette qualité, ne le point troubler dans la possession de Neuchâtel et de Valengin, et reconnoître aussi le neuvième électorat, érigé en faveur du duc de Hanovre.

III. A l'égard de l'Angleterre, le Roi devoit reconnoître la reine Anne en cette qualité et l'ordre établi pour sa succession par les arrêts du Parlement d'Angleterre; céder l'île de Terre-Neuve aux Anglois; et on devoit convenir d'une restitution réciproque de tout ce qui avoit été occupé dans les Indes, tant de la part de la France que de l'Angleterre, durant cette guerre. Il consentoit de raser les fortifications de Dunkerque et d'en combler le port, sans les pouvoir rétablir, et qu'à l'égard du Prétendant, appelé roi d'Angleterre, dans ce projet Sa Majesté offroit de consentir qu'il sortiroit de France aussitôt que la paix seroit faite, pourvu qu'il eût une entière liberté de se retirer et d'aller où il voudroit, en jouissant d'une neutralité parfaite.

IV. On convenoit de céder aux Provinces-Unies la barrière qu'elles avoient demandée par les préliminaires, et de faire en sorte que les places des Pays-Bas qui appartenoient encore au roi d'Espagne fussent remises à l'Archiduc, après la signature de la paix; et enfin de confirmer ce qui avoit été offert aux États-Généraux pour leur commerce.

V. En consentant aux demandes des Alliés en faveur du duc de Savoie, Sa Majesté exigeoit le rétablissement des électeurs de Cologne et de Bavière dans leurs États et dignités, et que leurs ministres fussent admis aux conférences.

Ce fut sur ce fondement que les Alliés accordèrent les passeports, à l'arrivée desquels le Roi tint un grand conseil[1] où il appela le duc d'Albe[2], ambassadeur

1. Le *Journal de Dangeau* ne parle pas de ce conseil extraordinaire.
2. Antoine-Martin de Tolède, duc d'Albe, nommé ambassadeur en France en 1703, y mourut en fonctions le 28 mai 1711.

d'Espagne près de lui, qui apparemment ne manqua pas d'envoyer le résultat à Madrid. L'après-midi, le maréchal d'Huxelles et l'abbé de Polignac, nommés pour cette négociation, eurent un long entretien avec Sa Majesté dans son cabinet, où le marquis de Torcy fut aussi appelé, et ils partirent le 4 mars pour aller à Gertruydenberg, où les conférences se devoient tenir, et y arrivèrent le 9. Ils s'y abouchèrent d'abord avec les mêmes députés des Provinces-Unies qui avoient été chargés ci-devant d'écouter les propositions du président Rouillé. Dans cette première conférence, les ministres des Provinces-Unies jugèrent que l'offre de donner des villes en otage pour garantir la promesse de ne se point mêler des affaires d'Espagne n'étoit point acceptable parce que par là les Alliés se trouveroient engagés dans une guerre particulière et incertaine avec l'Espagne pendant que la France jouiroit de la paix; ils ajoutèrent qu'on ne pouvoit exiger d'eux qu'ils demeurassent engagés dans une guerre sujette à toutes sortes d'incidents, et qui même feroit courir risque de ne recouvrer jamais l'Espagne et les Indes, mais que la paix devoit être générale.

Les plénipotentiaires de France ne heurtèrent pas directement ce sentiment; mais ils proposèrent que, puisqu'ils voyoient bien que les Alliés ne vouloient qu'une paix générale et qui procurât la restitution de l'Espagne et des Indes, dont le roi Philippe étoit encore en possession, il n'y avoit que deux voies pour le porter à s'en désister, l'une de contrainte et l'autre de persuasion; que la première, à leur avis, seroit trop rude à la France, et que par conséquent la seconde seroit seule praticable et pourroit réussir, si on leur remettoit entre les mains quelques portions de la monarchie d'Espagne dont ils pussent disposer en faveur de ce roi, et, par ce moyen, le porter à renoncer au reste. Ils demandèrent ensuite à ceux des Alliés si, pour parvenir à une paix générale, ils ne voudroient pas consentir à un partage. Ils proposèrent plusieurs alternatives, l'une desquelles étant acceptée, le roi Charles entreroit en possession de la monarchie d'Espagne, à l'exception de cette portion, qui seroit au roi Philippe. Après plusieurs conférences qui se tinrent sur ce sujet, nos ministres réduisirent cette alternative aux royaumes de Sicile et de Sardaigne.

Quoique toutes les cours des Alliés eussent retenti des cris des particuliers, qui, sans aucune réflexion, vouloient une restitution totale de la monarchie d'Espagne, on ne laissa pas d'entrevoir que le plus grand nombre des Alliés auroit enfin consenti à cette condition, si leurs ministres ne s'étoient pas avisés de demander à nos plénipotentiaires de s'expliquer plus nettement : savoir si, en cas qu'ils consentissent à la proposition du partage, l'Espagne et les Indes seroient effectivement remises à l'Archiduc; et ils voulurent juger que nos plénipotentiaires penchoient à la négative, sur ce que l'un d'eux demanda si les Alliés ne vouloient pas se contenter que le Roi leur fournît une certaine somme d'argent pour les aider à faire la conquête de l'Espagne et des Indes. Les ministres des Alliés firent connoître que, bien loin d'écouter une pareille proposition, [qui supposoit l'obligation de conquérir l'Espagne et les Indes, et qu'avant de s'expliquer sur la proposition d'un partage,] ils devoient savoir plus à fond l'intention de la France. Pour cela, ils chargèrent

Petkum de tâcher de démêler ce que nos plénipotentiaires pensoient là-dessus, et de leur dire à toute extrémité qu'ils ne pouvoient accepter la proposition d'un subside par la raison que j'ai dite, et de leur demander en même temps un éclaircissement au sujet de l'Espagne et des Indes en faveur de l'Archiduc; mais qu'en tout cas qu'il leur déclarât qu'ils demeureroient fermes sur le fondement qui avoit été proposé d'abord, de la restitution entière de la monarchie, conformément aux préliminaires.

Nos plénipotentiaires ne répondirent pas directement à Petkum, et demandèrent peu de jours après une nouvelle conférence et dirent à ceux des Alliés que, quoiqu'ils ne se crussent pas obligés de recevoir les paroles qui leur étoient portées par le ministre de Holstein, ils n'avoient pas laissé d'envoyer à notre cour la proposition qui leur avoit été faite ; mais qu'ils n'avoient pu recevoir aucun ordre sur ce sujet, parce qu'elle y avoit été trouvée obscure et ambiguë. Là-dessus, les députés leur repartirent ce qu'ils avoient dit des subsides et le motif de leur refus, surtout parce qu'il avoit paru, par les discours tenus dans la précédente conférence, qu'on ne pouvoit jamais s'accorder, tant à l'égard des sommes que pour la sûreté du paiement, non plus qu'à celui de la sûreté que la France donneroit de n'assister le roi d'Espagne directement ni indirectement; à quoi ils ajoutèrent que, nos plénipotentiaires ayant proposé un partage et l'ayant réduit, en dernier lieu, à la Sicile et à la Sardaigne, on avoit toujours entendu et on entendoit encore, du côté des Alliés, qu'en cas qu'ils se déclarassent sur cette proposition, les articles préliminaires, avec cette exception seule, subsisteroient en leur entier, [aussi bien que tous les autres que la France avoit déclarés devoir subsister avant qu'on reprît cette négociation;] et qu'en conséquence l'Espagne et les Indes, avec leurs dépendances, devoient être restituées en conformité des préliminaires, c'est-à-dire, dans le temps qui y étoit epxrimé, ou dans tel autre espace dont on pourroit convenir; [ce qui n'étant pas exécuté, alors ce qui étoit stipulé dans les préliminaires auroit lieu et la suspension d'armes cesseroit.]

Que l'article de la restitution de l'Espagne et des Indes étant le fondement et le point capital de la négociation, les Alliés ne pouvoient en aucune manière demeurer dans l'incertitude à cet égard, ni se contenter de paroles et de promesses, sans être assurés qu'elles seroient suivies des effets. C'est pourquoi ils demandoient qu'on leur donnât là-dessus une déclaration claire et précise avant qu'eux-mêmes vinssent s'expliquer sur le partage proposé; mais qu'après qu'ils seroient éclaircis et assurés à cet égard, ils faciliteroient les voies pour terminer le reste de la manière la plus convenable. Qu'entre les moyens qui pourroient contribuer à faciliter la fin de cette affaire, celui-ci pouvoit être employé, savoir qu'au cas que le Roi ne pût, par voie de persuasion, porter son petit-fils à quitter l'Espagne et les Indes, conformément aux préliminaires, mais qu'il fût obligé d'employer les voies de contrainte, en ce cas les Alliés feroient aussi agir, pour cette fin, les troupes qu'ils avoient en Espagne et en Portugal pendant le temps limité pour la cessation d'armes, ou pendant tel autre espace de temps dont on conviendroit, quoiqu'ils n'y fussent pas obligés par les préliminaires, et qu'ils pussent satisfaire à leurs engagements en demeurant dans l'inaction.

Nos plénipotentiaires virent bien, par le succès de cette conférence, que tout moyen de conclure la paix leur étoit ôté, et relevèrent fort le dernier discours des députés, et, non contents de cela, ils écrivirent au conseiller pensionnaire Heinsius ce qui suit, [et qui fut regardé comme une réponse à ses propositions[1] :]

« Vous savez, disoient-ils à ce pensionnaire par leur
« lettre, que nous avons consenti à tout ce que Mes-
« sieurs les députés nous avoient proposé, sans qu'on
« puisse dire que nous avons varié sur quoi que ce
« puisse être, encore moins que nous ayons rétracté
« les paroles que nous avions données, par ordre du
« Roi notre maître, dans la vue de parvenir à la paix,
« si nécessaire à toute l'Europe.

« Messieurs les députés n'en ont pas jugé de même.
« Vous n'avez pas oublié ce qui s'est passé entre eux
« et nous, depuis le commencement de la négociation.
« Trouvez bon, Monsieur, que nous vous remettions
« devant les yeux les propositions nouvellement inven-
« tées, injustes, impossibles dans leur exécution, que
« ces Messieurs, pour toute réponse aux nôtres, nous
« firent dans leur dernière conférence, que nous ne
« laisserons pas de vous remettre devant les yeux,
« quoique persuadés que vous en êtes déjà bien
« informé.

« Ils nous dirent que la résolution de leurs maîtres
« et de leurs Alliés étoit de rejeter absolument toute
« offre d'argent de la part du Roi pour les aider à sou-
« tenir la guerre d'Espagne, de quelque nature qu'elle
« pût être, et quelque sûreté que Sa Majesté voulût

---

1. Le texte complet de la lettre de MM. d'Huxelles et de Polignac au pensionnaire est dans l'ouvrage de Lamberty, t. VI, p. 60-63.

« donner pour le paiement ; que la République et ses
« alliés prétendoient obliger le Roi notre maître à
« faire seul la guerre au Roi, son petit-fils, pour le
« contraindre à renoncer à sa couronne, et que, sans
« unir leurs forces à celles de Sa Majesté, il falloit que
« ce monarque fût dépossédé de l'Espagne et des
« Indes dans le terme de deux mois, lequel étant expiré
« sans que le roi Catholique fût réellement chassé de
« son trône, la trêve dont les Alliés seroient convenus
« avec le Roi notre maître cesseroit, et qu'ils repren-
« droient les armes contre Sa Majesté, quoiqu'elle eût
« exécuté toutes les autres conditions contenues dans
« les articles préliminaires ; qu'avant que de les signer
« ils vouloient bien, moyennant l'engagement ci-des-
« sus, s'expliquer positivement sur le partage qu'ils
« consentiroient de laisser au roi d'Espagne, et qu'ils
« faciliteroient même les moyens de convenir des
« demandes ultérieures ; qu'enfin ils pourroient per-
« mettre, comme une grâce, que les troupes qu'ils ont
« en Portugal et en Catalogne concourussent avec
« celles de France, pendant l'espace de deux mois,
« pour faciliter la conquête de l'Espagne et des Indes
« que Sa Majesté seroit obligée de faire en faveur de
« l'Archiduc ; mais qu'aussitôt que ce terme seroit
« expiré, ces mêmes troupes des Alliés cesseroient
« d'agir et que la trêve seroit rompue.

« Nous représentâmes à Messieurs les députés que
« ces propositions étoient contradictoires tant à celles
« qu'ils nous avoient toujours faites qu'aux articles IV
« et V des préliminaires, auxquels l'article XXXVII,
« qu'il s'agissoit de régler entre nous, étoit relatif.

« Quant à la manière d'assurer aux Alliés l'Espagne
« et les Indes, ils nous dirent que la concession d'un

« partage, dont ils s'expliqueroient dans la suite, et
« qu'ils n'ont point encore déclaré, les mettoit en droit
« d'exiger plus à présent que ne portoient les articles
« IV et V.

« Nous leur répondîmes, par une raison sans
« réplique, en leur demandant si, dans toutes nos con-
« férences, il n'avoit pas été question d'un partage, et
« si, sur ce fondement, ils avoient jamais exigé de nous
« autre chose que les mesures de concert et d'union
« des forces. Ils nous interrompirent là-dessus, en
« disant que cela ne pouvoit plus subsister, et ils
« nous déclarèrent, au nom des Alliés, qu'ils préten-
« doient en un mot, soit que le partage fût accepté,
« soit qu'il ne le fût pas, recevoir des mains du Roi
« notre maître la monarchie d'Espagne et des Indes,
« en lui laissant le soin d'employer seul les moyens, ou
« de persuasion ou de contrainte, qu'il jugeroit les
« plus efficaces pour mettre actuellement l'Archiduc en
« possession de ces États dans l'espace de deux mois,
« et cependant donnoient quinze jours de temps pour
« y aviser. »

Après ce détail historique, je dirai que nos plénipotentiaires, résolus de se retirer, jugèrent à propos d'écrire à la Haye, au pensionnaire Heinsius, afin de se disculper de la rupture des conférences. [Je ne donnerai ici que le précis de la lettre qui contenoit encore plusieurs réflexions qui tendoient à montrer les bonnes intentions du Roi] et rejeter sur les Alliés la rupture de la négociation ; s'agissant de nouvelles demandes, jusqu'à présent inouïes, et dont l'accomplissement n'étoit pas au pouvoir de Sa Majesté, il étoit donc inutile, disoient-ils, de leur donner le terme de quinze jours offert par les députés pour avoir réponse ; qu'ils la faisoient le sixième; et ils finissoient par prier le pensionnaire de leur faire réponse par l'exprès qu'ils lui envoyoient, ou de lui donner un certificat comme il avoit reçu cette lettre.

Il est aisé de présumer, par la teneur de ce qui se passa à ces conférences, que Sa Majesté, qui voyoit son royaume épuisé, et les prospérités continuelles de ses ennemis, se trouva dans la nécessité d'entamer toutes ces négociations et que les Alliés, enflés de tous leurs heureux succès, sans trop songer à l'inconstance des événements se flattoient, dis-je, de leur continuation; joint à cela que quelques intérêts particuliers des subalternes y pouvoient avoir part. Quoi qu'il en soit, je finis cette petite digression en disant que le pensionnaire Heinsius, ayant reçu la lettre de nos plénipotentiaires, la communiqua aussitôt aux députés de l'État pour les Affaires étrangères, qui en firent part aux ministres des autres puissances intéressées.

Ruptures des conférences. — Les États-Généraux s'assemblèrent le soir du même jour, et leur résolution fut qu'il étoit inutile de conférer plus longtemps sur lesdites propositions. Enfin, ils se rassemblèrent quatre jours après, et leur décision contint une justification de ce qui leur étoit imputé dans la lettre de nos ministres, qui, indignés qu'ils étoient de ce qui s'étoit passé dans les conférences, étoient partis de Gertruydenberg pour s'en retourner en France deux jours avant que cette prétendue justification fût arrivée audit Gertruydenberg. Je passe à présent aux faits militaires.

Campagne de Flandre, 1710. — Quoique les conférences pour la paix se tinssent à Gertruydenberg, et n'y fussent pas encore rompues quand la campagne commença, les hostilités ne cessèrent pas; au contraire, les ennemis s'attachèrent avec plus de vivacité à poursuivre leurs conquêtes et à disposer leur armée et leurs préparatifs à cette fin. Ils firent avancer de très bonne heure sur la Meuse celles de leurs troupes qui avoient hiverné sur le Bas-Rhin, et, après un court séjour qu'elles y firent, elles vinrent brusquement en Flandre, se joindre à celles des villes de Hollande et d'autres qui avoient eu leurs quartiers dans les places et les pays de leurs nouvelles conquêtes et qui filoient au rendez-vous.

Le prince Eugène et le duc de Marlborough ne tardèrent pas à se mettre à leur tête. Nous ne fûmes pas si diligents : je ne sais si les espérances d'une paix qu'on traitoit et qu'on désiroit, et le mauvais état de nos affaires, n'en furent pas un peu la cause. Quoi qu'il en soit, il parut qu'on se contenta pendant l'hiver de remettre nos troupes au meilleur point qu'il fût possible, et de même les lignes que nous avions faites l'an passé le long de la Deule et du canal de Douay à Lille, jusques auprès de cette première ville.

A peu de temps de là, le maréchal de Montesquiou, qui étoit resté pendant l'hiver pour commander sur cette frontière, eut nouvelle que le prince Eugène et le duc de Marlborough assembloient leurs troupes et se mettoient en mouvement pour quelque entreprise considérable. Cet avis le fit mettre en campagne avec trente bataillons et autant d'escadrons qu'il ramassa, avec lesquels il alla camper dans ses lignes près de Lens, afin de se porter de droite ou de gauche selon les occurrences. A peine y fut-il établi que les ennemis, avec les nombreuses troupes qu'ils avoient déjà mises ensemble, s'en approchèrent après quelques mouvements de feintes, et peu s'en fallut que, par leur diligence, ils ne surprissent le maréchal, qui se trouva obligé de se retirer hâtivement vers la Scarpe, avec quelque perte de tentes et d'équipages, de passer cette rivière, puis d'aller camper à Arleux et ensuite sous Cambray. Ainsi les ennemis gagnèrent tout ce terrain et ne tardèrent pas à investir Douay. Tout ceci arriva vers le 20 avril et les jours suivants[1]. Le maréchal, en se retirant, augmenta la garnison de cette ville de plusieurs bons bataillons, et y jeta deux maréchaux de camp et deux brigadiers; si bien que la garnison devint nombreuse. Il y avoit du canon et des munitions de guerre à suffisance; le plomb n'y put être proportionné, non plus que les vivres et l'argent, [parce qu'on manquoit de ces trois espèces;] mais comme on trouve des ressources dans les grandes villes et du crédit, rien n'y manqua.

Dès qu'on eut appris ces fâcheuses nouvelles à la cour, Albergotti, lieutenant général, eut ordre de se jeter dedans la place pour y commander et y entra. On dépêcha courriers sur courriers pour faire avancer les troupes qui devoient composer l'armée de Flandre, et étoient encore en leurs quartiers dans le dedans du royaume, dont aucunes se trouvoient éloignées; mais cela s'exécutoit avec lenteur à cause du manque de moyens et de subsistance, et nos affaires étoient en mauvais état.

Le maréchal de Villars eut encore le commandement de l'armée et ne partit de la cour pour se rendre sur

---

1. La ville fut investie le 22 avril (*Gazette* de 1710, p. 215).

la frontière que le 12 de mai. Il séjourna plusieurs jours à Péronne pour faire ses dispositions, tant pour les troupes, à mesure qu'elles arrivoient, que pour leur subsistance. Il les divisa d'abord en deux corps; l'un sous Arras pour couvrir la Picardie et l'autre sous Cambray, où étoient celles du maréchal de Montesquiou, où il se rendit peu de jours après avec le corps d'Arras. Je parlerai bientôt de sa première tentative pour le secours de Douay.

Siège de Douay par les Alliés. — Mais avant d'en venir là, je crois être obligé de dire que les ennemis avoient ouvert leur tranchée devant cette ville, la nuit du 4 au 5 de mai, et que journellement il leur arrivoit quantité de troupes d'augmentation[1]. Il en vint aussi quelques-unes au maréchal de Villars, qui ne purent point le mettre en forces égales à l'ennemi, qui dirigeoit ses attaques entre les portes d'Ocre et d'Esquerchin[2], quoique ce fût l'endroit de la place le mieux fortifié. Ils le firent dans la présupposition juste que le maréchal ne manqueroit pas de tenter le secours de Douay en venant passer la Scarpe contre Arras, et se présenter en bataille devant eux, en marchant par les plaines qui règnent depuis cette ville jusques à eux. Ainsi ils couvrirent leur armée de ce côté-là par de bons retranchements érigés sur le terrain le plus avan-

---

1. Sur le siège de Douay, outre les renseignements fournis par le *Journal de Dangeau* et les *Mémoires de Sourches*, on peut consulter l'*Histoire militaire*, t. VI, p. 318-341, où il y a une relation détaillée.

2. La porte d'Ocre, au bout de la rue de ce nom, et la porte d'Esquerchin, aujourd'hui de Béthune, au bout de la rue d'Esquerchin et par où on allait au village de ce nom, sont sur le côté ouest de la ville.

tageux et le plus favorable et construits avec toutes les précautions et les règles de l'art. Dans cette position, leur armée couvroit leurs attaques qui se faisoient derrière elle. Parlons à présent de la première tentative du maréchal pour le secours de la ville assiégée.

Mouvements de l'armée du maréchal de Villars pendant le siège de Douay, et ceux des ennemis qui l'assiégeoient. — Le maréchal, ayant assemblé toutes ses troupes près de Cambray, fit un mouvement le 22 mai en étendant sa gauche vers les villages de Sautricourt et de Marquion[1] et sa droite près de l'Escaut. Le lendemain, il fit une petite marche en avant vers Arleux[2]. Dès que les ennemis s'aperçurent de ce mouvement, ils approchèrent leur armée dudit Arleux par leur gauche, ayant leur droite à Vitry-sur-Scarpe[3], où ils eurent quantité de ponts. Dans cette position, l'armée ennemie se trouva campée dans une situation très avantageuse, étant couverte de la Scarpe et d'une espèce d'inondation formée par deux coupures faites pour diminuer l'inondation autour d'une partie de Douay. L'armée du duc de Marlborough joignit la gauche de celle du prince Eugène et se prolongeoit jusqu'à Arleux, où ils avoient un poste bien retranché, accompagné de bonnes redoutes et de bons retranchements le long du front de bandière, aux lieux les plus accessibles, et derrière elle la Sensée[4] et la Scarpe,

---

1. Il n'y a pas de village du nom de Sautricourt dans cette région; Marquion est au sud de Douay, sur la route d'Arras à Cambray.

2. Arleux est à mi-chemin environ entre Marquion et Douay.

3. Vitry-sur-Scarpe est en amont de Douay.

4. La Sensée ou le Censet est un affluent de gauche de l'Escaut.

de manière que cette armée se trouvoit dans une presqu'île jusque fort près de Douay.

Les deux armées demeurèrent dans cette situation le 25. Le maréchal, n'ayant pu attaquer les ennemis dans un poste si avantageux, décampa le 26 pour venir entre Riencourt[1] et Arras; il s'en approcha de plus près le 27 et commença par faire jeter des ponts sur la Scarpe, près du village de Blangy[2]. Le 28, le prince Eugène repassa la Scarpe et fit avancer son aile droite jusques au marais de Montigny, auprès d'Hennin-Liétard[3]. Le duc de Marlborough repassa aussi cette rivière et joignit son aile droite à la gauche du prince Eugène, la gauche étant jusques à la Scarpe, près de Vitry, ayant laissé toutefois au delà le comte de Tilly[4] avec la cavalerie hollandoise et trente bataillons, afin d'être à portée de nous empêcher de rien entreprendre du côté d'Arleux ou de Bouchain. A cette fin, sa cavalerie s'étendoit depuis Arleux jusqu'auprès d'Aubigny[5]; puis ces trente bataillons se partagèrent en deux parties égales, dont l'une s'étendoit depuis Sailly[6] jusques à Vitry et l'autre dans les retranchements entre Déchy et Férin[7], et tous avoient ordre de se joindre dès

---

1. Riencourt-lès-Gagnicourt, au sud-ouest de Marquion.
2. Blangy, dans la commune actuelle de Saint-Laurent-Blangy, est sur la Scarpe, en aval d'Arras.
3. Hennin-Liétard est un bourg à l'ouest de Douay, sur la route de Lens; Montigny est un peu au nord d'Hennin.
4. Claude de Tserclaes : tome III, p. 120.
5. Aubigny-au-Bac, dans la direction de Bouchain.
6. Sailly, village entre Arleux et Vitry-sur-Scarpe.
7. Déchy et Férin sont deux villages à l'est et au sud-est de Douay.

qu'ils auroient appris que nous n'avions plus aucunes troupes du côté d'Arleux.

Le maréchal, ayant fait achever ses ponts sur la Scarpe, passa cette rivière et mit son quartier général à Roclincourt, sa droite vers Arras et sa gauche tirant vers le Mont-Saint-Éloi[1]. Sur ces nouvelles, les ennemis firent revenir à leur armée les troupes qu'ils avoient laissées au delà de la Scarpe sous le comte de Tilly et se vinrent camper dans leur camp retranché, depuis Hennin-Liétard, sur le canal de Lille à Douay, jusques à la Scarpe, à la hauteur de Vitry.

Notre armée ne passa qu'une nuit à son camp de Roclincourt et se mit en marche dès le point du jour pour s'avancer sur les ennemis, qui aperçurent sur le midi dans la plaine un grand nombre de nos escadrons entre eux et le village de Montauban[2], à moitié chemin d'Arras à Douay, qui étoient suivis de tout le reste de l'armée, qui sembloit avoir dessein de commencer ses attaques par la gauche de leur armée. Elle prit incontinent les armes et se mit en bataille derrière ses retranchements, que le maréchal alla reconnoître de fort près, [se promenant beaucoup de droite à gauche,] pour tâcher de trouver quelques endroits plus favorables que ceux qui lui avoient paru jusques alors; mais ce fut inutilement. Notre armée resta là en bataille la nuit et le jour suivant, ramassant des four-

1. Roclincourt (Saint-Hilaire écrit *Roquelancourt*) est à quelques kilomètres au nord d'Arras, et Mont-Saint-Éloi est plus au nord-ouest sur l'ancienne voie romaine d'Arras à Thérouanne.

2. Hameau de la commune de Fresnes-lès-Montauban, sur la route d'Arras à Douay, près de Vitry-sur-Scarpe.

rages autour du camp, et les ennemis se tenant dans la même contenance derrière leurs retranchements. Le surlendemain, le maréchal, ayant jugé qu'il ne pouvoit attaquer sans un péril évident, fit retirer son armée une lieue en arrière. Alors toutes les apparences d'une bataille s'évanouirent, et les ennemis firent de gros détachements sous des officiers généraux pour favoriser le passage des convois qui leur venoient de Tournay; puis le maréchal alla repasser la Scarpe et se posta derrière Arras, pour couvrir cette place tout le long du Crinchon[1], où il posta son armée, qu'il couvrit aussi par des retranchements qui furent jugés inexpugnables. Dans cette situation, il mit cette place hors de danger, et les autres qui étoient derrière jusques à la Somme, où on travailla avec diligence à réparer les anciennes fortifications.

J'ai tant fait de détails d'attaques et de défenses de places, dans le cours de ces *Mémoires*, que je ne traiterai plus que sommairement ceux qui suivront; d'autant plus que je crois avoir mis souvent au fait de ces sortes d'expéditions ceux qui pourront lire ces *Mémoires* [et que mon âge avancé ne me permet plus de prolixité dans ce sens[2]].

Prise de Douay par les Alliés. — Je dirai seulement, à propos du siège de Douay, que les ennemis l'attaquèrent avec beaucoup d'impétuosité et de vigueur et Albergotti la défendit de même, disputant le terrain pied à pied. Il fit faire plusieurs sorties vigoureuses

---

1. Petit affluent de gauche de la Scarpe.
2. Si Saint-Hilaire écrivit ses Mémoires vers 1720, il avait environ soixante-huit ans.

qui firent perdre bien du monde aux ennemis, et soutint vaillamment tous leurs efforts jusques au 25 de juin, que, n'ayant plus que le corps de la place, qui ne valoit rien et se trouvoit fort ébranlé, de plus son fossé à moitié comblé, il se trouva obligé de capituler[1], et il obtint tous les honneurs de la guerre qu'il avoit demandés[2]; mais il fut obligé de rendre en même temps le fort de Scarpe[3]. Le Roi, qui fut content de sa défense, l'honora du collier de son Ordre et lui donna le gouvernement de Sarrelouis qui se trouva vacant[4].

Après ce siège, les ennemis, dont l'armée étoit devenue formidable par la quantité de troupes d'augmentation qui leur étoient venues d'Allemagne, avoient projeté de faire le siège d'Arras; mais le maréchal de Villars avoit situé son armée de telle sorte que cette place ne pouvoit être investie sans donner bataille, dont le gain lui étoit presque assuré par l'avantage du terrain et des fortifications qu'il y avoit ajoutées.

Siège et prise de Béthune par les Alliés. — Ils se rabattirent donc sur Béthune, ville assez mal fortifiée, dont Vauban, lieutenant général et parent du défunt maréchal de ce nom[5], étoit gouverneur. Il défendit

---

1. C'est le 25 juin qu'Albergotti fit battre la chamade; il manquait de vivres et l'on avait mangé tous les chevaux de la cavalerie.

2. La *Gazette d'Amsterdam*, n° LII, donna le texte de la capitulation.

3. Fort détaché dans une île de la Scarpe, assez loin en aval de la ville.

4. Ce gouvernement, qui rapportait seize mille livres, était vacant par la mort de l'ingénieur Thomas de Choisy.

5. Antoine Le Prestre, comte de Vauban, dit du Puy-Vauban, était fils d'un cousin germain du maréchal, avait servi dans le

méthodiquement cette place; quoiqu'avec une garnison très foible et manquant de bien des choses, il ne laissa pas de tenir les ennemis plus de temps qu'on n'avoit cru. A la vérité, ils l'attaquèrent si mal d'abord et Vauban se sut si bien prévaloir du courage de sa médiocre garnison et de l'inondation qu'il avoit formée, que les assiégeants furent contraints de changer leurs attaques, ce qui consuma du temps. La tranchée y fut ouverte le 27 juillet, et il capitula le 29 août[1]. Vauban et sa garnison en sortirent avec tous les honneurs de la guerre, que les ennemis ne purent refuser à sa valeur et à la belle défense qu'il fit dans toutes les règles de l'art, quoique dans une très mauvaise place.

Les ennemis assiègent Aire et Saint-Venant tout à la fois. — Le prince Eugène et le duc de Marlborough, ayant ainsi pris Béthune, s'en allèrent assiéger Aire et Saint-Venant[2] tout à la fois. La dernière tint peu de jours, parce que, à proprement parler, ce n'étoit qu'un poste retranché, où il n'y avoit que deux bataillons assez foibles, qui en sortirent par une capitulation honorable[3]. Mais, pour ce qui est d'Aire qui étoit

corps des ingénieurs et était parvenu depuis 1704 au grade de lieutenant général; il avait eu la même année le gouvernement de Béthune.

1. *Dangeau*, tome XIII, p. 235-237; *Gazette d'Amsterdam*, nos LXX et LXXI, avec le texte de la capitulation.

2. Ces deux petites places étaient sur la Lys et à peu de distance l'une de l'autre.

3. Les deux villes furent investies le 6 septembre, Aire par le prince d'Anhalt, Saint-Venant par le prince de Nassau. Cette dernière, où commandait le chevalier de Selve, tint pendant vingt-quatre jours, quoi qu'en dise Saint-Hilaire, et ne capitula que le 30 septembre.

mieux fortifié et les ouvrages revêtus et couverts presque partout par des inondations, qu'ils voulurent saigner sans pouvoir en venir à bout, et dont la garnison étoit nombreuse, elle tint depuis le commencement de septembre et prolongea sa résistance avec valeur jusqu'au 9 de novembre, qu'elle capitula. La garnison en sortit avec tous les honneurs de la guerre[1].

Le maréchal de Villars quitte le commandement de l'armée, s'en revient à la cour. — Pendant ce temps-là, le maréchal de Villars décampa de derrière le Crinchon et s'avança à Saint-Pol[2] pour harceler l'armée ennemie et tâcher de mettre à couvert le pays du derrière et pourvoir à Saint-Omer. A la fin, se trouvant fatigué de ne pouvoir remédier à tout, comme il auroit bien voulu, et lassé de voir prendre tant de places à sa barbe, il demanda de s'en revenir, sous prétexte de sa blessure de l'an passé qui n'étoit pas encore bien consolidée.

Le maréchal d'Harcourt vient prendre le commandement de l'armée. — Le maréchal d'Harcourt vint commander l'armée et la mena camper derrière la Canche[3];

---

1. L'officier qui commandait à Aire-sur-la-Lys était M. de Goësbriand, gendre du ministre Desmaretz; il fit une très belle défense et ne se rendit qu'après avoir perdu ses principaux officiers et une grande partie de sa garnison. Le Roi le récompensa par le collier de l'ordre du Saint-Esprit et douze mille livres de pension, qu'il accompagna de grands compliments rapportés par *Dangeau*, t. XIII, p. 286-287, et par *Sourches*, t. XII, p. 404. Saint-Hilaire va en parler plus loin.

2. Saint-Pol, ou Saint-Pol-sur-Ternoise, aujourd'hui chef-lieu d'arrondissement du Pas-de-Calais.

3. Petite rivière qui se jette directement dans la Manche, après avoir passé à Hesdin et à Montreuil.

mais, le siège et la prise d'Aire dans une saison fort avancée ayant contenté les ennemis, ils séparèrent leur armée pour lui faire prendre ses quartiers d'hiver. La nôtre se rompit aussi pour aller dans les siens.

Il est certain que la belle et longue résistance d'Aire rompit le dessein qu'ils avoient d'assiéger encore Saint-Omer. Le Roi en fut si content qu'il honora Goësbriand, qui y commandoit, du collier de son Ordre, et lui donna le gouvernement de Verdun[1]. Les principaux officiers qui servirent à cette défense furent aussi récompensés.

Campagne d'Allemagne, 1710. — Ce qui se passa sur le Rhin fut si peu de chose de part et d'autre que cela ne vaut presque pas la peine d'en faire mention; car les armées furent fort affoiblies par les fréquents détachements qui s'en firent pour la Flandre, qui fut le théâtre actif de cette campagne. Cependant, je dirai que le maréchal d'Harcourt commanda d'abord l'armée de France sur le Rhin, et le comte de Gronsfeld celle de l'Empire, qui passa le Rhin à Philipsbourg, le 18 août, s'avança jusqu'à Bergzabern[2]. Le maréchal d'Harcourt, [affoibli par les détachements qu'il avoit fait de son armée pour la Flandre,] se retira dans les lignes de Wissembourg sur la Lauter. Les deux armées restèrent dans cette situation pendant toute la campagne, puis se séparèrent pour aller prendre leurs quartiers d'hiver.

1. Le Roi lui promit le premier gouvernement qui vaquerait; il n'eut celui de Verdun qu'en 1711, à la mort de M. de Feuquières.

2. Bergzabern, dans le duché des Deux-Ponts, au nord de Wissembourg.

Campagne de Dauphiné, 1710. — Le duc de Savoie fit assembler son armée avec assez de lenteur, et même ne se mit point à la tête pendant toute la campagne; elle fut commandée par le comte de Thaun[1], général de l'Empereur. Le duc de Berwick[2] commanda la nôtre, qui ne fut pas bien nombreuse.

Le général impérial, ayant donc assemblé son armée en Piémont, détacha le comte de Rhebinder[3], avec un petit camp volant, pour aller dans le val d'Aoste tenir et garder le défilé des montagnes qui y sont contiguës; puis, avec le reste d'icelle, il marcha vers l'entrée des vallées qui conduisent du Piémont au Dauphiné; ce qui obligea le maréchal de poster presque toutes ses troupes en cette province et de les étendre jusques proche la Provence. Ce général garda si bien toutes les avenues que les Impériaux n'y purent pénétrer, et, venant à manquer de subsistance, ils retournèrent sur leurs pas, et s'en vinrent dans les vallées d'Oulx et de Pragelas et firent même paroître quelques bataillons sur le Mont-Genèvre, où ils ne purent rester que quelques heures; car le maréchal y envoya bientôt un plus grand nombre de troupes qui les obligea de se retirer.

Les deux armées étant demeurées quelques jours en cette situation, les neiges commencèrent à tomber dans les montagnes, ce qui obligea l'armée ennemie de repasser en Piémont, où elle se rompit peu de temps après, pour aller prendre des quartiers d'hiver. Le duc

1. Tome IV, p. 267.
2. L'édition de 1766 avait imprimé *le duc de Bavière*.
3. Ci-dessus, p. 199.

de Berwick en fit autant de la sienne et envoya plusieurs bataillons et quelques escadrons en Catalogne.

Campagne d'Espagne. — [Je viens à présent à la campagne d'Espagne dont les événements pensèrent être bien funestes au roi d'Espagne,] mais avant d'entrer tout à fait en la matière, je crois qu'il est assez à propos de dire un mot de la situation où étoient en ce temps-là les affaires et les esprits du royaume.

Quantité de seigneurs, mécontents du gouvernement présent et d'entrevoir que la paix ne se pourroit faire qu'au détriment de leur monarchie, s'étoient fort intrigués de différentes manières pour tâcher d'empêcher le démembrement. Un grand prince étranger fut soupçonné de leur avoir prêté l'oreille et d'entretenir des émissaires près d'eux, qui furent découverts et arrêtés[1]. Puis après, et durant le premier triomphe des Alliés à Madrid, c'est-à-dire à leur première invasion, plusieurs seigneurs s'étoient déclarés en leur faveur, qui rentrèrent dans le devoir ou en firent semblant, lorsqu'ils furent obligés par le duc de Berwick d'abandonner cette ville capitale. Sa Majesté Catholique les avoit reçus en grâce à la faveur de la naissance du prince des Asturies son premier fils; mais il arriva, au commencement de cette année-ci 1710, que, le marquis d'Astorga[2] étant à l'extrémité, il lui prit apparemment un remords de conscience, et il laissa un papier cacheté avec ordre de le remettre au roi d'Espagne, qui, l'ayant

1. Allusion au duc d'Orléans et à l'arrestation de ses agents Flotte et Regnault, dont il a été parlé plus haut, p. 201-202.
2. Melchior de Guzman-Ossorio, marquis d'Astorga, avait été vice-roi de Galice en 1693; il mourut le 15 avril 1710.

lu, fit arrêter et garder fort étroitement le duc de Medina-Cœli, son premier ministre, sans lui laisser aucun de ses domestiques[1], et le fit transférer au château de Ségovie, où il étoit gardé à vue[2]. On saisit tous ses papiers; on emprisonna ses secrétaires, et on inféra de tout ceci qu'il s'agissoit de quelque grande conspiration contre les intérêts de Sa Majesté.

Pendant que cela se passoit, le marquis de Villadarias[3] rassembloit pour le roi d'Espagne une armée entre Fraga et Monçon[4], pour s'opposer à celle des Alliés, qui s'assembloit sur les frontières d'Aragon, et le marquis de Bay une autre moins nombreuse près d'Arroyo-del-Puerco[5], entre le Tage et la Guadiana, contre les Portugais. Le roi partit le 5 mai pour se mettre à la tête de son armée de Catalogne, alla assiéger Balaguer, où il y avoit une bonne garnison, et fit un détachement pour délivrer le château d'Arenx[6], situé sur la Noguera Ribagorzana[7], bloqué par les miquelets depuis du temps. Amezaga[8], un de ses lieu-

1. M. d'Astorga avait épousé la sœur du duc de Medina-Celi, ce qui ne l'empêcha pas de dénoncer son beau-frère : *Dangeau*, t. XIII, p. 147.

2. Ci-dessus, p. 202.

3. Tome III, p. 162.

4. Fraga et Monçon sont en Aragon, l'un au sud-ouest, l'autre au nord-ouest de Lérida, tous deux sur la Cinca.

5. Arroyo-del-Puerco est en Estramadure, sur un affluent du Salar, lui-même affluent du Tage, à l'ouest de Caceres.

6. Le château d'Arenx est dans le nord de l'Aragon, dans la province de Huesca.

7. La Noguera Ribagorzana, qui prend sa source dans le massif de la Maladetta, est un affluent de droite de la Sègre, dans laquelle elle se jette en amont de Lérida.

8. Joseph-Antoine Hurtado de Amezaga devint premier lieu-

tenants généraux qui commandoit ce détachement, s'acquitta de sa commission et marcha de suite à Estadilla, en Aragon[1], qu'il prit d'assaut. Mahony[2], autre officier général, marcha à Cervera[3], où les Alliés avoient un magasin gardé par trois cents hommes; cette petite garnison l'abandonna pour se retirer à Calaf[4].

Il ne se passa rien de remarquable du côté du Portugal pendant la campagne : je vois seulement qu'un gros parti du marquis de Bay prit par escalade la ville de Miranda[5], où il y avoit une garnison de quatre cents hommes qui furent faits prisonniers de guerre.

Le général Stahrenberg commandoit l'armée des Alliés qui n'étoit encore que de dix-huit à vingt mille hommes. S'étant mis en marche, il vint passer la Cinca[6], entre Torrente et Peñalva[7], après avoir reçu un renfort de troupes considérable, qui lui vint par la mer, et prit la route de l'Aragon, à dessein de couper la communication avec Madrid à l'armée espa-

tenant des gardes du corps; c'est lui qui fut chargé en 1715 de l'arrestation de la princesse des Ursins.

1. Estadilla est situé au nord de Monçon, dans la haute vallée de la Cinca.
2. Daniel Mahony, d'origine irlandaise, était passé en Espagne en 1703 et fit en ce pays le reste de sa carrière militaire; il était maréchal de camp.
3. Cervera est à l'est de Lérida, dans la direction de Barcelone.
4. Petite place forte au nord-est de Cervera.
5. Miranda-de-Duero, dans la province portugaise de Tras-os-Montes, sur un rocher escarpé de la rive droite du Duero.
6. La Cinca prend sa source dans le massif du Mont-Perdu et se jette dans la Sègre.
7. Torrente et Peñalva sont en aval de Fraga, non loin du confluent de la Cinca et de la Sègre.

gnole, et, pour exécuter ce projet, il s'empara de Monçon, d'Estadilla et de Barbastro[1], et dirigea sa marche sur Saragosse. Ce mouvement ayant donné de l'inquiétude au roi d'Espagne, il décampa de devant Balaguer, et laissa dans Lérida, Fraga et Mequinença des garnisons suffisantes et assez fortes pour la sûreté de ces places et des environs, ce qui rendit son armée inférieure à celle des ennemis, et envoya ordre à celui qui commandoit dans le château d'Arenx de brûler toutes les provisions qu'il ne pourroit emporter et de se retirer à Lérida avec sa garnison. Ensuite, il détacha le duc de Sarno[2] et Verboom[3], avec un petit corps de cavalerie et quatre bataillons, pour s'assurer des passages de la Noguera[4] : mais ce détachement, ayant rencontré la tête de l'armée ennemie, fut défait après s'être battu valeureusement[5]. Les Alliés y eurent environ quatre cents hommes de tués ou blessés; le lord Rochefort et un comte de Nassau y perdirent la vie, aussi bien que le duc de Sarno; Verboom y fut blessé et pris. Après cette défaite, l'armée espagnole, qui n'étoit plus que de dix-huit mille hommes, se mit en marche, et, ayant passé la Cinca, son arrière-garde fut attaquée entre Torrente et Peñalva et se défendit

1. Barbastro est une ville du versant droit de la vallée de la Cinca, entre Monçon et Estadilla, qui sont sur le versant gauche.
2. Le duc de Sarno appartenait à la branche d'Ottaïano de la maison de Médicis, branche établie en Espagne.
3. Prosper-Joseph de Verboom, ingénieur d'origine hollandaise qui avait été élève de Vauban.
4. La Noguera Ribagorzana; ci-dessus, p. 250.
5. Combat d'Almenara livré le 27 juillet.

avec beaucoup de courage. Les Alliés y eurent mille hommes de tués ou blessés et perdirent sept étendards avec deux paires de timbales[1]. Le roi, qui depuis quelques jours avoit des atteintes de fièvre, prit les devants pour se rendre à Saragosse. Son armée le suivit avec diligence et passa l'Èbre sur le pont de cette ville le 19 août.

Bataille de Saragosse. — Le général Stahrenberg ne perdit pas de temps pour profiter de ses avantages, et le 20 les deux armées se joignirent près de Saragosse et commencèrent à se canonner sur les six heures du matin ; cela dura jusqu'à dix, que le combat commença[2]. Les Alliés étoient plus forts du tiers que les Espagnols, qui par conséquent ne purent former que deux lignes contre trois qu'eurent les ennemis. Cependant, la gauche des Espagnols enfonça la droite de leurs deux premières lignes de l'aile gauche, qui se rétablirent bientôt à la faveur de leur troisième ; mais la droite des Espagnols, presque toute composée de nouvelles troupes, ayant été prise en flanc et en tête, ne rendit presque pas de combat et fut mise en déroute. Alors, toute cette armée ne songea plus qu'à se retirer et le fit avec confusion. Elle perdit presque toute son artillerie ; neuf mille hommes se retirèrent sur Alagon et Tudela[3],

1. Combat de Peñalva, 15 août.
2. L'armée d'Espagne fut complètement battue (*Histoire militaire* de Quincy, t. VI, p. 423-427 ; *Journal de Dangeau*, t. XIII, p. 232-236 ; *Mémoires de Sourches*, t. XII, p. 337-338, 343 et 345-349).
3. Alagon est à l'ouest de Saragosse, sur le Jalon, presque au confluent de cette rivière avec l'Èbre ; Tudela est sur l'Èbre, plus au nord-ouest, dans la direction de la Navarre.

et six mille sur Agreda[1], tellement que cette armée ne perdit qu'environ trois mille hommes; mais cette perte, qui n'auroit presque été rien dans une autre conjecture, pensa entraîner la perte du roi d'Espagne, qui se retira à Madrid; car le résidu de son armée, qui s'étoit rassemblé fort à propos vers Aranda-de-Duero[2] en Castille, pour se conserver la communication avec la Navarre et le royaume de Léon, n'y pouvoit pas subsister longtemps, supposé qu'on l'y laissât tranquille, n'y ayant de ce côté-là aucuns magasins; mais le bonheur du roi d'Espagne voulut que, dans le Conseil que tinrent les Alliés après leur victoire, le plus grand nombre fût d'avis que leur armée marchât droit à Madrid, et prévalut sur celui de Stahrenberg, dont le sentiment fut d'aller dissiper le reste de l'armée espagnole et lui couper la communication dont j'ai parlé ci-dessus; ce qui vraisemblablement auroit opéré la perte entière de l'Espagne à Philippe V; mais le général Stahrenberg n'en fut pas le maître, et il eut dans la suite tout lieu de se repentir, comme on le verra bientôt, d'avoir déféré aux sentiments de ses alliés; ce qui pourra à l'avenir servir d'un exemple mémorable.

Pendant ce temps-là, le commandant de Lerida pour le roi d'Espagne, voyant l'armée ennemie éloignée de sa place, surprit Balaguer qui en est proche et le fit raser, de peur d'affoiblir trop sa garnison; et le roi

1. Agreda se trouve dans les montagnes de la province de Soria, à l'ouest de Saragosse.
2. Sur le fleuve de ce nom, dans la province de Burgos, dans la direction de Valladolid.

d'Espagne fit transférer le duc de Medina-Cœli à Siguenza[1], d'où il passa ensuite à Bayonne, et déclara aux grands de sa cour qu'il alloit résider à Valladolid, assurant en même temps qu'il ne vouloit forcer personne à le suivre, pas même ceux qui lui étoient les plus nécessaires par leurs emplois, [surtout ceux qui avoient des motifs pour se dispenser de ce voyage, et leur conservoit leurs charges.]

Il partit donc de Madrid le 9 septembre et arriva le 16 à Valladolid. La reine, avec le prince des Asturies, son fils, passa à Vittoria[2].

Il y avoit déjà un peu de temps que le roi d'Espagne, n'étant pas fort content de ses généraux, avoit demandé au Roi M. le duc de Vendôme pour venir commander ses armées[3]. Les événements ont fait voir que la gloire de ramener le roi d'Espagne à Madrid, et le rétablissement de cette monarchie lui étoient réservés. Il partit de la cour et étoit déjà en chemin, lorsqu'il apprit, avec des circonstances exagérées et capables de lui faire rebrousser chemin, la perte de la bataille de Saragosse. Ce prince ne laissa pas de continuer sa route jusqu'à Bayonne, où il s'arrêta quelques jours pour savoir où étoit le roi d'Espagne et le parti que le géné-

---

1. Siguenza, sur le Hénarès, dans la province de Guadalajara, en Nouvelle-Castille.
2. Saint-Simon (*Mémoires*, t. XX, p. 117 et suiv.) a raconté le départ de la cour de Madrid pour Valladolid et l'émigration presque complète de toute la noblesse. Il a insisté sur le dévouement des Espagnols et les « prodiges » de leur fidélité.
3. Vendôme était en disgrâce depuis la campagne de 1708 en Flandre ; sur les instances de son petit-fils, Louis XIV lui avait permis d'aller se mettre à la tête des troupes espagnoles.

ral Stahrenberg auroit pris. Un courrier lui dit que le roi étoit à Valladolid, et que l'armée des Alliés, au lieu de poursuivre le reste des Espagnols, s'amusoit à courir un pays stérile et couvert, d'où le moindre revers l'obligeroit de se retirer, sans s'y pouvoir maintenir. Sur cette nouvelle, il espéra qu'avec les secours qui lui viendroient de France et un peu de patience, il feroit connoître aux Alliés qu'ils n'avoient pas bien su profiter de leur victoire. Il rassembla aussi quelques troupes sur la frontière, et le duc de Noailles [en] envoya de Catalogne ; tout cela se mit en marche et arriva en Espagne, où il se reforma une armée considérable, pendant que celle des ennemis s'affoiblissoit par les maladies et par la disette.

Cependant l'Archiduc avoit fait son entrée à Madrid le 28 septembre[1], où il put juger, par la froideur que les habitants témoignèrent en cette rencontre, qu'il seroit plus facile de battre les troupes du roi d'Espagne que de lui ôter l'affection des habitants[2]. Il se rendit aussi maître de Tolède[3], pour s'ouvrir la communication avec les Portugais et tomber tous ensemble, après la jonction de leurs armées, sur celle d'Espagne qui se rassembloit. Mais cette jonction ne se put faire par des obstacles insurmontables et dont je ne suis pas bien

1. Il s'y était fait proclamer roi d'Espagne et avait forcé le corrégidor à le reconnaître sous menace de mort (*Mémoires de Sourches*, t. XII, p. 390).
2. Devant l'attitude des Madrilènes, l'Archiduc ne fit que traverser Madrid sans entrer au palais royal ; il alla coucher au palais du duc de Medina-Sidonia, hors de la ville, et s'en fut dès le lendemain au Pardo, à six lieues de Madrid.
3. Tolède fut occupée dès le commencement d'octobre.

informé. Le marquis de Bay se tint dans l'Estrémadure avec un petit corps de troupes et des milices pour les amener au roi d'Espagne ou les y retenir selon les événements.

Le roi d'Espagne, ayant reformé une armée assez considérable sous le duc de Vendôme, se mit en marche sur l'ennemi et s'avança par Tordesillas[1] à Salamanque sur la Tormès[2], et vint camper entre Casa-Texada et Talavera-de-la-Reyna[3]. Alors les généraux des Alliés connurent, mais trop tard, qu'ils avoient eu grand tort de n'avoir pas déféré à l'avis du général Stahrenberg, [après la bataille de Saragosse, qui étoit, comme je l'ai déjà dit, de les mener par la Castille sur la frontière de Navarre, poussant toujours devant eux le roi d'Espagne, et l'obligeant de se retirer en France, ou lui empêchant tout au moins les secours qui lui en pouvoient venir. Leur armée, de supérieure qu'elle étoit, devint inférieure;] la subsistance leur manquoit et les paysans espagnols, loin de les favoriser, leur tuoient tous ceux qui s'écartoient. Ils se résolurent donc d'abandonner Madrid et de se retirer en Catalogne, à travers l'Aragon, en se divisant en plusieurs corps pour plus de facilité, de manière toutefois qu'ils se pussent rejoindre selon l'occasion. L'Archiduc prit les devants et se rendit heureusement à Barcelone.

M. de Vendôme force les Anglois à Brihuega. — L'armée du Roi se trouvant campée le 8 décembre à

---

1. Tordesillas est sur le Duero, au sud-ouest de Valladolid.
2. Affluent de gauche du Duero.
3. Talavera-de-la-Reyna est sur le Tage, en aval de Tolède; Casa-Texada se trouve assez loin vers l'ouest, dans la province de Caceres, entre le Tage et son affluent le Tietar.

Guadalajara[1], M. de Vendôme fut averti que les Anglois qui faisoient l'arrière-garde des Alliés s'étoient arrêtés à Brihuega[2]. Les uns ont dit que c'étoit par raison de commodité, les autres que ce fut pour protéger leurs bagages et le butin qu'ils emmenoient de Castille. Quoi qu'il en soit, M. de Vendôme ne perdit point de temps et fit partir à minuit six régiments de dragons et deux de cavalerie sous les ordres du marquis de Valdecañas, capitaine général[3], et tous les grenadiers et piquets de l'armée sous ceux du marquis de Thouy[4], qui furent suivis de près par toute l'armée. Dès qu'on y fut arrivé, on somma la ville de se rendre ; mais Stanhope[5], qui y commandoit, ayant sous lui deux lieutenants généraux, deux maréchaux de camp et quelques brigadiers, avec huit bataillons anglois et

1. L'armée espagnole avait fait une très longue marche, de Talavera, qui est à l'ouest de Madrid, pour contourner cette ville et arriver à Guadalajara, qui est au nord-est. Philippe V l'avait quittée pour aller reprendre possession de sa capitale, où il rentra le 2 décembre au milieu « d'un peuple infini et d'acclamations incroyables ».
2. Brihuega, petite ville au nord-est de Guadalajara, sur la Tajuna.
3. Melchior d'Avellaneda, marquis de Valdecañas, venait d'être fait capitaine général par le roi d'Espagne pendant le séjour à Valladolid ; il fut par la suite vice-roi de Majorque et de Valence.
4. Antoine-Balthazar de Longecombe, marquis de Thouy, était parvenu en France au grade de lieutenant général lorsqu'il passa en 1704 au service d'Espagne ; Philippe V venait de le nommer capitaine général.
5. Jacques Stanhope, lieutenant général des troupes anglaises, commandait le corps auxiliaire de cette nation à l'armée de Catalogne (ci-dessus, p. 93).

huit escadrons de cette nation, répondit qu'il se défendroit jusques à la dernière extrémité, comme en effet il le fit. La nuit, qui commençoit, suspendit l'attaque jusques au lendemain, et ceux de dedans en profitèrent pour faire des retranchements derrière les portes, aux endroits les plus foibles, et dans les rues; car cette ville n'étoit enceinte que de vieilles murailles, sans fortifications extérieures. On fit tirer le canon dès le matin, qui fit quelque brèche et rompit une des portes, et, à l'aide de quelque fougade faite à la hâte, on acheva d'enfoncer la porte et de faire ébouler quelques pans de muraille. On donna brusquement l'assaut; car il n'y avoit point de temps à perdre. On savoit que le général de Stahrenberg n'étoit qu'à cinq lieues de là, et on croyoit fort qu'il ne laisseroit pas forcer Brihuega impunément. M. de Vendôme envoya des partis sur lui pour en avoir des nouvelles, et apprit que les ennemis venoient à lui; il fit mettre une bonne partie de son armée en bataille sur une hauteur qui se trouvoit sur l'avenue de l'ennemi. Cependant, la ville étoit vivement assaillie et défendue de même. M. de Vendôme, qui s'aperçut, de dessus la hauteur où il mettoit ses troupes en bataille, que le feu des Espagnols commençoit à se relâcher par le redoublement de celui de l'ennemi, s'en revint vite pour le ranimer par sa présence et se porta lui-même aux attaques sans aucun ménagement pour sa personne, à quoi il étoit accoutumé. Le premier retranchement des Anglois fut emporté de cette reprise, et le terrain fut fort bien disputé aux attaques de rue en rue, avec grande perte de part et d'autre. Les Anglois tâchèrent inutilement de se retirer dans le château; car ils en trouvèrent la communication fermée par les Espagnols. Alors ils battirent la chamade et capitulèrent[1]. Les conditions qui leur furent imposées étoient qu'ils ouvriroient sur-le-champ la porte du château aux troupes du Roi; que les généraux et les officiers seroient prisonniers de guerre et que toutes les troupes, tant à pied qu'à cheval, seroient à discrétion et sortiroient le lendemain de la ville pour être conduits en tel endroit qu'il plairoit à Sa Majesté; que les officiers, cavaliers, dragons et soldats, qu'on désarma et démonta sur-le-champ, emporteroient avec eux les hardes et bagages qu'ils avoient quand ils entrèrent en Castille. Cet article tint du temps à examiner et pensa être bien préjudiciable; car la garnison ne put sortir que le lendemain sur les onze heures, qu'on vint avertir M. de Vendôme que les ennemis venoient à lui en bataille et n'étoient plus qu'à trois quarts de lieue. On fit vite sortir cette garnison, qui fut distribuée depuis dans les places d'Espagne[2].

1. Saint-Simon (*Mémoires*, t. XX, p. 132 et suiv.) a raconté la prise de Brihuega (9 décembre) et la bataille de Villaviciosa (10 décembre), en diminuant le rôle de Vendôme et en attribuant la victoire bien plus au hasard et à la valeur des troupes qu'à l'habileté de Vendôme, qui, prétend-il, avait donné dans un piège tendu par Stahrenberg en attaquant Brihuega, et ne dut la victoire qu'au peu de résistance de Stanhope et de ses Anglais dans cette ville. Les récits et relations que M. de Boislisle a énumérés dans son commentaire (p. 137, note 2) sont d'accord avec Saint-Hilaire sur la décision et l'énergie que montra Vendôme. Philippe V avait rejoint la veille son armée.

2. Tout cela est parfaitement conforme à la relation que le

Il y a apparence que le général Stahrenberg ne sut rien de cette capitulation; car il avoit fait tirer, chemin faisant, neuf volées de canon, afin d'avertir les Anglois de son approche, qui fut un peu retardée par la précaution, qu'il sembloit avoir prise d'un peu trop loin, de faire marcher en bataille (ce qui rendit sa marche plus lente), sur ce qu'il apprit que la nôtre étoit en cette posture dès le jour précédent, et qu'il craignit qu'elle ne vînt au-devant de lui et ne le trouvât en marche en quelque désordre qu'il auroit peine à réparer.

Bataille de Villaviciosa, près Brihuega. — Dès que les deux armées furent à la portée du canon, il tira fort de part et d'autre, et ce ne fut que sur les deux à trois heures après midi que l'action fut entamée. Elle dura jusques à la nuit; le combat fut fort sanglant et parut équivoque, en ce que les deux partis s'attribuèrent mutuellement la victoire. On a assuré pourtant que les ennemis passèrent la nuit suivante sur le champ de bataille et que les Espagnols perdirent un peu de terrain[1].

Retraite du général Stahrenberg. — Mais, sans m'arrêter à cette vérification, je dirai seulement que le général Stahrenberg décampa le lendemain de l'action à la vue des Espagnols, sans être suivi que de quelques

---

roi d'Espagne envoya le 12 à son grand-père Louis XIV (publiée en appendice dans le *Saint-Simon*, p. 422).

1. En réalité, la nuit survint avant la fin du combat et les divers corps passèrent la nuit sur leurs positions; mais Stahrenberg se reconnut vaincu, puisqu'il se retira dès le lendemain dans la direction du nord.

partis, qui ramassèrent quelques traîneurs et des débandés, et regagna diligemment l'Aragon en corps avec sept ou huit mille hommes d'infanterie et environ mille chevaux qui lui restoient. Il en retira les garnisons qu'il y avoit laissées et se hâta d'arriver à Barcelone, où l'Archiduc étoit déjà de retour, dérobant sagement au duc de Noailles, qui étoit en Catalogne avec un petit corps d'armée, l'occasion de le couper pendant sa marche. Ainsi il mit cette ville et le prince qui étoit dedans en sûreté pour le temps présent.

Un petit corps de troupes des ennemis débarque à Cette, en Languedoc; mais les ducs de Roquelaure et de Noailles y marchent et les contraignent de se rembarquer avec perte. — Pendant cette campagne et pour faciliter au général Stahrenberg l'expédition de Madrid que le conseil des Alliés avoit méditée et qui ne leur réussit pas, ainsi qu'on vient de le voir, ils avoient fait embarquer sur une de leurs escadres environ trois mille hommes de troupes réglées, de l'argent et des armes, et débarquèrent à Cette, au moyen de quoi ils avoient prétendu pénétrer plus avant et les distribuer aux mécontents des Cévennes, où le feu leur sembloit plutôt amorti qu'absolument éteint[1]. Le duc de Roquelaure, qui commandoit en Languedoc, ayant eu avis que quelques vaisseaux paroissoient sur les côtes, assembla promptement les milices et la noblesse[2]; et

1. La flotte anglaise débarqua seize cents hommes devant Cette le 24 juillet; ils étaient commandés par un déserteur français, Gautier de Seissan. Les *Mémoires de Sourches*, t. XII, p. 288-289, 294-297 et 318, donnent de très curieux détails sur cette tentative.
2. Le duc de Roquelaure (notre tome IV, p. 148) commandait

en même temps, le duc de Noailles, qui étoit en Roussillon, averti du danger que couroit le Languedoc, s'y en vint avec des troupes et du canon. Il joignit le duc de Roquelaure avec une diligence extrême, puis ils marchèrent à Cette[1]. Comme la partie n'étoit plus égale et que rien n'avoit branlé dans le Languedoc, les ennemis furent forcés de se rembarquer avec perte de quelques centaines d'hommes, et des armes et des munitions qu'ils avoient déjà débarquées.

Évasion du cardinal de Bouillon. — Il arriva en France cette année un incident qui sembla fort piquer le Roi. Le cardinal de Bouillon[2] étoit exilé de la cour depuis du temps en son abbaye à Tournus, en Bourgogne, où, piqué de son côté et s'ennuyant beaucoup d'un aussi long exil, il s'imagina la conjoncture favorable pour en témoigner du ressentiment[3]. Sous prétexte de sa santé et de quelques affaires qui l'appeloient à ses abbayes de Flandres, il demanda à la

---

à quelques troupes qui contenaient les camisards du Vivarais et des Cévennes; il ne crut pas prudent de s'en servir et utilisa les milices du pays et l'arrière-ban de la noblesse jusqu'à l'arrivée des troupes amenées par le duc de Noailles.

1. Les ennemis, qui s'étaient emparés de Cette et d'Agde, ne restèrent que cinq jours dans le pays; ils perdirent un bon tiers de leur effectif, qui fut tué ou pris, ou se noya en se rembarquant.

2. Emmanuel-Théodose de la Tour d'Auvergne, né en 1643, cardinal en 1669 et grand aumônier de France en 1671, était alors doyen du sacré collège; il mourut en 1715.

3. La cause de la disgrâce du cardinal était sa conduite à Rome en 1699-1700, où il avait gravement désobéi aux ordres du Roi : voyez *Mémoires de Saint-Simon*, t. V, p. 112-116, VI, p. 148-150, et VII, p. 154-158.

cour la permission de s'y transporter, ce qui lui fut accordé, à condition de ne point approcher de Paris plus près de trente lieues. Ayant reçu cet ordre, il passa par Rouen et se rendit à son abbaye du Mont-Saint-Éloi, près d'Arras[1], où il feignit de vouloir aller à son abbaye de Vicoigne[2], près Valenciennes. C'étoit dans le temps que l'armée ennemie infestoit l'Artois; il s'étoit concerté avec le prince d'Auvergne, son neveu, transfuge de France et officier général dans cette armée[3]. Il vint au-devant de lui avec une bonne escorte et le conduisit au quartier général des ennemis, où il fut reçu avec toutes sortes d'honneurs et de marques d'une grande distinction[4]. Ce cardinal, naturellement très glorieux, [et qui ne s'étoit pas soutenu avec les mêmes talents que ses ascendants,] écrivit alors une lettre au Roi, dont le sens et le style furent jugés très irrespectueux; car, en lui envoyant la démission de sa charge de grand aumônier de France et de la dignité d'un des prélats commandeurs de l'ordre du Saint-Esprit, il y joignit, dans le même paquet, le cordon et la croix de cet ordre. Il disoit dans sa lettre qu'en conséquence de ces démissions il reprenoit la liberté que lui donnoit sa naissance de prince étranger,

1. Cette abbaye, de l'ordre des chanoines réguliers de Saint-Augustin, n'appartenait pas au cardinal de Bouillon; mais il avait l'abbaye bénédictine de Saint-Waast d'Arras.
2. Vicoigne, de l'ordre des Prémontrés de l'ancienne observance, était située dans la commune actuelle de Raismes, département du Nord.
3. François-Égon de la Tour : ci-dessus, p. 9.
4. Les *Mémoires de Saint-Simon*, t. XX, p. 12 et suiv., racontent cette évasion.

fils d'un souverain[1]. Aussitôt, cette lettre fut déférée au Parlement, qui donna arrêt et décréta contre la personne du cardinal[2] et celle du P. de Monthiers, jésuite[3], qui l'accompagnoit, et du chevalier de Serte, son gentilhomme[4]. Le Parlement eut aussi ordre de pourvoir à la régie de ses biens et revenus, et le cardinal de la Trémoïlle[5], qui étoit ambassadeur à Rome, en reçut un autre de ne le considérer, s'il y arrivoit, que comme un homme livré aux ennemis et un sujet rebelle [se glorifiant de son crime]. Ensuite, il s'en alla à Tournay, et de là en Hollande, où il fit quelque séjour, puis je crois qu'il passa à Rome, où il mourut quelque temps après[6].

Louis XV, à présent régnant, naquit à Versailles le 15 février de cette année 1710[7].

1. Saint-Simon (t. XX, p. 14-16) a donné le texte de cette lettre et l'a ensuite longuement commentée et réfutée.
2. A cause de l'immunité que la cour de Rome prétendait pour les cardinaux, il n'y eut pas en réalité d'arrêt rendu contre lui ; la saisie de ses revenus et de son temporel ne fut qu'une mesure administrative.
3. Le P. Charles de Monthiers (1654-1729) avait été missionnaire à Constantinople avant de s'attacher au cardinal.
4. Charles de Serte appartenait depuis sa jeunesse à la maison du cardinal de Bouillon.
5. Joseph-Emmanuel de la Trémoïlle (1658-1720), d'abord auditeur de rote, était cardinal depuis 1706 et avait alors remplacé à Rome le cardinal de Janson comme chargé des affaires de France.
6. Il mourut en février 1715. Les suites de l'évasion du cardinal et ses dernières années ont été racontées par M. A. de Boislisle dans la *Revue des questions historiques* en 1909.
7. *Dangeau*, p. 101-102 ; *Sourches*, p. 155 ; *Mercure* de février, p. 203-207.

Morts célèbres. — Entre les personnages de grande naissance et de beaucoup de mérite qui moururent en France cette année, le premier que je nommerai est Louis III, duc de Bourbon, petit-fils du grand Condé, au commencement de cette année, dans un âge peu avancé. C'étoit un prince plein d'esprit et de courage, qui promettoit beaucoup[1].

Le second, le maréchal de Joyeuse[2], qui laissa le gouvernement de Metz et du pays messin au maréchal de Villars[3]; puis Charles-Maurice Le Tellier, duc et pair, archevêque de Reims[4], [qui paya aussi le tribut à la nature.] Ce prélat avoit l'humeur brusque et hautaine du marquis de Louvois, son frère; mais, en récompense, il étoit fort savant, gouverna paisiblement son diocèse, quoiqu'ennemi des jésuites, et y fut fort regretté[5].

A ces morts illustres, je joindrai celle de M`me` de la Vallière[6], qui avoit renoncé volontairement aux hon-

1. Le duc de Bourbon mourut le mardi gras 4 mars d'une attaque d'apoplexie. Saint-Simon, qui lui reconnaît de l'esprit, de la politesse « quand il vouloit », de la valeur et de l'intelligence à la guerre, a fait une peinture terrible de sa « férocité » : « une meule toujours en l'air », dit-il, « un naturel farouche », un caractère enragé qui le rendit « terrible comme ces animaux qui ne semblent nés que pour dévorer » (*Mémoires*, t. XIX, p. 50 et suiv.).
2. Jean-Armand, maréchal de Joyeuse, mourut le 1`er` juillet.
3. *Dangeau*, p. 197; ce gouvernement rapportait environ trente mille livres.
4. Il mourut le 22 février; il était archevêque de Reims depuis 1671.
5. Voyez le portrait qu'en a fait Saint-Simon : tome XIX, p. 43-44.
6. Louise-Françoise Le Blanc de la Baume, duchesse de la

neurs où la passion du Roi l'avoit élevée, dont elle fit trente ans durant une pénitence très austère aux Carmélites, où elle se fit religieuse et où elle mourut avec des sentiments tout à fait chrétiens et exemplaires.

Chaumont, homme de grand mérite et qui avoit été ambassadeur à Siam[1], mourut, ainsi que l'abbé Fléchier[2], évêque de Nîmes, personnage illustre par sa science, son éloquence, sa piété et son grand esprit, qui lui concilièrent également les catholiques et les protestants[3]. [Je n'omettrai pas non plus un incident qui survint et que je vais expliquer sommairement.]

[La cour de Rome, toujours attentive à se prévaloir sur ses intérêts, lâcha deux brefs du Pape et condamna par l'un le livre du *Traité de la régale*, par Audoul[4], et par l'autre un mandement de l'évêque de Saint-Pons[5] touchant la dernière constitution contre le

---

Vallière, née en 1644, mourut le 6 juin 1710; elle était entrée en avril 1674 au couvent des Carmélites du faubourg Saint-Jacques.

1. Il a été parlé du chevalier de Chaumont dans notre tome II, p. 47; il mourut dans le courant de janvier.

2. Esprit Fléchier, né en 1632, avait d'abord été associé par Bossuet à l'éducation du Dauphin et avait eu l'évêché de Nîmes en 1687; il mourut à Montpellier le 16 février 1710.

3. Saint-Simon loue son savoir, ses ouvrages, ses mœurs, sa vie « très épiscopale ».

4. Cet ouvrage, intitulé *Traité de l'origine de la régale et des causes de son établissement*, avait pour auteur Gaspard Audoul, avocat au Parlement de Paris; il avait paru en 1708, à Paris, in-4°, et était fort estimé. L'exemplaire que possède la Bibliothèque nationale est relié aux armes du duc de Bourgogne.

5. Pierre-Jean-François de Percin de Montgaillard était évêque de Saint-Pons-de-Tomières, dans le Bas-Languedoc, depuis 1664; il mourut le 13 mars 1713.

prétendu Jansénisme[1]. Sur cela, l'avocat général Joly de Fleury[2] représenta au Parlement qu'on pouvoit douter de la vérité de ces brefs, en ce que les formalités essentielles y étoient négligées.]

[A l'égard du livre, il n'entreprit point de le défendre, quoiqu'il alléguât que le droit de régale fût un des plus anciens droit de la Couronne et des mieux établis, mais qu'il ne convenoit pas à toutes sortes d'auteurs de traiter une matière si importante; à quoi il ajouta que dans cet ouvrage il pouvoit bien y avoir des choses dignes de répréhension, cet auteur ayant voulu établir des droits incontestables par des moyens et des motifs qui en pouvoient faire douter; que, quant à ce bref, il y avoit d'ailleurs des clauses contraires aux maximes de France et aux libertés de l'Église gallicane; qu'il ne pouvoit avoir aucune exécution légitime en ce royaume; que cependant, comme il s'en étoit répandu plusieurs copies, dont quelques malintentionnés pourroient abuser, il estima qu'il étoit du devoir de la Compagnie d'y pourvoir.]

[Il ne s'éleva pas moins contre celui qui regardoit le mandement de l'évêque de Saint-Pons, sans l'approuver. Il conclut que le bref qui le flétrissoit n'étant adressé ni au Roi, ni aux évêques, ni revêtu d'aucune des solennités accoutumées, ne pouvoit avoir aucune autorité dans le royaume, d'autant plus qu'il y avoit des clauses contraires aux maximes de la France qui

1. Les écrits de l'évêque avaient déjà été à diverses reprises condamnés à Rome.
2. Guillaume-François Joly de Fleury (1675-1756) était avocat général au Parlement depuis 1705 et devint procureur général en 1717.

marquoient un pouvoir immédiat du Pape sur les diocésains de Saint-Pons.]

[La cour supprima les deux brefs, sans toutefois approuver le mandement de l'évêque, où il y avoit quelques ambiguïtés, ni le *Traité de la régale*, et défendit d'imprimer et faire débiter aucuns brefs et bulles de la cour de Rome sans lettres patentes du Roi pour en ordonner la publication, registrées en la cour. Cet arrêt fut rendu le 1er avril[1].]

[Le Pape trouva mieux son compte dans la brouillerie qui s'éleva entre trois évêques et le cardinal de Noailles, qui a eu d'étranges suites; mais je ne veux pas anticiper ici cette querelle, qui pourra passer, pour ce qui s'en est suivi, pour un des plus grands fléaux dont la France ait été affligée.]

Édits bursaux. — Entre les édits bursaux de cette année, pour aider à fournir aux dépenses immenses de la guerre, celui qui établissoit le paiement du dixième sur tous les revenus fut le plus considérable[2]. Cette taxe eut quelque rapport avec un projet de dîme royale présenté par le feu maréchal de Vauban[3], avec cette différence que cette dîme devoit se prendre en nature de chaque espèce de denrée, suivant son système, avec

1. L'arrêt du Parlement, avec le très long réquisitoire de l'avocat général, est dans le registre X^{1a} 8426, fol. 141 v° à 151 v°, aux Archives nationales.
2. L'impôt du dixième fut établi par l'édit du 14 octobre 1710; l'appendice V du tome XX des *Mémoires de Saint-Simon*, p. 447-480, est consacré à l'histoire de l'établissement de cet impôt.
3. Voyez les mêmes *Mémoires*, t. XIV, p. 323-344, et surtout le commentaire qu'a fait M. de Boislisle du récit de Saint-Simon.

abolition de tous les autres impôts, ce qui ne se pouvoit établir qu'en pleine paix et avec beaucoup d'examen et de temps, au lieu qu'on leva celui qui fut imposé tout en argent comptant et en termes fort brefs, par le grand besoin présent qu'on en avoit. Mais il en advint, ce qui arrive presque toujours, que, par le peu de soin et faute d'une égalité proportionnelle et juste, et les menées des plus puissants, avec la malfaçon de ceux qui le levèrent et auxquels il fut adjugé, on n'en tira pas autant qu'on croyoit qu'il devoit rendre; mais ce fut toujours un grand secours présent qui acheva de mettre bien du peuple à la besace. Il est vrai que le Roi tint parole et qu'il ôta cet impôt aussitôt que la paix fut faite, ainsi qu'il le promit en l'établissant.

APPENDICE

I.

LETTRES RELATIVES A LA BATAILLE D'ALMANZA[1].

M. de Mouchan au ministre de la Guerre[2].

A Almanza, ce 27e avril [1707].

L'on détendit et l'on ne marcha point, la nuit du 20e au 21e, faute de pain; le 22e l'on tint un grand conseil de guerre pour décider si l'on iroit faire lever le siège de Villena, et il fut conclu de ne point marcher, prétextant que les ennemis étoient postés avantageusement, mais plutôt pour attendre M. le duc d'Orléans. Le 23e l'on marcha ici. Le 24e, les ennemis levèrent le siège de Villena et vinrent camper à Caudete. Ce même jour, nous faisions attaquer Ajora, distant de trois lieues d'ici. A la première nouvelle de leur marche, nous fîmes rejoindre nos troupes en toute diligence, brûler la ville et abandonner le château; Courville, colonel du Maine, y eut le bras cassé. Le 25e, les ennemis se mirent en marche à cinq heures du matin, et, quoiqu'ils n'eussent que trois lieues à faire, leur disposition a été longue, et la bataille n'a commencé qu'à trois heures après midi. Ils marchèrent, sur quatre colonnes et sans s'arrêter, à notre front, s'allongèrent par leur droite pour occuper des hauteurs et nous prendre par notre flanc

1. Ci-dessus, p. 69.
2. Vol. Guerre 2048, n° 300.

gauche ou nous déposter, à quoi ils réussirent, ce qui nous dérangea; car, pour reprendre un autre champ de bataille, il fallut se mettre en colonne, qu'ils étoient trop près de nous. Leurs mouvements nous étoient cachés derrière les hauteurs. Ils profitèrent de notre mauvaise manœuvre et marchèrent en ordre de bataille à nous, mais disposés avec plusieurs bataillons dans chacune de leurs ailes de cavalerie. Ils s'ébranlèrent tout d'un temps, et, comme notre centre d'infanterie n'étoit pas encore formé, ils enfoncèrent les brigades d'Orléans et de la Couronne; Sillery et Polastron, les deux brigadiers, furent tués. Notre gauche rompit leur cavalerie; mais ils se rallioient à leurs bataillons. Pour obvier, l'on envoya à M. d'Avaray la brigade de Larre, qui acheva l'entière déroute de leur droite. A notre droite, leur première ligne fut poussée; mais leur seconde ramena nos gens si brusquement, qu'ils se rendirent maîtres de quelques pièces de canon. M. de Silly, qui étoit à cette aile, se surpassa et rallia toute la brigade du Maine, sortie de la seconde ligne à propos, chargea les ennemis, les rompit et remit ce petit désordre. Nous avions dans ce temps absolument battu la gauche, et de ce moment ils ne songèrent qu'à une retraite. M. le chevalier d'Asfeld se dédoubla avec la cavalerie de la droite de la seconde ligne, conjointement à notre cavalerie de la gauche, les fit charger si à propos qu'il ne fut question que de tuer ou prendre des prisonniers. Après cela, M. le maréchal envoya des troupes sur leur retraite, et l'on en a pris par capitulation dans une gorge de montagne treize bataillons, que le comte Dohna, maréchal de camp, commandoit. Ils ont eu trois mille hommes de tués au moins, et neuf mille de prisonniers, vingt-trois pièces de canon, une infinité de drapeaux ou étendards; toute leur armée est dissipée; enfin c'est une victoire bien complète.

Notre gauche et le centre ont souffert; la droite moins,

parce qu'elle étoit couverte d'un ravin difficile à passer, où elle étoit appuyée, notre seconde [ligne] passant dans Almanza et s'étendant au grand chemin d'Ajora. Notre perte est de deux mille hommes, tant tués que blessés. Je vous ai envoyé notre ordre de bataille, afin que vous puissiez vous rappeler la quantité des troupes et le poste des officiers généraux. Mylord Berwick s'y est surpassé.

Les ennemis disent qu'ils n'avoient que quarante-trois bataillons et cinquante-quatre escadrons. Mylord Gallway est blessé. Nous espérons être dans peu maîtres du royaume de Valence. Partie de notre infanterie a marché aujourd'hui et partie de la cavalerie marche demain ; il demeure un corps de troupes dans ces environs. Les ennemis rassemblent leur débris à Xativa.

Copie d'une lettre anonyme[1].

Au camp d'Almanza, ce 27ᵉ avril 1707.

Depuis ma dernière, notre victoire s'est rendue plus complète. M. le chevalier d'Asfeld, avec un corps de cavalerie, ayant coupé la retraite de treize bataillons de la gauche des ennemis qui avoient gagné la montagne, les obligea le lendemain à se rendre tous prisonniers de guerre. Il y en a cinq Anglois, cinq Hollandois et trois Portugais, un maréchal de camp anglois nommé Trimpton, trois brigadiers anglois, deux hollandois et beaucoup d'officiers généraux portugais et une vingtaine de colonels, de sorte que nous avons en tout au moins neuf mille prisonniers, dont il y en a sept cent quarante ou sept cent cinquante officiers. Nous avons cent vingt étendards ou drapeaux et vingt pièces de canon, et presque tous les bagages des ennemis, qu'ils ont abandonnés dans les gorges de Fuente de la Higuera. Les débris de cette armée se sont retirés à

1. Vol. Guerre 2049, n° 12.

la faveur d'une nuit très obscure à Xativa; mais il ne s'en est sauvé un seul bataillon (*sic*), selon tous les avis qu'on a eus de ce côté-là. La main du Seigneur a agi dans cette affaire pour confondre les ennemis des deux rois et combler de gloire notre grand duc de Berwick, dont on ne peut assez louer le courage, la conduite, la présence d'esprit, l'intrépidité. Je puis vous en parler avec assurance; car je ne l'ai pas quitté d'un pas pendant toute l'action que pour porter de temps en temps les ordres dont il m'a fait l'honneur de me charger.

Il y a un grand nombre de blessés parmi les prisonniers, du moins quinze cents; la campagne et les rues de cette ville sont couvertes de morts; c'est un terrible spectacle. *Plurima mortis imago!*

Nous partons d'ici demain et nous prendrons le chemin de Requena, pour aller droit à Valence. M. d'Asfeld reste ici avec treize bataillons et vingt-quatre escadrons. Si la cavalerie des ennemis ne se retire vite en Aragon, nous pourrions bien l'envelopper. Vous voyez bien, Monsieur, qu'on sait ici profiter de la victoire.

On a enterré le pauvre M. le major (*illisible*) et M. Thomas Petit, du même régiment, ce matin. Don Terencio Obern et capitaine Fagan ont été tués dans l'affaire, et Rouerck est dangereusement blessé. J'espère que Don Daniel Luigny et Mac-Dermot se tireront d'affaire. Le pauvre duc de Sarne a eu dix ou douze « cuchillades »; M. le marquis de Sant'Elmo a eu le bras cassé, et plusieurs autres gentilshommes italiens fort blessés. Véritablement leur compagnie des gardes a fait merveilles. Le lieutenant-colonel O'Driscoll a une grande blessure à la main, et le capitaine Stapleton eut un coup d'épée au travers du corps. Je vous prie de dire à M. White que son ami Don Gregorio est blessé; mais j'espère que cela ne sera rien.

Le duc d'Orléans au Roi[1].

A Almanza, ce 27 avril 1707.

Sire,

J'ai eu le malheur d'arriver ici un jour trop tard, quelque diligence que j'aie pu faire. Je ne parlerai point à Votre Majesté de ce que j'en ai senti, et j'oublierai ce qui ne regarde que moi pour me réjouir et faire compliment à Votre Majesté sur la grande victoire que son armée a remportée. Si toutes les troupes qui étoient destinées pour la Navarre étoient en marche et que M. de Montrevel n'en eût pas retenu dix bataillons et trois régiments de cavalerie, quoiqu'il assure lui-même que tout est fini en Quercy, ces dix bataillons avec la cavalerie de Navarre pourroient suffire à M. de Legall pour entrer en Aragon, dont la conquête à présent ne sera pas difficile, pendant que cette armée-ci achèvera de nettoyer le royaume de Valence, des deux côtés du Xucar, toujours à portée de se communiquer avec le corps d'Aragon par Teruel, et, dans ce même temps, les quatorze bataillons qui seroient passés du côté de Siguenza pourroient facilement, avec les treize escadrons espagnols qui sont passés du côté du Portugal, et joints avec les dix bataillons et les dix-huit escadrons qui y sont aux ordres de M. de Bay, non seulement reprendre Ciudad-Rodrigo, mais même profiter du peu de temps qui reste jusqu'au mois de juillet pour entrer en Portugal et forcer les Portugais peut-être à demander la paix, tandis que les deux corps restés en ce pays, après avoir soumis Aragon et Valence, passeroient l'Èbre et réunis feroient le siège de Lérida.

Si Votre Majesté vouloit faire passer en Roussillon les bataillons revenus d'Italie qu'elle destine à ce pays-ci, le

[1]. Vol. Guerre 2048, n° 291.

duc de Noailles se trouveroit en état de faire le siège de Girone, et alors Votre Majesté pourroit retirer ses troupes d'Espagne, que les seules troupes du Roi son petit-fils seroient en état de conserver, la paix étant faite avec le Portugal et ne restant aux ennemis que quelques places maritimes, qu'ils auroient bien de la peine à soutenir, et les Hollandois en viendroient sûrement au traité que vous souhaitez. Mais, si les troupes restent en Quercy ou en Médoc, où elles sont très inutiles, nous serons contraints d'employer pour l'Aragon les quatorze bataillons de M. de Joffreville et de remettre la prise de Ciudad-Rodrigo et l'entreprise de Portugal au mois de septembre, qui est une saison bien moins favorable que celle du vert pour ce pays-là, sans compter les secours maritimes qui auront le temps d'arriver et de se remettre (*sic*). Je me flatte donc que Votre Majesté envoiera un ordre positif au maréchal de Montrevel, sans quoi il ne se résoudra jamais à se défaire de sa grande armée, et par ce moyen, je pourrai, du côté du Portugal, rendre quelque service à Votre Majesté, qui me console à l'égard de moi-même du malheur que les huit jours que j'ai tardé à partir, plus qu'il n'avoit été d'abord résolu, m'ont causé. Au reste, je ne puis m'empêcher de dire à Votre Majesté que, si la gloire de M. de Berwick est grande, sa modestie ne l'est pas moins, ni sa politesse pour moi, qui l'engageoit à vouloir s'excuser, sur ce que les ennemis l'avoient attaqué, d'avoir remporté sans moi une victoire aussi complète et aussi signalée que celle-ci.

Je suis, avec un très profond respect, Sire, de Votre Majesté, très humble et très obéissant sujet et serviteur.

Philippe d'Orléans.

Le duc d'Orléans au ministre de la Guerre[1].

A Almanza, ce 27ᵉ avril 1707.

Vous verrez, Monsieur, par la lettre que j'écris au Roi les mesures que j'ai prises avec M. le maréchal de Berwick, pour profiter de la bataille qu'il a gagnée. Mais il ne faut pas que vous croyiez, quelque complète qu'elle soit, que nous avons moins besoin de troupes ici qu'auparavant; au contraire, c'est à présent qu'il faut faire un effort pour affermir Philippe V sur le trône, et le mettre en état de pouvoir se passer de toutes les troupes françoises, ce qui est impossible si M. de Montrevel nous fait manquer ou l'affaire de Portugal ou celle d'Aragon, en retenant les troupes qui nous sont destinées. Les troupes de M. de Médavy sont revenues; les troubles du Quercy sont apaisés, et, cela soit dit entre vous et moi, ce ne peut être que pour faire revue devant les dames ou pour gâter les vignes de Médoc que ces Messieurs veulent garder tant de troupes.

L'artillerie destinée pour l'Aragon tarde fort aussi; cependant le temps presse. Je compte en ceci fortement sur votre amitié, que vous presserez tout et me donnerez le moyen de réparer le malheur qui semble me poursuivre, mais qui aura beau faire, ne me dégoûtera jamais ni de mon métier, ni de mon devoir, et vous pourrez compter sur ma parfaite reconnoissance, jointe à l'amitié et à l'estime la plus particulière.

Philippe D'ORLÉANS.

1. Vol. Guerre 2048, n° 298.

11.

Expéditions maritimes du chevalier de Forbin en 1707[1].

Le chevalier de Forbin au ministre de la Marine[2].

A bord du *Mars*, en rade de Dunkerque,
ce 14 mai 1707.

Je mis à la voile de la rade de Dunkerque le 11e au soir, avec toute l'escadre; les vents du côté nord m'obligèrent de mouiller à Ouest de tous les bancs.

Le 12e les vents N. N. O. assez frais; quatre corsaires de Dunkerque me donnèrent avis qu'ils avoient vu sortir le matin de la rade des Dunes une flotte angloise d'environ cinquante voiles, escortée par quatre navires de guerre. Je fis force de voiles, et avant la nuit nous découvrîmes la flotte.

Le 13e au point du jour, nous nous trouvâmes à une lieue de la flotte. Les vents, qui avoient été toute la nuit du côté du Nord, vinrent à O. S. O. La flotte se trouva au vent à nous; nous fûmes obligés de louvoyer jusqu'à midi pour lui gagner le vent, et, à une heure, les vaisseaux de guerre se mirent en ligne. Il y avoit trois vaisseaux de 70 canons et une frégate de 40. J'ordonnai à la *Dauphine* et au *Griffon* d'attaquer le navire de la queue, de commencer le combat et d'y aborder; que le *Mars* et le *Protée* nous aborderions celui du milieu, qui étoit le commandant, le *Salisbury* et le *Fidèle* celui de la tête, le *Blackwell* et le *Jersey* le petit navire. Je fis le signal pour attaquer. Je ne sais les raisons qu'avoit la *Dauphine* pour ne pas donner d'abord; elle mit en panne. Comme cela étoit trop long, je m'impatientai et le *Blackwell* aussi; nous fîmes

1. Ci-dessus, p. 95.
2. Archives de la Marine, reg. B⁴ 32, n° 68.

force de voiles. Le *Blackwell* attaqua le navire de la queue. La *Dauphine* et le *Griffon* le suivirent et abordèrent le navire que le *Blackwell* avoit attaqué et abordé, et, les grappins jetés à bord, ils l'enlevèrent après un long combat.

Pour moi, avec le *Mars*, j'abordai très bien le commandant. Le combat fut rude; mon navire étoit bien petit; je fus une heure abordé et une grosse partie de mes braves gens tués. MM. d'Allonne, Lescalys, Geslin, garde de la marine, et quelques officiers mariniers sautèrent à bord. Ils étoient les maîtres du gaillard d'arrière et avoient amené le pavillon; un coup de canon coupa le grappin; les navires se débordèrent; les ennemis reprirent courage, accablèrent et assommèrent tous mes gens. Je me raccommodai de mon mieux pour retourner aborder mon vaisseau. Le *Fidèle*, qui n'avoit pas abordé, le démâta et le fit rendre.

Le troisième navire fit vent arrière. Je fis signal au *Jersey* et au *Protée* de le suivre. Le *Protée* le suivit jusqu'à l'entrée du banc qu'il y a à Blankelf, où nos pilotes ne sont pas pratiqués. Le *Jersey*, qui avoit abordé ce gros vaisseau, ne put pas le suivre, ayant un coup de canon à fleur d'eau. Le petit navire s'enfuit avec la flotte.

Ainsi, de quatre navires ennemis, trois de 70 à 76 canons et un de 40, deux des plus gros ont été pris, l'un par le *Blackwell*, la *Dauphine* et le *Griffon*, l'autre par le *Mars* et le *Fidèle*. Les deux navires pris s'appellent le *Hamptoncourt* et le *Grafton*; ils sont très beaux, tout neufs, de la nouvelle construction d'Angleterre et très bons voiliers; ils avoient 460 hommes d'équipage; le canon de leur première batterie de 33 livres de balles, et 16 à la deuxième. Celui qui a pris la fuite est le *Oake*, qui a 74 canons montés. Cette flotte alloit à Lisbonne, aux Indes, à la Jamaïque et autres endroits, chargée de victuailles et autres marchandises.

Huit corsaires de Dunkerque qui étoient avec nous ont donné dans la flotte et fait force prises, dont je ne sais pas le nombre.

J'ai eu M. de Villeblain, capitaine de frégate, et M. Lescalys, enseigne de vaisseau, tués; M. d'Estaples blessé considérablement, M. d'Allonne sauvé par le *Fidèle* dans le vaisseau ennemi fort blessé; cinq gardes de la marine blessés presque tous mortellement. Du nombre de l'équipage, le commissaire vous enverra la liste après qu'il aura fait la revue. Je crains bien que le nombre ne soit grand; je connois douze soldats tués auprès de moi. Le gaillard d'avant a beaucoup souffert, et, si mon équipage avoit été bon comme il devroit l'être aux armements de Dunkerque, j'aurois enlevé à l'abordage avec le *Mars* un navire de 70 canons et 460 hommes d'équipage; mais, pour forcer des hommes, il faut de bons hommes. M. d'Allonne a sauté à bord, suivi de Lescalys, enseigne, et de Geslin, garde de la marine, et de sept ou huit officiers mariniers ou soldats, et, si l'équipage avoit été bon, il y auroit sauté cent hommes. Je vous avoue que ma bile se soulève contre les commissaires des départements qui nous envoient de si mauvais matelots pendant qu'ils détournent les bons, sans considérer qu'ils exposent les armes du Roi et empêchent à de braves gens de faire des actions d'éclat.

(Suit l'énumération des services des officiers avec demande de récompenses.)

Le *Blackwell* et le *Griffon* seront obligés d'entrer dans les jetées. Les vaisseaux seront plus tôt prêts que le remplacement des matelots morts ou blessés. Si vous souhaitez que l'escadre ressorte, il est nécessaire d'envoyer incessamment de l'argent au commissaire des classes pour nous lever et envoyer de bons matelots; car de mauvais nous en avons assez. L'armement sera plus que payé; les corsaires ont fait vingt prises, et les deux navires de guerre valent bien tout au moins quatre cent mille francs.

Je suis, etc.

De Forbin-Gardanne.

Le chevalier de Forbin au ministre[1].

A Brest, ce 24 septembre 1707.

... Je mis à la voile le 10ᵉ du mois de juin. Étant dehors les bancs, je me trouvai à la vue de douze navires de guerre anglois au vent à moi. Je les observai; ils firent la route de la Meuse; je fis celle de ma mission.

Le 16ᵉ, par la hauteur d'Itland, le *Fidèle* démâta de ses mâts de misaine et de beaupré. J'avois ordonné au *Jersey* de le suivre. M. de Roquefeuille me fit crier que l'avant de la *Dauphine* étoit fort ébranlé. Je lui ordonnai d'escorter le *Fidèle*, de le mener aux ports de Maesterland ou de Gottembourg[2] pour se remâter et radouber, et de m'y attendre jusques à la fin de septembre. Le *Jersey* me suivit. Ce contretemps affoiblit beaucoup l'escadre, la *Dauphine* et le *Fidèle* étant les deux plus forts navires. Je ne laissai pas de suivre ma pointe.

Le 1ᵉʳ de juillet, aux approches de Nord-cap, je rencontrai un navire portant pavillon moscovite, venant de Londres sans autre titre que la bannière et une patente. Le capitaine, le pilote et presque tout l'équipage étoient ennemis; je le fis brûler. Le commissaire y a trouvé seize ballots de drap, qui étoit toute sa cargaison, dont il vous rendra compte.

Les vents contraires, les mauvais temps et les brumes continuelles nous avoient presque tous séparés; nous nous sommes rejoints à l'atterrage et à la vue de Nord-cap, et, quelque diligence que nous ayons pu faire, nous n'avons pu arriver à l'atterrage de l'île de Kilduin en Laponie[3], qui étoit le rendez-vous, que le 20ᵉ juillet. Nous y sommes

---

1. Archives de la Marine, reg. B⁴ 32, n° 83.
2. C'est Marstrand et Goteborg, ports de la côte occidentale de Suède, sur le Kattégat.
3. C'est l'île de Kilding près la baie de Kola.

arrivés avec plusieurs vaisseaux de la flotte angloise qui s'étoient séparés pendant leur route. Comme ce fut à une éclaircie qu'on les découvrit, l'on chassa chacun de son côté; les brumes qui survinrent nous séparèrent tous.

Le 22e, à l'éclaircie, je fus joint du *Griffon*, du *Salisbury* et du *Jersey*, et nous crûmes voir sous le vent à nous le *Blackwell* et le *Protée*. Sur le soir, je découvris le gros de la flotte, environ de quarante voiles escortées par trois vaisseaux de guerre de cinquante à soixante canons. Comme ils étoient au vent à nous, je voulus me déguiser : je mis pavillon hollandois et fis route pour joindre le *Blackwell* et le *Protée*, afin d'attaquer cette flotte avec tout mon avantage, d'autant plus qu'il fait toujours jour dans cette saison sur ces parages; il n'y a que les brumes de fâcheux, et elles sont fréquentes. Les ennemis nous reconnurent, gardèrent le vent et firent la route pour entrer au mouillage de l'île de Kilduin. Deux heures après, il survint une brume fort épaisse, qui nous cacha tous, avec un vent de Nord frais, qui dura pendant deux jours.

Le 24e, à l'éclaircie, nous avons joint le *Protée* et le *Blackwell;* le premier avoit quatre prises; le *Blackwell* en avoit fait une fort riche, qu'il fut obligé de brûler, ne pouvant la sauver, et fait échouer une autre sur la côte. Une prise que j'avois faite le 21e, et ordonné d'aller mouiller à l'île de Kilduin, me dit que toute la flotte y étoit entrée, qu'il avoit été obligé de couper son câble pour se sauver. Les brumes nous reprirent et durèrent jusqu'au 27e. Nous entrâmes dans la rade de Kilduin, croyant y attaquer la flotte; nous n'y trouvâmes que quatre bâtiments marchands que nous prîmes. La brume avoit empêché le reste de la flotte d'y entrer; ils en profitèrent, ainsi que du vent qui leur devint favorable, et se sauvèrent le long de la terre, et nous n'avons pu prendre de cette flotte que quinze bâtiments, dont j'enrage. Un autre que moi seroit content d'avoir pris quinze vaisseaux; mais je hais si fort cette nation que je voudrois les avoir tous détruits, à cause de leur arrogance.

Les Lapons nous dirent avoir vu passer le 20e du même mois une autre flotte, ce qui me fit penser que ce pourroit être celle d'Hollande, et prendre le parti, n'espérant plus rien sur les croisières, d'aller sur celles de Nord-cap, attendre les pêcheurs de baleine, qui viennent de Spitzberg.

Le commissaire a fait embarquer sur la *Dryade* les ballots et bonnes marchandises qui se sont trouvés dans ces prises... Nous avons fait feu de joie du corps des bâtiments et laissé les carcasses sur les côtes pour trophée, afin que les Laponois et les ennemis se souviennent que les armes du Roi sont à redouter jusques aux extrémités de la terre.

Les ennemis ont été fort surpris et effrayés de nous voir dans ces mers, où ils se croyoient en sûreté; ils nous ont dit que leur flotte l'a échappé belle et qu'ils ont bien raison de craindre les armes du Roi, puisqu'on vient les attaquer si loin et interrompre leur commerce, qui est toute leur richesse.

Les Laponois, quoique peuples grossiers et ignorants, admirent la grandeur du Roi. Un officier que le gouverneur de Kola m'a envoyé pour me complimenter parloit de la France avec un respect et une admiration extraordinaires. Il plaisantoit les ennemis de l'arrogance avec laquelle ils les abusoient de leurs forces maritimes, en leur disant que les François n'étoient à craindre en nul endroit de la terre.

J'ai fait armer une espèce de dogre que nous avions pris à l'atterrage de Kilduin, chargé de sel; je l'ai détaché pour donner de mes nouvelles à M. de Roquefeuille et le faire venir aux ports de Soggendal ou d'Ekesond, près le cap d'Erneus[1], n'espérant pas de pouvoir l'aller joindre à Maesterland ou Gottembourg.

Je mis à la voile de la rade de Kilduin le 8e du mois d'août. Le 11e, par le travers de l'île de Vardüyn[2], nous avons trouvé la flotte hollandoise, composée d'environ trente-huit à quarante voiles, escortée de trois navires de guerre, nous l'avons attaquée.

Le *Blackwell*, le *Protée* et moi, nous avons donné la chasse aux convois[3]; le *Jersey*, le *Griffon*, le *Salisbury* et la *Dryade* ont donné sur les marchands, qui se sont tous séparés, et, comme il ne restoit plus auprès des convois que seize navires de leur flotte, les convois forçoient de voile devant nous. J'ai coupé entre la terre et eux douze navires marchands, qui ont été obligés, étant pressés, de mouiller à l'île de Vardüyn, espérant de s'y sauver, et, comme les navires de guerre fuyoient toujours dans la vue de nous éloigner et de donner lieu à ces marchands de se pouvoir sauver, je n'ai pas donné dans ce panneau : il n'y avoit pas grande gloire à acquérir en les prenant, n'étant que de petites frégates, mais beaucoup de profit aux douze navires marchands. Je suis entré dans cette rade et m'en suis emparé. Les équipages s'en sont fuis à terre et ont emporté tout ce qu'ils ont pu. Tous les vaisseaux de l'escadre m'ont joint et amené cinq prises, et de cette flotte nous avons pris dix-sept grands bâtiments passablement riches. Le commissaire a fait mettre tous les ballots dans trois flûtes et chargé une quatrième de plusieurs sortes de marchandises, dont il vous rendra compte. Je dois dire à sa louange qu'il s'est donné beaucoup de soin et de peine. Si ces quatre bâtiments arrivent à bon port, ils vaudront leur prix.

1. Sogndal et Ekersund, villes de Norvège, non loin du cap Lindesnes, autrefois appelé cap Der Neus ou d'Erneus.
2. L'île de Vardöhuus; voyez ci-dessus, p. 95.
3. Il veut dire aux bâtiments de guerre convoyeurs.

Quatre capitaines hollandois ont rançonné[1] leurs bâtiments légers, dix mille livres chacun; tout le reste a été brûlé sur la côte... Voilà dix-sept bâtiments hollandois, quinze anglois, un de contrebande, un hambourgeois, qui font trente-quatre; cela joint feroit une grosse flotte. Si vous y vouliez joindre les vingt-deux pris dans la Manche, cela feroit cinquante-six. Quelle perte pour les ennemis! Quel dérangement dans leur commerce! Je suis persuadé qu'en Angleterre et en Hollande la populace est capable de se soulever : une pareille perte est générale...

J'espère que vous serez content de ma course. Si la *Dauphine* et le *Fidèle* et les quatre corvettes eussent été avec moi, nous aurions doublé la dose. Je suis insatiable, comme vous voyez, et cela par zèle et bonne volonté; car il n'est pas possible de tout prendre. Si l'on détruisoit tout, il n'y auroit plus d'ennemis.

J'ai pris le parti de mener mon petit trésor à Brest par la route du nord d'Irlande pour plus de sûreté. Je compte que les ennemis m'attendront avec de fortes escadres sur tous les passages de Dunkerque pour me détrousser; mais les Provençaux ont bonne main; ils ne lâchent pas prise aisément, et de plus nous sommes vieux-carénés; il y auroit à craindre, outre la perte de nos prises, que l'escadre ne fût exposée à quelque combat inégal, ce que j'ai voulu éviter.

J'ai mis à la voile de la rade de Vardüyn le 20ᵉ du mois d'août. J'ai eu un vent favorable jusques à la vue des îles Feroë; un coup de vent de S. S. O. m'a obligé de mouiller en ces îles le 1ᵉʳ septembre. Un bâtiment danois qui est entré avec nous m'a dit avoir parlé à treize navires hollandois sur le Rif, et qu'ils lui ont demandé des nouvelles de l'escadre.

Le 3ᵉ, je mis à la voile. Le 11ᵉ, par le travers de

1. Ont payé rançon pour.

Rockall, je reçus, la nuit, une furieuse tempête de N. N. E. qui a duré deux jours, le mauvais temps nous a fait perdre une de nos flûtes. J'ai bien peur que ce ne soit la proie de quelque Flessinguois.

Le 21e, environ à vingt lieues O. N. O. d'Ouessant, nous avons vu une escadre de six gros vaisseaux sous le vent à nous; ils faisoient la route du S. O.; le vent étoit forcé à O. N. O. La nuit, j'ai fait fausse route. J'ordonnai au *Protée* d'aller dire à une de nos prises, qui étoit sous le vent, de virer de bord dès qu'il feroit nuit et de faire le nord toute la nuit, qui étoit la route que je devois faire. La grosse mer et le mauvais temps ont été cause qu'il se sont abordés. Le *Protée* a eu sa misaine emportée, et nous ne savons pas quelle route a fait la prise. Comme il étoit nuit et que je n'ai eu nulle connoissance de cet accident, et qu'ils n'ont fait aucuns signaux d'incommodité, je n'ai pu leur donner du secours. Les vents étant du côté du nord et maniables, je compte que cette prise sera au Port-Louis. Nous avons trouvé le *Protée* à l'entrée de Brest. L'officier qui commande cette prise a ordre de vous donner avis de son arrivée dès qu'il sera dans un port de France...

Je suis, etc...

Le comte DE FORBIN.

III.

CAPITULATION DE TOURNAY EN 1709.

[La fermeture des Archives du ministère de la Guerre depuis le commencement des hostilités nous empêche de donner ici la lettre du maréchal de Villars, que nous avons annoncée ci-dessus, p. 180, note 1, et dans laquelle il blâme la conduite de M. de Surville].

IV.

Correspondance de Saint-Hilaire

(1707-1710).

Saint-Hilaire au ministre de la Guerre[1].

A Paris, le 23 février 1707.

Monseigneur,

On me mande de Douay que des soldats de la garnison, que l'on n'a point découverts, ont dérobé de nuit à l'aide d'une grande échelle un nombre d'armes dans la salle aux armes et quelques platines, qu'ils vendent sans doute aux bourgeois de la ville. Il y a deux ans qu'ils dérobèrent encore quatre milliers de plomb dans le magasin du dessous, et, si vous n'avez la bonté d'écrire fortement aux officiers de l'état-major de Douay de faire faire des perquisitions exactes et fidèles des voleurs et des receleurs et de les faire punir, on sera toujours exposé aux mêmes accidents; car ce magasin est hors de l'enclos de l'arsenal.

J'ai l'honneur, etc.

SAINCT-HILAIRE.

Réponse en apostille : Pourvu qu'il soit bien prouvé que ce soit des soldats, il faut les faire payer à la garnison. Je le mande ainsi à M. de Bagnols, et à M. de Pommereu de tenir la main à empêcher les continuations de pareils désordres.

[Paris, 17 mars 1707. — Saint-Hilaire demande au ministre de la Guerre un ordre pour tirer de Calais dix pièces de canon pour les amener à Douay (vol. Guerre 2017, n° 256).]

1. Vol. Guerre 2021, n° 205.

Saint-Hilaire au ministre de la Guerre[1].

A Douay, le 3 avril 1707.

Monseigneur,

J'apprends aujourd'hui avec bien du déplaisir la mort de M. le maréchal de Vauban, qui laisse le gouvernement de la citadelle de Lille vacant, et une grande croix de l'ordre de Saint-Louis. Comme je ne suis pas à portée, par mon absence, de demander à Sa Majesté l'une ou l'autre de ces grâces, et à vous, Monseigneur, l'honneur de votre protection pour l'obtenir, permettez-moi, s'il vous plaît, de vous supplier très humblement de vouloir bien lui dire une bonne parole en ma faveur, et lui représenter que, quoique je sois le doyen de l'artillerie, deux ou trois autres ont de sa grâce plus de bienfaits que moi, et que le cordon rouge dont elle m'a honoré, et duquel je vous ai une obligation très particulière, ne vaut que mille écus; d'ailleurs, mes affaires ne sont pas bonnes par rapport aux dignités dont Sa Majesté m'a honoré et à ma fidélité. Enfin, Monseigneur, je prétends vous devoir toute ma petite fortune, et dans cette pensée je ne saurois cesser mes importunités, que vous me pardonnerez, s'il vous plaît, par le respect et par l'attachement infini que j'aurai toute ma vie pour vous.

Comme j'ai donné tous mes petits ordres en ce pays, autant que la disette d'argent le peut permettre, je crois que vous ne trouverez pas mauvais que je retourne faire un tour à Paris.

J'ai l'honneur, etc.

SAINCT-HILAIRE.

Feu M. Du Metz, de même profession que moi, a eu le gouvernement de la citadelle de Lille, n'étant que maré-

1. Vol. Guerre 2021, n° 339.

chal de camp et avec moins d'années de services que j'en ai à présent.

Réponse en apostille : Tout cela a été donné dans l'instant de la mort de M. le maréchal, le gouvernement à M. de la Badie et la grande croix à M. des Alleurs; que mon fils se loue fort de la manière dont il le reçoit et de tout ce qu'il lui a fait voir. — Sur la demande de congé, Bon, jusqu'à ce que l'armée s'assemble.

Saint-Hilaire au ministre de la Guerre[1].

A Paris, le 11 avril 1707.

Monseigneur,

M. de Bernières m'a envoyé deux états de dépenses faites et à faire pour l'artillerie de Nieuport appartenant à l'Espagne, et me donnant à remarquer que, Nieuport n'ayant aucune dépendance, M. le comte de Bergeyck n'est pas en état d'y satisfaire, ainsi que j'ai obligé Messieurs les Espagnols à payer celle qui a été faite pour Mons et Charleroy. Cette dépense de Nieuport pourra monter à trois ou quatre cents livres. Si vous ordonnez que le Roi la supporte, je vous supplie très humblement de remarquer qu'il nous est facile de l'employer dans notre compte et impossible de la payer, à moins que vous n'ayez la bonté de faire remettre incessamment des espèces à M. Landais pour cela et pour libérer les dettes que nous avons en Flandres, où nos ouvrages languissent faute d'argent et auroient été abandonnés sans deux mille écus que M. Landais m'apporta dans le moment de mon départ pour Douay, qui n'ont été qu'une goutte d'eau répandue dans une terre aride. J'attendrai vos ordres là-dessus, ayant l'honneur d'être, etc.

SAINCT-HILAIRE.

1. Vol. Guerre 2024, n° 272.

APPENDICE.

Saint-Hilaire au ministre de la Guerre[1].

A Paris, le 11 avril 1707.

Monseigneur,

Il est vrai que j'ai reçu une lettre de M. de Bernières, par laquelle il me faisoit part de l'inondation que les ennemis ont formée le long de la Lys jusques à Aire, au moyen de leurs écluses de Menin, et j'ai jugé, comme lui, qu'il seroit très utile d'avoir à la main les matériaux nécessaires pour faire un second pont sur la Lys et cette inondation, près de celui de Dullemont, en cas que les ennemis, la campagne prochaine, pussent se jeter sur Ypres ou du côté de la mer, parce que le déboucher sur le seul pont de Dullemont seroit lent, et qu'autrement, il faudroit aller chercher à passer la Lys au-dessus de l'inondation, ce qui pourroit être un détour considérable et préjudiciable. Quoique le travail pour faire un second pont de plus de cinq cents toises de longueur soit de grands frais et d'haleine, et que nous n'ayons dans nos magasins aucun des chevalets nécessaires ni de bois propres pour en faire, et peu de madriers et de poutrelles pour le couvrir, j'étois dans le dessein de vous en parler la première fois que j'aurois l'honneur de vous voir. Cependant, ayant été avant-hier à Clichy rendre mes devoirs à M. de Vendôme, je l'ai mis sur ce projet, et il m'a répondu que le seul pont de Dullemont lui suffisoit, et qu'en autre cas il ne se faisoit pas une affaire d'aller passer la Lys au-dessus de l'inondation, et qu'ainsi il n'y avoit de ma part aucune précaution à prendre là-dessus. C'est une chose que vous pourrez savoir de lui précisément en droiture, en lui faisant part de l'avis que M. de Bernières vous donne, et en ayant, s'il vous plaît, la bonté de me ménager près de lui à cet égard;

1. Vol. Guerre 2018, n° 42.

autrement il pourroit peut-être lui venir en pensée que je serois assez impertinent pour m'ingérer à commenter sur ses manœuvres. C'est la grâce que je vous demande, et celle de me croire, etc.

Sainct-Hilaire.

Saint-Hilaire au ministre de la Guerre[1].

Au camp des Estinnes, le 25 mai 1707.

Monseigneur,

M. de Vendôme m'a ordonné de faire charger sur des bateaux le canon et toutes les munitions de guerre portées par mon projet pour le prétendu siège de Huy et de faire descendre le tout à Namur. J'ai dépêché à M. Roujault pour avoir tous les bateaux nécessaires et se charger du payement, que j'entrevois pouvoir monter à environ dix mille écus. Je ne sais encore s'il le voudra et pourra faire.

Vous savez bien, Monseigneur, que nous n'avons point d'argent et que les vingt mille livres que vous avez fait donner à Lille ont été employées à payer une partie de nos dettes les plus criardes avant notre départ de Douay. Cette expédition, qui ne peut servir qu'à engager peut-être à contretemps une bataille dont l'événement est incertain, et périlleux pour l'État dans la conjoncture présente, nous ne pouvons l'entreprendre sans avoir avant au moins vingt-cinq mille livres d'argent comptant pour les dépenses d'artillerie, non compris celles des voitures d'eau, non plus que sans une augmentation considérable d'officiers d'artillerie. J'en puis bien rassembler en ce cas huit ou dix dans les places, auxquels il faudra une augmentation de solde; mais ce nombre ne suffit pas, et il sera nécessaire à mon avis d'en faire venir promptement le tiers le meilleur

---

1. Vol. Guerre 2018, n° 261.

de ceux qui sont à l'armée d'Allemagne, aussi bien que deux capitaines de charroi, dont le meilleur s'appelle Lefebvre et l'autre Launay; car tout ce que M. le duc du Maine pourroit faire d'ailleurs, avec toutes ses bonnes intentions, ne pourroit produire à présent d'ailleurs aucuns autres officiers sur lesquels on puisse compter, et ce seroit une dépense perdue.

Il nous manque encore les deux compagnies de canonniers du second bataillon du Royal-artillerie, qui nous joignit hier très foible; elles sont restées en Alsace, et je les ai demandées bien des fois inutilement cet hiver à M. de Jossigny. Il y en a une à Luxembourg, qui y pourroit suppléer et nous joindre plus promptement, si vous avez la bonté de lui en envoyer l'ordre.

J'avois aussi eu l'honneur de vous demander une compagnie de mineurs, très nécessaire en ce pays.

Je vous demande la grâce, Monseigneur, de vouloir bien faire attention au contenu de cette lettre et d'être persuadé que je ne vous demande rien de superflu. Je sais me régler selon le temps et les besoins, et je connois une partie de vos peines; mais on ne sauroit rien faire sans les moyens. J'ai emmené à l'armée quatre-vingt-deux pièces de canon et un équipage d'artillerie en bon état; vous en recevrez l'état au premier jour.

J'ai l'honneur, etc.

SAINCT-HILAIRE.

Réponse en apostille : Vous saurez par M. de Vendôme les dernières résolutions qui auront été prises entre Son Altesse Électorale et lui sur le projet qui avoit été fait pour le siège de Huy, qui me paroît avoir peu d'importance pour les ennemis dans la situation présente où ils se trouvent. Si vous avez assez de fonds, je prendrai des mesures pour que vous ayez au moins ce qui sera absolument nécessaire.

Saint-Hilaire au ministre de la Guerre[1].

Au camp de Gembloux, le 19 juillet 1707.

Monseigneur,

N'ayant pu me dispenser de communiquer à M. de Vendôme l'ordre que vous m'avez envoyé de faire évacuer de Namur les poudres qui y étoient descendues en dernier lieu, sur la remontrance qui vous a été faite par M. de Salians du péril évident qu'encouroit la ville, M. de Vendôme m'a ordonné de suspendre cette évacuation pour quelques jours et m'a dit qu'il vous le manderoit.

Lorsqu'elle se fera, ne jugeriez-vous pas comme moi, après ma représentation, qu'il seroit plus à propos de faire remonter cette poudre à Charlemont que de l'envoyer à Maubeuge, ainsi que vous me l'ordonniez par votre lettre, pour la raison que Charlemont est plus à portée, la navigation beaucoup moins difficile pour l'aller et le retour en cas de besoin, les escortes plus faciles et la dépense moindre. Auriez-vous donc agréable de m'envoyer incessamment vos ordres là-dessus, afin que je les suive précisément et qu'il ne survienne en ceci aucun retardement?

J'ai l'honneur, etc.

SAINCT-HILAIRE.

Réponse en apostille: Le Roi trouve bon que vous agissiez de concert avec M. de Vendôme pour l'exécution de l'ordre que je vous ai envoyé pour transporter de Namur à Maubeuge deux cents milliers de poudre qu'il y a de trop. Ce que vous proposez pour Charlemont est aussi bon, et Sa Majesté se remet à vous de les y faire transporter en cas que M. de Vendôme croie qu'il convienne de les retirer de Namur.

[1]. Vol. Guerre 2019, n° 181.

Saint-Hilaire au ministre de la Guerre[1].

A Paris, le 10 mai 1708.

Monseigneur,

Je ne puis qu'ici travailler à tête reposée à vous faire les mémoires détaillés que vous m'avez fait l'honneur de me demander hier, touchant les entreprises que l'on pourroit faire, cette campagne, en Flandres sur les places des ennemis, en ce qui regarde mon ministère. J'ai travaillé toute la journée à en minuter un. Il vous en faut cinq ou six; pour cela cinq ou six jours. Je sais que ma présence est nécessaire en Flandres. Faites-moi, s'il vous plaît, la grâce de me mander lequel est le plus pressé, afin que je m'y conforme. J'attendrai toujours ici vos ordres en travaillant.

J'ai l'honneur, etc.

SAINCT-HILAIRE.

Le ministre de la Guerre à Saint-Hilaire[2].

Versailles, le 13 mai 1708.

J'ai reçu la lettre que vous avez pris la peine de m'écrire le 10 de ce mois. Vous pourrez tout à loisir, lorsque vous serez arrivé en Flandres, faire les états que je vous ai demandés, sur lesquels je prendrai les ordres du Roi; mais, avant de les avoir reçus, vous ne devez faire aucun transport d'artillerie ni de munitions pour les entreprises. Contentez-vous seulement de diligenter le plus que vous pourrez tout ce qui regarde l'artillerie que vous devez commander à la suite de l'armée des Flandres.

1. Vol. Guerre 2080, n° 150.
2. Vol. Guerre 2080, n° 158, et 2075, n° 191.

Saint-Hilaire au ministre de la Guerre[1].

Au Quesnoy, ce 23 mai 1708.

Monseigneur,

Nous devons partir demain de cette ville pour aller joindre l'armée qui va s'assembler.

Tout l'équipage d'artillerie y est, à la réserve d'une brigade restée à Douay, en attendant quatre-vingt-huit chevaux du sieur Rivier, qui ne sont pas encore arrivés. Je ne crois pas qu'ils puissent nous joindre qu'au commencement du mois prochain.

Les équipages dudit sieur Rivier sont meilleurs que la campagne dernière. Je ne puis m'empêcher d'avoir l'honneur de vous dire qu'il a bien de l'honneur dans son fait, et, s'il nous vient quelque subsistance pour les officiers de l'artillerie et les deux cents chevaux qui en dépendent, je crois que tout se passera bien.

M. de Vendôme, que j'ai eu l'honneur de voir ces jours passés à Valenciennes, ne m'a parlé de rien que de ce qui concerne l'équipage de campagne, et vous pouvez être persuadé que j'exécuterai ponctuellement vos ordres.

J'ai l'honneur, etc.

SAINCT-HILAIRE.

Saint-Hilaire au ministre de la Guerre[2].

Au camp de Soignies, le 29 mai 1708.

Monseigneur,

Il y a trois jours que M. de Vendôme me demanda si on trouveroit à Douay les attirails nécessaires pour faire le siège d'Ath. Je lui répondis là-dessus que nous trouverions

1. Vol. Guerre 2080, n° 205.
2. Vol. Guerre 2080, n° 228.

de ce côté-là à peu près ce qui y convient, mais que je le suppliois de ne me point ordonner de faire faire aucun mouvement que Sa Majesté n'en eût ordonné précisément. Il ne me parut pas fâché de ma réponse et me dit seulement : « Voilà qui est bien. » J'ai cru vous devoir rendre compte de cette petite conversation.

J'ai l'honneur, etc.

SAINCT-HILAIRE.

Le ministre de la Guerre à Saint-Hilaire[1].

Versailles, le 5 juin 1708.

La marche que l'armée du Roi, commandée par Mgr le duc de Bourgogne, vient de faire de Soignies à Genappe, où est la droite, a déterminé Sa Majesté à le laisser le maître de faire le siège de Huy, lorsqu'il le jugera à propos ; mais en même temps elle m'a commandé de vous dire de ne pas faire autant de dépenses et de préparatifs pour cette entreprise que s'il s'agissoit du siège de Maestricht, et qu'il suffira de rassembler les pièces et munitions de guerre contenues dans l'état que vous trouverez ci-joint, avec tout ce qui est de la suite dans la même proportion, ce que vous réglerez mieux que personne. Je dois vous faire observer en même temps que si, contre toute espérance, il étoit nécessaire de consommer davantage de poudre et de munitions que ce qui est contenu dans ledit état, vous devez toujours avoir un dépôt à Namur suffisant pour vous fournir toutes les choses dont vous aurez besoin. Ce que je vous recommande particulièrement, c'est de ménager la dépense et le temps ; le plus grand mérite que vous puissiez vous faire envers le Roi, c'est de finir promptement les expéditions dont vous serez chargé. Faites en sorte que les ennemis n'aient point de connoissance des résolu-

---

[1]. Vol. Guerre 2075, n°s 192 et 193, et vol. 2080, n° 252.

tions qui se prendront jusqu'au moment que vous les mettrez à exécution.

Mémoire.

Pour faire le siège de Huy : 6 pièces de 33 livres, 30 de 24, 4 de 16, 500 boulets par pièce, 6 mortiers de 12 pouces, 8 de 8 pouces, 2,000 bombes de 12 pouces, 2,000 bombes de 8 pouces, 6,000 grenades, 300 milliers de poudre, 20 milliers de plomb. Tout le reste à proportion, suivant l'arrangement qui en sera fait et ordonné par M. de Saint-Hilaire, observant qu'il faut un grand nombre de sacs à terre.

Le ministre de la Guerre à Saint-Hilaire[1].

A Fontainebleau, le 11 juillet 1708.

Le Roi a vu, par la lettre que vous avez pris la peine de m'écrire du 7 de ce mois[2], les ordres que vous a donnés Mgr le duc de Bourgogne pour faire embarquer à Douay les pièces et munitions d'artillerie nécessaires pour une entreprise. Sa Majesté les a approuvés et a trouvé bon que, dans un cas singulier comme celui qui vient d'arriver, les Gantois étant rentrés sous l'obéissance de leur légitime souverain, vous ayez exécuté tout ce que Mgr le duc de Bourgogne a jugé convenable dans cette conjoncture, et vous continuerez dans la suite en m'informant de jour à autre de ce qui se passera.

A l'égard des autres munitions de guerre que Mgr le duc de Bourgogne vous a aussi ordonné de faire passer à Gand pour la défense de cette place, il faut savoir auparavant ce qui s'en trouvera dans la ville et dans le château ; vous agirez sur cela de concert avec M. le comte de Ber-

1. Vol. Guerre 2075, n° 194, et 2081, n° 67.
2. Cette lettre ne s'est pas retrouvée.

geyck et M. de Bernières, auquel j'écris, après en avoir reçu l'ordre de Mgr le duc de Bourgogne ; mais vous ne devez rien remuer ni déplacer sans une nécessité absolue.

Le Roi n'a pas ignoré le risque qu'a couru l'artillerie pendant la longue marche qu'elle vient de faire, ni les soins que vous vous êtes donnés pour sa conservation, et Sa Majesté m'a ordonné de vous dire qu'elle en est très contente.

Saint-Hilaire à M. Nicolay,
premier président de la Chambre des Comptes[1].

Au camp de Lovendegem, le 19 juillet 1708.

Il m'a été impossible, Monsieur, de vous parler plus tôt du combat que nous avons donné contre les ennemis près d'Audenarde, le 11 de ce mois, dont vous aurez sans doute appris toutes les particularités par des gens moins chargés d'affaires que moi. Tout ce que je vous en dirai donc est que nous avons donné un combat d'infanterie en détail et des plus mal à propos dans la conjoncture présente. On s'y est engagé je ne sais comment et, jusqu'à deux heures de nuit, que l'on a pris le parti de se retirer pour conserver Gand, l'avantage avoit été égal, si ce n'est que les ennemis s'étoient repliés sur notre droite et se trouvoient avoir tourné notre infanterie de la droite en cette partie, tellement qu'en se retirant la nuit avec peu de précaution, elle donna dans eux, qui firent beaucoup d'officiers et de soldats prisonniers, et en auroient peut-être fait davantage si une partie d'entre eux ne s'étoit sauvée à Tournay.

Notre retraite sous Gand s'est faite plus heureusement qu'on ne l'avoit cru. Il s'est passé peu de chose à l'arrière-garde de notre colonne. J'ai ramené toute l'artillerie

---

1. Publiée par A. de Boislisle, *Histoire de la maison de Nicolay, Pièces justificatives*, t. 1, p. 422-423.

sans avoir perdu chose au monde, ce qu'on ne croyoit pas qui se pût faire lorsque nous partîmes du champ de bataille.

Nous sommes ici dans une fort bonne situation, notre gauche sur Gand et notre droite se prolongeant du côté de Bruges. Nous avons le canal devant, tout le long duquel on fait un retranchement qui n'est pas encore achevé. Nous avons le canal du Sas derrière, et M. d'Artagnan y a pris cette nuit le Fort-Rouge, où il y avoit cent cinquante hommes qu'il a faits prisonniers de guerre.

Nous nous attachons singulièrement à conserver Gand et Bruges. A la vérité, les ennemis, dont la droite est près Menin et la gauche vers Comines, font des courses et du désordre en notre pays, d'où ils tireront de l'argent; mais ils ne peuvent prendre aucune de nos places, n'ayant point de grosse artillerie ni ce qu'il leur faut pour un siège.

Le passage de Gand leur étant fermé, ils ne peuvent rester longtemps où ils sont, manquant de vivres qui ne leur peuvent venir que de très loin et par charrois bien escortés, hors ce qu'ils tirent de Menin, qu'ils épuiseroient bientôt.

Les troupes du prince Eugène, qui étoient hier en marche de Bruxelles à Alost, s'en sont retournées audit Bruxelles avec un convoi qu'elles menoient. Le prince Eugène fut hier les rejoindre. Je ne sais quel est leur dessein, si ce n'est l'entreprise de Namur, selon l'avis d'aucuns; mais je ne vois guère d'apparence qu'ils nous abandonnent les places de ce pays-ici. Je crois plutôt que la grande armée des ennemis se retirera au delà de l'Escaut, pour garantir Audenarde et couvrir les convois qui pourront leur venir, pendant que le prince Eugène entrera peut-être dans le pays de Waës pour couvrir Anvers, Hulst, le Sas-de-Gand et les autres places des Hollandois le long de la côte.

Nos troupes ont combattu avec plus de valeur que de

conduite. Nous ne manquons de rien et sommes en bon état, et dans un poste où nous n'avons jamais osé attaquer les ennemis lorsque nous étions dans la prospérité. Le capital est la possession de Gand, où nous sommes, ce qui contribuera fort à une bonne paix l'hiver prochain.

Voilà, Monsieur, un précis de tout ce qui s'est passé en ce pays-ci. M. le maréchal de Berwick doit être dans les derrières de Lille avec ses troupes et, quoique nous ne les ayons pas jointes, nous sommes encore plus forts que les ennemis.

Conservez-moi toujours, je vous supplie, l'honneur de vos bonnes grâces. Permettez-moi d'assurer Madame la première présidente de mes très humbles respects, et me croyez, s'il vous plaît, Monsieur, pour toute ma vie, etc.

Sainct-Hilaire.

Saint-Hilaire au ministre de la Guerre[1].

Au camp de Lovendegem, le 27 juillet 1708.

Monseigneur,

Dans la croyance où je suis que M. le maréchal de Berwick manque de canonniers et autres gens artilliers pour jeter dans les places qui peuvent être menacées, j'ai demandé permission d'envoyer à Douay une compagnie de canonniers de celles qui servent dans cette armée, et cent deux hommes détachés de nos bataillons, dont six cadets bombardiers et six autres choisis entre les meilleurs. Ladite permission m'a été accordée, et ils sont partis ce matin pour se rendre audit Douay en traversant l'Artois, ce chemin étant plus sûr que l'autre, et M. de Vendôme l'a ordonné expressément.

Il m'ordonna hier de dépêcher à Douay pour y faire embarquer cinquante pièces de gros canon, avec les autres

---

1. Vol. Guerre 2081, n° 267.

attirails à proportion, pour les faire passer à Condé, et aujourd'hui il m'a envoyé chercher pour me dire de faire passer tous ces attirails par terre, à travers l'Artois, à Dunkerque, et qu'il écrivoit à M. le maréchal de Berwick pour lui faire donner les escortes nécessaires, et que j'allasse parler à Mgr le duc de Bourgogne, qui désiroit faire le siège d'Ostende. Sur cela, j'ai pris la liberté de lui représenter que nous n'avions aucuns chariots à porter corps de canon, pour faire cette voiture dans un pays aussi difficile, et qu'ils étoient à Givet et à Maubeuge avec quelques affûts de 24 et autres trains dont nous manquons à Douay. Il m'a ordonné d'écrire sur-le-champ pour les faire venir, ce que j'ai fait chez lui. Après cela, je lui ai représenté la quantité de chevaux de charrois et le temps qu'il falloit pour transporter tout cet attirail, la difficulté même du passage dans la situation où sont les ennemis. Sur quoi, il m'a commandé d'écrire sur-le-champ à Douay, que les intendants devoient fournir les chevaux et les voitures, et que c'étoit son affaire de faire passer le tout sûrement.

J'ai été ensuite trouver Mgr le duc de Bourgogne, qui a eu la bonté d'entrer dans toutes mes raisons; mais cependant, après lui avoir montré les lettres que j'écrivois à Douay, Maubeuge et Givet, où une partie des difficultés étoient déduites, et même que nous ne pouvions fournir un seul sol pour ces dépenses, manquant absolument d'argent depuis longtemps, il a conclu qu'il falloit toujours mettre tous ces attirails en mouvement et, sur la grâce que je lui ai demandée de vouloir bien en informer Sa Majesté, il m'a dit qu'il le feroit. M. de Charmont a pris mes lettres, et on les doit envoyer ce soir par un courrier exprès à Douay et Maubeuge.

Pauvre petit subalterne que je suis, je n'ai pu insister davantage; mais, dans la conjoncture présente, dont je ne doute pourtant pas que vous ne soyez bien informé, je crois que vous ne désapprouverez pas mon petit raisonnement, au contraire, sur lequel vous ferez l'attention que vous jugerez à propos.

Premièrement, il faudra plus de quatre mille chevaux du pays pour le transport de tout cet attirail, que je ne crois pas qu'on puisse rassembler dans la situation présente des choses. La grande dépense, soit pour le Roi ou pour le pays, la difficulté du passage sans l'escorte d'une armée, la variété des projets qu'on fait de deçà, qui changent d'un jour à l'autre aussi bien que la face des affaires, joint à cela que les ennemis vont sans doute assiéger Lille ou Tournay, leur grosse artillerie étant arrivée aujourd'hui à Bruxelles, malgré les précautions un peu trop tardives qu'on avoit prises pour faire sauter les écluses de Willebroeck, où ils ont à présent un poste. Or, s'ils assiègent Tournay ou Lille, duquel ils auront certainement meilleur marché, les voilà incontinent sur Douay, qui ne vaut rien, comme vous savez, ou sur Arras, et je doute fort que Sa Majesté préfère le siège d'Ostende et même la conservation de Gand et de Bruges à la conservation des frontières de son royaume. S'il en étoit autrement, il me paroîtroit bien à propos de tâcher promptement de vider Douay de toute la grosse artillerie et des munitions de guerre superflues à la défense de la place; vous en avez tous les états. Elles ne se peuvent transporter par eau, les ennemis s'attachant à Lille ou à Tournay, et les chevaux et chariots qui doivent s'assembler audit Douay pour le prétendu siège d'Ostende pourroient servir à voiturer à Valenciennes et Cambray, et il n'y auroit guère de temps à perdre; car je tiens qu'il y a plus de quinze millions pesant d'artillerie et munitions superflues à la défense dudit Douay, qu'on pourroit voiturer à Valenciennes et Cambray, en tout ou partie, selon le temps qu'on auroit et les moyens.

Pour revenir au siège d'Ostende, M. le comte de Bergeyck, que j'ai vu ce soir, dit qu'il ne se peut faire, les ennemis ayant une flotte en mer, et y fait encore d'autres objections, quant à présent, lesquelles seroient trop longues à déduire ici.

Et, pour revenir ensuite à ce qui est le plus présent, j'aurai l'honneur de vous dire, Monseigneur, que Mgr le duc de Bourgogne veut faire attaquer le fort Philippe, près Ostende, dont on prétend tirer des utilités, dont M. le comte de Bergeyck, avec lequel je m'en suis expliqué ce soir, ne convient pas, si ce n'est qu'il empêche de rien sortir de deçà dudit Ostende et met à couvert le fort de Plasschendaele que nous occupons sur le canal. Pour cet effet, il m'a demandé de la grosse artillerie de Dunkerque, qui est la seule place à portée d'en pouvoir tirer. Sur cela, j'ai eu l'honneur de le supplier de vouloir bien donner ses ordres lui-même, n'osant dégarnir Dunkerque de grosse artillerie dans la conjoncture présente, et il a écrit à M. de Lomont la lettre dont vous trouverez copie dans ce paquet, après m'avoir demandé ce qu'il falloit, ce que je n'ai pu refuser de faire, et a écrit une lettre à Nieuport pour en tirer quatre-vingts milliers de poudre pour cette expédition.

Attendu les variations journalières qui surviennent, je vous demande la grâce, Monseigneur, de vouloir bien donner des ordres précis à ce qu'il ne soit rien dérangé des places de Sa Majesté que ce qu'elle jugera à propos ; car, d'un côté, j'ai peur de faillir contre son service et je ne puis me dispenser d'obéir lorsque Mgr le duc de Bourgogne parle.

Les chemins de l'Artois étant présentement fort hasardeux, je n'ai pu tirer de Douay les cinq pièces de batterie que vous m'ordonnez par votre lettre du 18 de faire passer à Calais, et je ne les y ai pu prendre qu'à Dunkerque, où j'ai écrit de les envoyer, tellement que voilà Dunkerque bien dépourvue de grosse artillerie, quand on en sortira encore les six pièces que Mgr le duc de Bourgogne ordonne.

J'ai ordre d'aller demain à Bruges pour m'aboucher avec M. le comte de la Motte sur l'expédition du fort Philippe.

J'ai l'honneur, etc.

Sainct-Hilaire.

Réponse en apostille : Il saura par Mgr le duc de Bourgogne les résolutions que le Roi a prises sur les ordres qui lui avoient été donnés pour le transport d'artillerie, et il se conformera à ce qui lui sera de nouveau ordonné par mondit seigneur.

A cette lettre est jointe la copie d'une lettre du duc de Bourgogne à M. de Lomont, commandant à Dunkerque, datée du 26 juillet; nous la donnons parce qu'elle a été omise dans l'Appendice du tome II des Lettres du duc de Bourgogne au roi Philippe V, *récemment paru :*

M. de Lomont, je vous écris pour vous marquer que nous avons besoin, pour une expédition, de six pièces de 24, armées et montées sur six bons affûts de campagne à hauts rouages, avec leurs avant-trains, plus de deux affûts de rechange de même que les premiers avec leurs avant-trains, deux paires d'armes aussi, de même avec un tire-bourre, les coins de mire desdites pièces et les leviers nécessaires pour icelles, deux chèvres complètes et tout à fait garnies, un cric à canon, deux mille boulets de 24, six plates-formes complètes à canons, six mortiers de 12 pouces, huit affûts de fer coulé pour iceux, garnis de leurs coussinets, douze cents bombes de 12 pouces, quinze cents fusées chargées pour lesdites bombes bien embarillées, six plates-formes complètes à mortiers, six cents grenades chargées, trois mille outils à remuer la terre bien emmanchés, dont les deux tiers bêches ou écoupes, six cents livres de mèche entonnée, deux mille sacs à terre aussi de même. Vous ferez embarquer le tout avec le plus de diligence qu'il vous sera possible et conduire à Nieuport avec l'escorte que vous jugerez nécessaire, sous la conduite d'un officier d'artillerie de votre place, qui sache rendre compte desdites munitions de guerre et qui porte avec lui un état du contenu en sa voiture, afin qu'on le puisse confronter à l'ordre que je vous envoie. Vous m'avertirez du jour du départ et de celui que vous jugerez que cela pourra arriver à Nieuport. J'écris au Roi que je vous envoie cet ordre et que, connoissant votre application, je ne doute point qu'il ne soit exécuté ponctuellement. Il est bon que ce que vous arrangerez se fasse avec secret.

Saint-Hilaire au ministre de la Guerre[1].

Au camp de Lovendegem, le 31 juillet 1708.

Monseigneur,

J'ai été à Bruges, par ordre de Mgr le duc de Bourgogne, m'aboucher avec M. le comte de la Motte touchant les entreprises sur Ostende et sur le fort Philippe qu'on avoit projetées de deçà. J'ai rédigé cette conférence par écrit et l'ai rapportée à Mgr le duc de Bourgogne. Hier, il fit venir M. le comte de la Motte; cette affaire fut de nouveau agitée, et on conclut que l'entreprise d'Ostende étoit impossible quant à présent et que celle sur le fort Philippe étoit absolument inutile pour les fins qu'on s'étoit proposées. Mgr le duc de Bourgogne, en cette conséquence, a contremandé la grosse artillerie qui devoit venir de Dunkerque; ainsi cette place ne sera pas dérangée.

Dans l'embarras d'affaires où vous êtes, j'ai jugé hors de propos de vous envoyer l'écrit que j'ai rapporté de la conférence que j'ai eue avec M. le comte de la Motte sur les sujets ci-dessus énoncés, d'autant plus que je ne crois pas que ces projets se renouvellent; si pourtant vous le désirez, je tiendrai cet écrit tout prêt.

1. Vol. Guerre 2081, n° 336.

J'attends toujours vos ordres sur ce que Sa Majesté désire que l'on fasse à présent de la grosse artillerie de Douay, qui y est peut-être en péril, et la réponse à la lettre que j'ai eu l'honneur de vous écrire à ce sujet le 26 de ce mois par le courrier de Mgr le duc de Bourgogne. Sur ce qui en sera décidé, je donnerai les ordres nécessaires autant qu'il me sera possible dans l'éloignement et dans la conjoncture présente, et n'oublierai rien certainement là-dessus de tout ce que je croirai utile au service de Sa Majesté, à quoi j'ajouterai encore que je crois assez nécessaire que je rédige un peu cet arrangement, tant pour ce qu'on jugera à propos d'évacuer et de transporter dans les places des environs que pour ce qui doit rester dans la place pour la défense. C'est pourquoi, et pour éviter le dérangement dans l'évacuation et le transport dans chaque place, j'ai l'honneur de vous représenter que, étant versé dans ces sortes de choses, je croirois à propos que vous me fissiez l'honneur de m'envoyer la copie des ordres qui surviendront à cet effet, afin qu'il me fût permis de rectifier, en cas que cela fût nécessaire.

J'ai l'honneur, etc.

SAINCT-HILAIRE.

Réponse en apostille : Lui mander que, sur l'avis que Mgr le duc de Bourgogne en avoit donné au Roi, Sa Majesté avoit décidé conformément à la résolution qui a été prise depuis, et que Sa Majesté avoit même envoyé des ordres pour contremander ce que Mgr le duc de Bourgogne avoit demandé.

Saint-Hilaire au ministre de la Guerre[1].

Au camp de Lovendegem, le 17 août 1708.

Monseigneur,

Je viens de recevoir ordre de me rendre à Douay pour

---

1. Vol. Guerre 2082, n° 195.

y préparer, s'il est possible, jusques à cent pièces de gros canon et attirail en conséquence, que M. de Vendôme veut mener au secours de Lille, que l'on tient ici pour assiégé. Il vient d'écrire à M. de Bernières pour assembler tous les chevaux nécessaires dans le pays. A vue, je juge qu'il en faudra plus de six mille, et ce n'est pas une chose qui puisse être très prompte ni facile, principalement dans le temps de la moisson où nous sommes, outre que cet attirail n'est pas facile à mouvoir ni faire agir avec un pareil équipage et sur-le-champ, comme l'occasion le requiert, et même sans argent. Enfin, je vais partir dans ce moment et ferai du mieux qu'il me sera possible. Quoiqu'il ne m'appartienne pas de parler sur ce sujet et que je sache que les grands hommes comme M. de Vendôme pensent au-dessus du vulgaire, je ne puis m'empêcher de dire ici que je n'ai vu ni ouï dire qu'on se soit jamais servi d'un tel attirail en pareille occasion, qui est toujours une affaire de peu de temps. Je ne parlerai point de toutes les autres difficultés à alléguer contre ce projet, et même de son inutilité, s'il m'est permis de le dire ; elles sont trop visibles d'elles-mêmes ; je dirai seulement que, si malheur survient à notre armée, toute cette grosse artillerie sera absolument perdue, et les ennemis s'en serviront à prendre toutes nos places.

Mgr le duc de Bourgogne n'approuve point ce projet ni ne le tient possible dans l'exécution, non plus que les principaux de cette armée, qui en ont ouï parler il y a déjà quelques jours. Quoi qu'il en soit, je vais faire tous mes efforts pour l'effectuer, à moins que vos ordres, que j'ai l'honneur de vous demander, adressés à Douay, où je compte d'arriver après-demain, ne m'arrêtent tout court.

J'ai l'honneur, etc.

SAINCT-HILAIRE.

Je vous demande la grâce, Monseigneur, de vouloir bien assurer Sa Majesté que le secours de Lille ne manquera pas en ce qui dépendra de moi tant que je vivrai.

Le ministre de la Guerre à Saint-Hilaire[1].

A Fontainebleau, le 19 août 1708.

J'ai rendu compte au Roi de ce que vous me mandez par la lettre que vous avez pris la peine de m'écrire le 17 de ce mois, de l'ordre que M. le duc de Vendôme vous avoit donné d'aller à Douay préparer jusques à cent pièces de gros canon, dont il projetoit de se servir pour le secours de Lille. Sa Majesté, après avoir réfléchi aux difficultés et aux conséquences de ce grand attirail, m'a commandé de vous faire savoir qu'elle trouve bon que vous en prépariez seulement jusqu'à trente pièces du calibre de 24, et le plus que vous pourrez de 12, 8 et 4. Elle le mande ainsi à Mgr le duc de Bourgogne et à M. le duc de Vendôme, en leur faisant connoître quelles sont ses intentions pour cette expédition.

Saint-Hilaire au ministre de la Guerre[2].

A Douay, le 28 août 1708.

Monseigneur,

Vous trouverez ci-joint l'état des principales munitions de guerre qui sont dans cette place, laquelle n'est aucunement en état de défense et ne tiendroit pas deux fois vingt-quatre heures devant l'ennemi. Les chemins couverts, principalement du côté de l'attaque, sont la plupart éboulés et sans aucunes palissades, quoiqu'il y en ait ici une provision de vingt-sept à vingt-huit mille, à ce que l'ingénieur vient de me dire. On n'a pas non plus formé l'inondation, et il faut huit jours pour le faire, quand les eaux sont bonnes, et, à présent qu'elles ne le sont pas, il en

1. Vol. Guerre 2075, n° 195.
2. Vol. Guerre 2082, n° 311.

faut davantage. Cependant l'état-major est ici dans une grande sécurité, et les ennemis battent Lille fortement depuis hier matin. J'ai l'honneur de vous dire tout ceci à propos de notre grosse artillerie, qui certainement paroît en grand péril, à moins qu'on n'y pourvoie promptement. J'espère qu'ils ne prendront point Lille; mais enfin les événements sont douteux. Il faut du temps pour cette évacuation, et il se raccourcit tous les jours. J'ai déjà eu l'honneur de vous écrire là-dessus, et, si les ennemis se saisissoient de cette ville, ils y trouveroient des ressources pour d'autres conquêtes et n'auront pas besoin de les faire venir de leur pays.

Par l'état ci-joint, si vous le jugez à propos, Monseigneur, vous pourrez régler ce qui doit rester dans cette place, par rapport au temps qu'elle peut tenir, et donner vos ordres pour l'évacuation du superflu, qu'il me paroît qu'il faudroit distribuer à Valenciennes, Cambray et Arras, qui deviendroit aussi fort frontière par la prise de Lille. C'est pourquoi il y faudroit mettre seulement quelques grosses pièces, et une grande partie des fers coulés à cause de la facilité de la rivière, qui pourtant ne peut porter un grand poids depuis cette ville jusques audit Arras, ni fournir une suffisante quantité de bateaux tous à la fois. J'ai l'honneur de vous représenter toutes ces choses afin que vous puissiez faire l'attention que vous jugerez nécessaire et donner les ordres qui conviendront pour faire fournir par MM. les intendants les chevaux de trait, chariots et bateaux qui conviendront. Cela suppose que Sa Majesté trouve cette évacuation à propos. Vous pourrez, Monseigneur, adresser vos ordres à M. de Rond, commissaire provincial d'artillerie en cette ville, qui est homme diligent et entendu; car je ne crois pas que M. de Vendôme me laisse longtemps en cette ville, avec l'attirail que j'y ai préparé pour le secours de Lille, et il me fâche fort d'y être si longtemps, pouvant être plus utile ailleurs, si le projet de M. de Vendôme de me faire joindre entre ici et Lille trouvoit ses difficultés, comme il pourroit bien arriver. Je n'ai pas encore la réponse de M. de Bernières par l'exprès que je lui ai dépêché; peut-être aura-t-il joint M. le maréchal de Berwick qui sera passé outre Mons pour faire sa jonction avec Mgr le duc de Bourgogne. Si cela est, je ne puis plus rejoindre par delà de l'Escaut, à cause de la position de l'armée de M. de Marlborough, et je me trouverai contraint d'attendre que la nôtre ait passé cette rivière. Je vous assure, Monseigneur, que le voyage que j'ai fait en cette ville me déplaît fort; car j'aurois pu être plus utile ailleurs, et je ne m'y serois pas épargné.

J'ai l'honneur, etc.

SAINCT-HILAIRE.

Le ministre de la Guerre à Saint-Hilaire[1].

A Versailles, le 31 août 1708.

J'ai reçu vos deux lettres des 27 et 28 de ce mois[2]. Il n'y a pas d'apparence que l'armée de Sa Majesté étant une fois placée entre Lille et Douay, que cette place, quoique mauvaise, soit exposée et que les ennemis puissent songer à l'attaquer. Il y aura du temps pour vous donner des ordres sur ce que vous voulez prévenir d'avance. Rien ne contribueroit davantage à répandre une terreur universelle dans la Flandre que le transport que vous proposez de faire dans la conjoncture présente. Je vous donnerai de mes nouvelles de jour à autre et me réglerai pour cela sur celles que je recevrai de l'armée de Mgr le duc de Bourgogne et de l'état où se trouvera le siège de Lille.

1. Vol. Guerre 2082, n° 331.
2. La lettre du 27 manque.

Saint-Hilaire au ministre de la Guerre[1].

Au camp de Mons-en-Pévèle, le 7 septembre 1708.

Monseigneur,

Je ne fais que de recevoir en ce moment la lettre que vous m'avez fait l'honneur de m'écrire le 29 du mois passé au sujet des magasins de poudre de Bergues dont la maçonnerie est à réparer et dont la caducité des chapes et barils de poudre ne permet pas que l'on les transporte hors du magasin sans un radoub très considérable que nous n'avons pas le moyen de faire.

Un jour ou deux avant que je partisse pour venir du camp contre Gand à Douay, je reçus d'un officier d'artillerie de Bergues sur ce sujet des lettres, lesquelles sont restées à Tournay avec mes autres papiers dans mes bagages, qui y sont demeurés lorsque l'armée y a passé. Ainsi je ne puis précisément me les ramentevoir et je reprends seulement sur cela la copie de la lettre de M. des Costières que vous avez eu la bonté de m'envoyer. Puisque vous me faites l'honneur de me demander mon avis là-dessus, je dirai qu'aux termes de l'exposé de M. des Costières, je ne vois pas qu'il y ait si grand inconvénient de travailler à rétablir les cintres des portes des magasins à poudre de Bergues, moyennant la cloison de planches bien jointes en dedans desdits magasins à la distance de huit toises de la porte. A quoi j'ajouterai que mon avis est, pour plus grande précaution, qu'on ne travaille aux magasins que l'un après l'autre, et qu'il y ait toujours pendant ce temps-là un officier d'artillerie et un de l'état-major de la place alternativement qui assistent à l'ouvrage sans discontinuation, tant que les ouvriers travailleront, afin de veiller

---

[1]. Vol. Guerre 2083, n° 36.

sur eux pour empêcher les accidents; c'est tout ce que je puis avoir l'honneur de vous représenter sur cet article.

Vous aurez su, sans doute, que j'ai rejoint l'armée il y a trois jours avec tout le gros attirail que j'ai préparé à Douay et dont je vous ai rendu compte. Je vous puis assurer qu'il est très inutile ici dans la conjoncture présente et qu'il est impossible de le charrier dans les chemins de traverse que l'on prémédite de tenir, sans courir risque de le perdre et de le laisser embourbé à la première pluie, quand même il seroit attelé avec de nos chevaux d'artillerie, dont la quantité n'est pas suffisante pour l'attirail de campagne, cent fois plus nécessaire que ce gros ici, auquel j'ai employé toute mon industrie pour le faire mener avec des chevaux de paysans, qui commencent d'aujourd'hui à nous déserter. Ainsi je puis dire que cet attirail est une machine dont les ressorts sont à bout dès que l'on quittera la grande chaussée.

Mgr le duc de Bourgogne m'avoit ordonné de le renvoyer à Douay dès le premier jour qu'il arriva au camp; du depuis il a sursis, et je crois qu'il en a écrit à Sa Majesté par le courrier qu'il dépêcha hier après midi. Les choses paroissent de jour à autre plus périlleuses pour le secours de Lille et le deviendront de plus en plus. Le seul jour pour y réussir étoit celui que l'armée arriva sur la Marque; mais il falloit la faire partir plus matin du camp d'Orchies et suivre un projet fixe et prémédité mûrement. Je crains fort qu'il n'en soit plus temps et que, si on le tente, on ne joue le plus gros jeu du monde, et même cent contre un. Il ne m'appartient pas d'en dire davantage, et je me renferme à remplir mes devoirs du mieux qu'il me sera possible, lorsque l'occasion s'en présentera.

J'ai l'honneur, etc.

SAINCT-HILAIRE.

Saint-Hilaire au ministre de la Guerre[1].

Au camp sous Tournay, le 20 septembre 1708.

Monseigneur,

Avant-hier, avant que je partisse de Douay pour rejoindre cette armée, je reçus ordre de Mgr le duc de Bourgogne d'envoyer à Mons, aux ordres de M. le comte de Bergeyck, douze pièces de 24 et les attirails en conséquence, avec les officiers et détachements de nos bataillons nécessaires. J'envoie M. de Pressons pour les commander et je suis persuadé qu'il s'en acquittera bien. M. de Bernières a fait commander tous les chevaux de trait et les chariots nécessaires pour le transport de cet attirail, et, dès qu'ils seront assemblés audit Douay, il en partira pour Mons. Je ne crois pas que ce puisse être avant samedi prochain 22.

J'ai l'honneur, etc.

SAINCT-HILAIRE.

Saint-Hilaire au ministre de la Guerre[2].

Au camp du Saussois, le 26 septembre 1708.

Monseigneur,

Mgr le duc de Bourgogne ayant jugé, par le vilain temps qu'il fait en ce pays-ci depuis quelques jours, qu'il sera de durée et que les chemins deviendront très mauvais pour notre artillerie, et que, cela étant, nous ne pourrions pas facilement retirer les dix pièces de 12 et de 8 que vous m'avez ordonné d'envoyer au camp d'Audenarde, il vient de m'ordonner de les faire revenir à Tournay et d'envoyer à leur place la brigade légère qui est à Berchem.

1. Vol. Guerre 2083, n° 99.
2. Vol. Guerre 2084, n° 127.

Et, sur les mouvements que l'on croit que les ennemis feront bientôt, il m'a donné ordre de remettre une partie de notre canon dans Tournay, afin de doubler les chevaux sur les voitures, et de tenir seulement quarante pièces prêtes à marcher avec les munitions de guerre nécessaires à l'armée. Encore aurons-nous bien de la peine à les mener, si le mauvais temps continue; car nos chevaux sont fort dépéris, aussi bien que les autres de l'armée.

J'ai l'honneur, etc.

SAINCT-HILAIRE.

Saint-Hilaire au ministre de la Guerre[1].

A Douay, le 8 mars 1709.

Monseigneur,

Les ouvrages que vous m'avez ordonné de faire faire dans ce pays-ci s'avancent considérablement, et j'espère que tout sera prêt à mouvoir, ou peu s'en faudra, à la fin de ce mois, et même la plus grande partie dès à présent, si les ordres en étoient venus et que nous eussions les chevaux et voitures nécessaires. Il manquera pourtant environ vingt mille outils, de ceux qui se font en Hainaut, qui ne seront, je crois, achevés de fournir à Maubeuge et Avesnes qu'à la fin du mois prochain. Le temps rude qu'il a fait en est la principale cause.

J'ai fait passer à Béthune toutes les munitions que vous m'avez ordonné, et y ai ajouté soixante mille pierres à fusil, parce qu'il n'y en avoit point dans la place.

J'envoie demain chercher à Charleroy et Philippeville, par nos deux cents chevaux d'artillerie, les deux pièces de 24 de campagne de notre équipage et quelques attirails en conséquence, avec dix pontons que nous avions été obligés d'y remettre pendant la campagne de 1705 et celle de 1707 à cause de la mortalité des chevaux, et pour en

1. Vol. Guerre 2150, n° 9.

avoir pour doubler sur les voitures, cela afin de rassembler, pendant que nous en avons le temps, les parcelles qui doivent servir à l'équipage de campagne.

Comme je crois que ma présence ne sera plus nécessaire ici à la fin de ce mois, voulez-vous bien avoir la bonté de faire agréer à Sa Majesté que je m'en retourne dans ce temps-là à Paris mettre ordre à mes affaires et à ma santé, qui s'altère considérablement depuis quelque temps.

J'ai l'honneur, etc.

Sainct-Hilaire.

Réponse en apostille : Bon.

Saint-Hilaire au ministre de la Guerre[1].

A Douay, le 9 mars 1709.

Monseigneur,

Si l'expédition projetée ne peut avoir d'exécution, ainsi que je me l'imagine, nous aurons plus de faculté à pourvoir les places des munitions de guerre qui y sont nécessaires; car, étant dénués au point que nous le sommes, nous ne pouvons quant à présent puiser que sur le fonds que j'assemble pour ladite expédition. Si la pensée en est cessée, il me semble que vous me pourriez permettre dès à présent, attendu le retardement, causé par la rigueur de l'hiver qui continue, des poudres de la fourniture du mois d'avril prochain, d'en tirer quatre cents milliers dès à présent de Charlemont, pour munir les places d'Artois et de Picardie incessamment; car, si l'ouverture de la campagne prochaine se fait avant qu'elles soient munies, il pourroit bien arriver telle chose qu'on ne pourroit plus le faire qu'avec des peines et des risques infinis. Si ma proposition vous agrée, je vous supplie très humblement de mander à M. Doujat de me faire fournir à jour nommé les

[1]. Vol. Guerre 2150, n° 10.

chariots et conducteurs que je lui demanderai; car nos officiers d'artillerie, qui ne sont pas payés depuis longtemps, sont si misérables que je n'en puis tirer aucun pour les convois.

Je ne sais si le Roi ne veut pas mettre une augmentation de plomb dans les places d'Artois. S'il juge qu'il y en faille davantage, nous en avons une réserve de cent milliers en saumons à Calais, qu'on y pourroit répartir selon ce qu'il en ordonnera ou vous. J'aurois attention d'envoyer des moules pour le couler dans celles qui n'en ont point, afin de s'en pouvoir servir dans le besoin.

J'ai l'honneur, etc.

Sainct-Hilaire.

Réponse en apostille : Il verra avec M. le maréchal de Villars, qui doit partir demain pour se rendre en Flandres, les dernières résolutions que l'on pourra prendre sur l'entreprise projetée; que, lorsqu'il aura reçu de lui ses derniers ordres et les dernières instructions, il n'y a rien à faire qu'à répartir les munitions dans les places; il se rendra ici en diligence pour concerter avec moi, suivant les intentions du Roi, la distribution qu'il y aura à faire.

Saint-Hilaire au ministre de la Guerre[1].

A Douay, ce 16 mai 1709.

Monseigneur,

Par une lettre que M. Macaire m'a écrite et que j'ai l'honneur de vous envoyer, vous verrez qu'il m'avoit promis et étoit fort disposé alors de faire bien emballer les six mille fusils pour lesquels vous m'avez adressé votre ordre, que je lui ai fait tenir. Cependant, par des lettres des officiers d'artillerie de Namur et un certificat qui y est joint, que j'ai l'honneur de vous envoyer, il y a fort à

1. Vol. Guerre 2133, n° 416.

craindre que lesdites armes n'arrivent à Maubeuge que fort endommagées et que le sieur Macaire n'ait point exécuté ses promesses, je ne sais par quel motif, ne me souvenant point de lui avoir jamais parlé ni eu affaires à démêler avec lui que celle-ci. Si vous jugez à propos d'écrire à Namur pour vous faire informer de l'exposé des officiers de l'artillerie, et s'il se trouve qu'ils aient raison, peut-être trouverez-vous à propos qu'il seroit bien employé pour l'exemple de faire payer audit sieur Macaire ce qu'il en coûtera pour le rétablissement desdites armes. En attendant, j'écris au garde d'artillerie de Maubeuge que, dès qu'elles y seront arrivées, on les nettoie, rétablisse et emballe, pour ensuite les faire passer à Cambray, ainsi que vous l'avez ordonné.

J'ai l'honneur, etc.

SAINCT-HILAIRE.

P.-S. — En cas que vous ne jugiez pas à propos, Monseigneur, de faire payer le rétablissement desdites armes à M. Macaire, ayez, s'il vous plaît, la bonté d'écrire à M. Doujat de le faire; car vous savez bien que nous n'avons d'argent pour aucune dépense.

[A cette lettre sont joints : 1° la copie de l'ordre de Saint-Hilaire à M. Macaire, 4 mai; 2° une lettre de M. Macaire, du 7 mai, promettant l'envoi des fusils; 3° un certificat de l'inspecteur des armes à Namur, à propos des défectuosités de l'emballage, 12 mai; 4° une lettre d'un sieur Bouchard, 13 mai, sur le même sujet.]

Réponse en apostille : Il y a apparence que le sieur Macaire a manqué de fonds pour cette dépense. Il est homme qui sert bien le Roi, il y a longtemps, et avec de bonnes intentions qui ne méritent pas de mortification.

Saint-Hilaire au ministre de la Guerre[1].

A Douay, le 21 mai 1709.

Monseigneur,

Ayant exécuté en ce pays-ci les ordres que vous m'avez fait l'honneur de me donner, à peu de chose près, pourquoi je laisse de bons ordres, je m'en retourne pour vous en rendre compte et faire quelques remèdes pour tâcher de rétablir ma santé et ma méchante jambe, selon la permission que j'ai eu l'honneur d'en demander à Sa Majesté et à vous avant de partir pour mon dernier voyage, afin de me mettre en état de revenir en ce pays-ci le plus tôt qu'il me sera possible, si j'y suis jugé nécessaire.

J'ai l'honneur, etc.

SAINCT-HILAIRE.

Saint-Hilaire au ministre de la Guerre[2].

A Paris, le 5 juillet 1709.

Monseigneur,

L'aridité dans laquelle on est d'argent et les besoins pressants de l'artillerie et des prompts approvisionnements des places commises à mes soins me fait recourir aux expédients, afin d'y pouvoir satisfaire avec diligence, ainsi que le bien du service le requiert et que nos moyens y pourront satisfaire; car, quelque bonne volonté que nous puissions avoir, il est impossible absolument de pouvoir rien faire sans secours dans l'état déplorable où nous sommes. Autrement, je supplie très humblement qu'on en charge un autre que moi; au hasard de tout ce qui m'en peut arriver, je ne puis partir pour me rendre en Flandres et je demeure ferme et inébranlable là-dessus, étant tout à fait dans l'impossibilité d'exécuter les ordres qui m'ont été donnés sans un très prompt secours.

1. Vol. Guerre 2150, n° 235.
2. Vol. Guerre 2151, n° 155.

Je viens à l'expédient. Nous avons dans nos magasins en Flandres une quantité de cuivre jaune et rouge propre à faire des liards, je crois jusqu'à cent cinquante mille livres; pour celui de la première espèce, il faudroit une déclaration de Sa Majesté pour y donner cours. Nous avons en Flandres un fondeur nommé Desfalizes, très habile, avec ses ouvriers pour les fabriquer, et il se munira de tous les ustensiles nécessaires. Je me fais fort de le faire travailler dès le commencement du mois prochain, si l'on veut statuer là-dessus promptement; cela, Monseigneur, parce que je sais que toutes les monnoies sont occupées depuis longtemps. Je vous assure que tout ceci s'exécutera avec toute sorte de fidélité et de soin, quoique je demande à faire agir sur cela militairement par rapport à nos besoins pressants; car, si Messieurs de la Monnoie s'en mêloient, cela tireroit trop en longueur, et rien ne se pourroit faire à temps; le mal est trop grand; il lui faut un prompt remède. Si on le juge à propos, ils pourroient envoyer un homme de leur part pour veiller à ce qui se passera.

J'ai eu l'honneur de vous entretenir là-dessus, et vous m'avez promis que cette monnoie seroit uniquement employée pour les besoins de l'artillerie; j'ai même eu l'honneur d'en parler à Sa Majesté, qui m'a paru goûter ma proposition. J'attends que vous me ferez la grâce de me faire une prompte réponse là-dessus et l'honneur de me croire, etc.

Sainct-Hilaire.

Saint-Hilaire au Contrôleur général des finances[1].

A Douay, ce 13 juillet 1709.

Monseigneur,

Avant mon départ de Paris, j'ai eu l'honneur de propo-

---

1. Arch. nat., carton G⁷ 1434.

ser à Sa Majesté et à M. Voysin de faire dans la fonderie de Douay une fabrique de liards des cuivres rouges et jaunes que nous pouvons fournir, afin de pouvoir payer nos dettes pour le service de Sa Majesté et satisfaire aux petits approvisionnements absolument nécessaires, en rétablissant notre crédit entièrement perdu par le manque d'argent, ce qui vous soulageroit encore de fournir à nos besoins pressants d'ici à quelque temps. Je prends la liberté de mettre dans ce paquet des échantillons de cuivre jaune que nous avons ici, afin que vous puissiez le faire voir à Messieurs de la Monnoie de Paris, si vous le jugez à propos. Je n'envoie point d'échantillons de cuivre rouge, parce que nous n'en avons point en cette ville et qu'il est à Arras et au Quesnoy. L'épaisseur est égale au jaune. Si cette proposition vous agrée, Monseigneur, ayez, s'il vous plaît, la bonté de nous envoyer promptement tels officiers, ouvriers et instruments de monnoie que vous estimerez nécessaires. Je leur fournirai toutes les matières et commodités nécessaires, même des voitures pour amener les instruments de monnoie de Paris en cette ville, et ils seront absolument les maîtres de la fonderie sous vos ordres, ne prétendant disposer de rien que sous votre bon plaisir. Je vous donnerai seulement encore à remarquer que nos besoins pour le bien du service sont très pressants et que mon industrie est tout à fait à bout. Il n'y aura point de temps à perdre si la proposition agrée.

J'ai l'honneur, etc.

SAINCT-HILAIRE.

Le Contrôleur général demanda l'avis de MM. Hosdier et Delafons, directeurs de la Monnoie. Ceux-ci lui répondirent :

« Avant toutes choses, il semble qu'il faudroit qu'il mandât combien il peut y avoir de matières de cuivre, soit à Douay, soit au Quesnoy, soit à Arras. Il faut deux tiers de cuivre rouge avec un tiers de jaune pour faire des liards. Y en a-t-il assez de rouge à Arras et au Quesnoy pour faire cette proportion? Sur cette quantité plus grande ou moindre, on auroit à prendre son parti pour savoir s'il y auroit de l'avantage à faire cette fabrication qui ne peut être que très lente et d'un fort petit rapport, pendant que par là on courroit risque de dégarnir l'artillerie, qui perpétuellement a besoin de ces sortes de matières. La dépense pour l'établissement ne laisseroit pas d'être de quelque considération. Cela ne se pourroit mettre en mouvement à moins de quinze ou vingt mille livres de construction, d'outils et d'autres instruments à mettre en place pour un moulin et le reste. Un balancier pourroit par jour faire vingt mille pièces, qui vaudroient deux cent cinquante livres, et sur ce pied on ne pourroit fabriquer en toute une année que pour quarante mille livres desdits liards, ce qui paroît un très petit objet pour une telle dépense, sans compter ce qu'il en coûteroit en appointements et gages. S'il y avoit une assez grande quantité de matières pour y trouver quelque avantage, on pourroit, sans faire de dépense pour aucun balancier à Douay, y faire fondre toutes lesdites matières, les y dégrossir, les mettre en flans, et les envoyer à Paris pour y être monnoyées, attendu qu'il y a assez de petits balanciers qui ne sont point occupés et dont on se serviroit, ce qui retrancheroit cette dépense particulière à Douay. »

Le Contrôleur général écrivit en conséquence le 8 août; on trouvera ci-après, au 16 août, la réponse de Saint-Hilaire.

Saint-Hilaire au ministre de la Guerre[1].

A Douay, ce 13 juillet 1709.

Monseigneur,

Étant nécessité pour pourvoir au bien du service, en ce

---

1. Vol. Guerre 2151, n° 206.

qui me regarde, de faire plusieurs voyages de place en place, ce que je ne puis faire sans de grosses escortes ou courir risque d'être pris, sans un passeport des ennemis pour ma personne et mon domestique, M. de Bernières m'a assuré que j'en pourrois facilement avoir un, pourvu que Sa Majesté trouvât bon qu'il en envoyât un pareil aux ennemis pour un officier de pareil caractère. C'est la grâce que je vous demande et celle de me croire, etc.

Sainct-Hilaire.

Réponse en apostille : Lui mander que le Roi juge plus à propos qu'il marche avec escortes.

Saint-Hilaire au ministre de la Guerre[1].

A Valenciennes, ce 20 juillet 1709.

Monseigneur,

J'arrive de Condé, où j'ai donné tous les ordres nécessaires en ce qui regarde mon fait. Toute la poudre et munitions de guerre destinées pour ledit Condé sont parties aujourd'hui pour y aller, et je les y crois arrivées à l'heure qu'il est ; mais il y manque encore les pierres à fusil, qui se tirent de la Meuse, et la plus grande partie des armes, n'ayant pu tirer de Cambray que huit cent cinquante fusils, qui est tout ce qui y restoit. J'en tire deux mille de Namur, avec la poudre et le plomb et les pierres à fusil pour Valenciennes ; mais, comme les bateaux de la Sambre ont manqué de se trouver à point nommé, cela a retardé, et je m'en vais demain à Maubeuge pour tâcher d'accélérer.

J'ai mis dans Condé dix cadets bombardiers, vingt anciens bombardiers avec leurs officiers et cinquante hommes détachés des bataillons de Royal-Artillerie. La

1. Vol. Guerre 2151, n° 234.

compagnie de canonniers qui étoit à Namur y est aussi arrivée avec quelques-uns des officiers d'artillerie ordonnés d'augmentation.

J'ai l'honneur, etc.

SAINCT-HILAIRE.

Réponse en apostille : Il paroît que sa présence n'étoit pas inutile sur la frontière par la prompte exécution des ordres qu'il a donnés. Je crois qu'il seroit bien qu'il fît aussi un tour à Bouchain pour voir en quel état y est l'artillerie et pourvoir à ce qu'il y jugera nécessaire, si les ennemis, après l'affaire de Tournay, vouloient tourner leurs vues de ce côté.

Saint-Hilaire au ministre de la Guerre[1].

A Maubeuge, ce 22 juillet 1709.

Monseigneur,

On demande des mineurs à Valenciennes et Condé, et je n'en ai point à y fournir. Il y a longtemps que j'ai représenté que je croyois nécessaire de faire venir la compagnie de M. de Vallières, qui doit être en Alsace; mais on n'y a point eu d'égard. Si vous le jugez à propos, il n'y auroit point de temps à perdre pour les faire venir à Valenciennes, d'où on fourniroit Condé, et peut-être jugerez-vous à propos sur cette lettre de faire venir à l'avance en poste à Valenciennes le capitaine de ladite compagnie avec dix ou douze de ses meilleurs mineurs.

J'ai l'honneur, etc.

SAINCT-HILAIRE.

Réponse en apostille : J'ai envoyé l'ordre du Roi pour faire venir en poste le capitaine et dix mineurs.

1. Vol. Guerre 2151, n° 246.

Saint-Hilaire au ministre de la Guerre[1].

A Douay, le 15 août 1709.

Monseigneur,

J'ai ramassé dans toutes les places, toutefois sans les dégarnir pour leur défense, les boulets de 4 que j'ai pu pour les galiotes de Condé, et n'en ai pu rassembler que trois mille deux cent cinquante, tellement qu'il y en manque encore quatre mille, que je n'y puis fournir. Je les attendois et au delà, pour fournir à nos autres besoins imprévus; mais le sieur des Maux, maître des forges de Signy-le-Petit, qui les devoit envoyer, m'a mandé qu'il n'y peut satisfaire, attendu qu'il ne peut avoir aucune voiture. Si vous jugez qu'il soit à propos de faire passer incessamment lesdits quatre mille boulets de 4 à Condé pour les galiotes, qui autrement en pourroient manquer, je crois que vous trouverez à propos d'écrire promptement à M. l'intendant de Champagne de faire fournir avec diligence et préférence vingt chariots audit sieur des Maux, pour transporter de ses forges de Signy-le-Petit à Valenciennes ce qu'il pourra faire charger de boulets de 4 sur ces chariots.

J'ai l'honneur, etc.

SAINCT-HILAIRE.

P.-S. — Les chevaux d'artillerie de l'armée d'Allemagne sont arrivés, et je les ai mis en besogne pour reprendre notre évacuation de Valenciennes et voiturer de Maubeuge en cette ville le reste des munitions de guerre à y fournir. Tout cela ne peut aller que lentement à cause du petit nombre des chevaux par rapport à ce qui est à voiturer. Il y en a même un tiers en fort mauvais état.

1. Vol. Guerre 2152, n° 62.

Réponse en apostille : M. d'Ormesson m'a cependant mandé que, nonobstant la voiture des blés, il a envoyé soixante chevaux à Signy-le-Petit.

Saint-Hilaire au Contrôleur général[1].

A Douay, ce 16 août 1709.

Pour répondre à ce que vous m'ordonnez sur les difficultés que vous avez trouvées à la fabrique des liards que j'ai proposé de faire à Douay, j'aurois l'honneur de vous dire que la nécessité où je suis de pourvoir au bien du service dans toutes les places et à l'armée, les dettes que nous avons contractées ci-devant pour y satisfaire suivant les ordres que j'en ai reçus, et la perte de tout crédit en ce pays, m'ont fait avoir recours à ce moyen, qui m'a paru seul capable de soutenir nos affaires dans la disette où on est d'argent.

Je puis disposer, sans faire aucun préjudice ci-après au service, d'environ cinquante à soixante milliers de cuivre jaune en flans, et tout préparé pour faire des liards, et dont j'ai l'honneur de vous envoyer des échantillons, plus de douze milliers ou environ de cuivre rouge tout préparé et de vingt milliers de canon hors de service et défectueux qu'il faudra réduire en flans. Cela fera en tout quatre-vingt-douze milliers pesant. Par les confrontations que j'ai faites, j'ai trouvé qu'une livre de ce cuivre peut fournir environ quarante sous fabriqués en liards, tellement que ce fonds de métal converti pourra produire à peu près cent quatre-vingt-quatre mille livres. A la vérité, il y aura les deux tiers de cuivre jaune, au lieu que vous me marquez qu'il faudroit qu'ils fussent de cuivre rouge ; mais ne pourroit-on pas, dans le besoin où nous sommes et l'im-

1. Arch. nat., G^7 1434.

possibilité de fournir au service par le manque d'espèces, suppléer à ce défaut par une ordonnance qui donnât cours aux liards jaunes comme aux rouges. Il y en a même en ce pays de flamands qui y ont cours comme les autres.

J'espère, Monseigneur, si vous agréez que ces liards se fabriquent, que vous trouverez bon qu'ils soient employés aux très pressants besoins de l'artillerie en ce pays-ci et aux dettes que nous y avons contractées ci-devant, quand les fonds n'y sont venus presque qu'en papier depuis du temps. Ce manque de payement nous a fait absolument perdre notre crédit, et, lorsque vous trouverez bon que l'on travaille de deçà, cette apparition nous en fera trouver, lorsque l'on verra que nous pourrons payer, et ce fonds, quoique petit, nous sera très efficace dans la conjoncture présente, pour pourvoir à nos besoins les plus pressants et travailler pour les menus approvisionnements de la quantité de places de ce pays-ci, qui en sont absolument dénuées depuis bien du temps, à quoi je ne puis satisfaire sans moyens et sans crédit, et les places manqueront des choses essentielles à leur défense; car le gros ne suffit pas seulement. Et là-dessus permettez-moi de vous faire la comparaison d'un chariot qui, quoique complet, ne sauroit rouler si les essieux manquent d'esses. Les besoins pressants d'espèces que nous avons en ce pays-ci m'autorisent encore à vous demander la grâce qu'elles s'y fassent ; car de porter les matières à Paris, puis rapporter les espèces, cela consommera beaucoup de temps et de dépense, et le bénéfice s'y perdroit. Le temps passe, et nos nécessités augmentent journellement.

Quant aux frais de ces établissements, j'entreprends de les faire faire pour quatre cents livres, pourvu qu'on nous fournisse de Paris, où je sais qu'il y en a de relais, deux moulins à liards avec leurs balanciers, deux coupeurs avec leurs coupoirs et leurs instruments, et deux monnoyeurs. Nous trouverons ici des gens à un prix modique pour faire aller les balanciers, et on les payera aussi bien que les autres sur le pied de la Monnoie de Paris. Je vous demande aussi la grâce d'envoyer sur les lieux une espèce de directeur pour cette petite monnoie, et je fournirai des voitures, qui ne coûteront rien au Roi, pour aller chercher les instruments de monnoie à Paris. Je prendrai plutôt les chevaux de mon équipage, et je puis vous assurer que par mes soins cette dépense coûtera beaucoup moins qu'à Paris. Notre fonderie est un lieu très propre à cet usage.

J'ai l'honneur, etc.

Sainct-Hilaire.

Le Contrôleur général demanda encore l'avis de M. Hosdier, qui envoya, le 29 août, les observations suivantes :
« ... On a souvent trop de prévention à vouloir voir l'exécution de ce qu'on a projeté et proposé. L'objet paroît bien léger pour y insister; cette fabrication ne doit être regardée ni pour assez lucrative, ni pour assez prompte pour pouvoir, ce semble, s'y arrêter. — 1° Elle sera très peu lucrative. On n'a point de moulins de relais et inutiles dans la Monnoie de Paris, non plus que des balanciers où, dans certains temps, on pourroit bien travailler à ces menues monnoies, avec embarras pourtant, mais qu'on n'en pourroit pas déplacer. Ainsi, il en faudroit faire la dépense et la construction en entier dans un lieu où il n'y a jamais eu de monnoie, et qui dans la suite ne pourroient être bons qu'à être transportés ailleurs, où l'on n'en prévoit pas de besoin. Tous leurs équipages à faire, les fondations et autres constructions pour placer les blocs des balanciers, les ustensiles nécessaires, le transport des hommes et le reste des dépenses à faire pour un nouvel établissement de monnoie, les gages et droits qui seroient à payer, le tout accumulé fait conclure que la meilleure partie du fonds qui proviendroit, la première année, de cette fabrication s'absorberoit en dépenses à prélever; — 2° cette fabrication ne pourroit être que très lente par

rapport aux besoins, et c'est sur quoi M. de Saint-Hilaire, à qui on en a écrit, ne répond rien. Un balancier ne pourroit faire au plus par jour que vingt mille pièces, et en toute une année ne pourroit rendre de produit que quarante mille livres. Sur ce pied, y a-t-il lieu de se donner les mouvements nécessaires pour une si stérile et si infructueuse entreprise, et d'envoyer directeur de monnoie et monnoyeurs et autres ouvriers, même quelque inspecteur et juge-garde et officier public, qu'il faudroit de nécessité y établir, attendu que tout ce qui s'appelle fabrication de monnoie doit se faire avec règle et est d'une importance infinie par toutes les opérations qui en font partie et dont chaque instrument et ustensile ne doit point se perdre de vue. — M. Desmaretz a mandé à M. de Saint-Hilaire que, s'il se trouvoit une assez grande quantité de matières à Douay pour faire connoître de l'avantage dans sa proposition, on pourroit au plus y faire un moulin afin d'y dégrossir les lames des fontes de la belle fonderie qui y est et y faire ajuster les flans, et qu'il n'y auroit qu'à les envoyer à Paris pour y être monnoyés sur les petits balanciers qui ne seront pas toujours occupés, ce qui retrancheroit beaucoup la dépense qu'on ne pourroit se dispenser de faire à Douay, si on donnoit dans sa proposition. Il combat cette pensée en disant que cela seroit plus à charge. Les quatre-vingt-douze milliers de cuivre ne paroissent point du tout un objet suffisant pour aller faire ce nouvel établissement. On n'est point accoutumé à voir des liards de cuivre jaune, et ce seroit une nouveauté qui rendroit cette espèce très méprisable. »

Saint-Hilaire au ministre de la Guerre[1].

A Mons, le 24 août 1709.

Monseigneur,
En passant en dernier lieu à Valenciennes, j'y ai appris

1. Vol. Guerre 2452, n° 94.

que M. de la Frezelière prétendoit y retenir dix mortiers de huit pouces et six mille quatre cents bombes de ce calibre, au par-dessus de ce qui a été réglé pour l'approvisionnement de cette place, lesquels mortiers et bombes proviennent de l'évacuation de Douay et devoient passer outre, conformément aux ordres que j'ai reçus. Je ne sais si Sa Majesté a consenti à ce superflu en l'état où est la place, et par rapport au besoin qu'il pourroit ci-après en faire ailleurs; mais il est certain que mondit sieur de la Frezelière, qui commande dans cette place et qui voudroit bien être dans l'abondance desdites choses, ne les laissera pas sortir que par l'ordre que vous lui en envoierez, si vous le jugez à propos.

Il a aussi retenu quatre mille livres de salpêtre et une quantité de soufre de la campagne, qui devoient passer au moulin de Brebières pour y faire de la poudre, quoiqu'il me paroisse que d'ailleurs la place est assez approvisionnée de ces espèces.

J'ai l'honneur, etc.

Sainct-Hilaire.

Réponse en apostille : La laisser à Valenciennes, et le mander à M. de Saint-Hilaire; on verra à la fin de la campagne ce qu'il faudra faire.

Saint-Hilaire au ministre de la Guerre[1].

Au camp près le Quesnoy, le 14 septembre 1709.

Monseigneur,

J'ai muni toutes les places du Roi ainsi qu'il m'a été ordonné. Nous sortons d'un combat dans lequel j'ai rempli tous mes devoirs. J'ai reformé l'équipage d'artillerie de l'armée. J'avois obtenu avant la campagne un congé pour prendre des eaux et tâcher de rétablir ma santé qui s'al-

---

1. Vol. Guerre 2138, n° 463.

tère de plus en plus, étant menacé de la pierre et ayant plusieurs autres incommodités. J'ai renoncé à ce congé, lorsque j'ai cru être nécessaire en ce pays-ci. A présent, je vous demande la grâce, Monseigneur, de vouloir bien faire trouver bon à Sa Majesté que je m'en retourne incessamment en France, et profite du reste de la saison pour tâcher d'éviter un plus grand mal, dont je suis menacé.

J'ai l'honneur, etc.

SAINCT-HILAIRE.

Réponse en apostille : Bon.

Saint-Hilaire au ministre de la Guerre[1].

Au camp près le Quesnoy, le 20 septembre 1709.

Monseigneur,

J'ai déjà eu l'honneur de vous demander votre protection pour obtenir de la grâce de Sa Majesté le gouvernement de Gravelines. Du depuis, Mgr le duc du Maine m'a mandé qu'il avoit eu la bonté de le demander au Roi pour moi avec instance et que Sa Majesté, étant contente des derniers services que j'ai rendus, lui avoit dit de vous en écrire pour servir de mémoire, lorsqu'elle distribuera ses grâces, ce qu'il a fait, vous recommandant fort cette affaire.

Permettez-moi donc, Monseigneur, de vous faire mes très humbles prières de vous souvenir de moi en ce rencontre par préférence ; je vous en aurai une obligation infinie. Sur cela, il y a le tour d'ami à donner, et vous savez que j'ai toujours été votre serviteur. Je suis un des plus anciens lieutenants généraux de cette armée, et j'ai eu la douleur d'en voir quantité d'autres pourvus moins anciens que moi. Il y a quarante-trois ans que j'ai l'honneur de servir dans un métier rude, ingrat et pénible. J'y ai reçu quantité de blessures, dont je suis très incommodé, et y

1. Vol. Guerre 2139, n° 113.

ai acquis quelque réputation. Enfin, Monseigneur, je vous devrai, si vous le voulez, une récompense honnête et une satisfaction publique de mes services. C'est la grâce que je prends la liberté de vous demander et de me croire, etc.

SAINCT-HILAIRE.

Madame de Saint-Hilaire au ministre de la Guerre[1].

A Paris, ce 28 septembre [1709].

Quoique l'on m'assure que les deux gouvernements sont donnés, je ne laisse pas, Monsieur, de prendre la liberté de vous en demander la certitude. S'il est vrai que M. du Barailh en ait obtenu un, il a pris sur cela un chemin bien différent que celui de M. de Saint-Hilaire, puisqu'il a été aux eaux et que M. de Saint-Hilaire y a renoncé et interrompu ses remèdes pour faire la campagne; mais, s'il a mal réussi du côté de la récompense, il n'a pas perdu son temps du côté de la gloire, par rapport même aux ennemis. Mme la comtesse de Canillac vous pourra dire, Monsieur, qu'un officier des mousquetaires, qui est revenu sur sa parole, assure que le prince Eugène lui a dit qu'il n'avoit jamais vu l'artillerie de France si bien disposée ni si bien servie et que celui qui la commandoit méritoit beaucoup de louange. Cela est un peu creux; mais, quand on n'a rien de solide, il faut s'en contenter. Je ne vous dis pas ces choses, Monsieur, par manière de reproche, certainement je pense tout autrement, mais seulement pour me décharger un peu le cœur et pour m'attirer une lettre de consolation.

Je suis, Monsieur, très respectueusement votre très humble et très obéissante servante.

JAUCOURT SAINT-HILAIRE.

1. Vol. Guerre 2139, n° 316.

Madame de Saint-Hilaire au ministre de la Guerre[1].

A Paris, ce 30 septembre [1709].

La lettre que vous m'avez fait l'honneur de m'écrire, Monsieur, rétablit entièrement mes espérances au sujet d'un des gouvernements vacants; car, ayant votre protection, tout est favorable pour M. de Saint-Hilaire, ces grâces-là ne s'attribuant pas par intrigues, mais par rapport aux services passés, présents et à venir, des bons serviteurs de Sa Majesté. J'avoue que, dans tous les cas, ceux de M. du Barailh me paroissent peu comparables, même à tous égards. L'examen étant fait par une personne aussi judicieuse que vous, Monsieur, j'ai tout lieu de me flatter que M. de Saint-Hilaire pourra être préféré.

J'ai mille grâces très humbles à vous rendre, Monsieur, de la diligence avec laquelle vous avez eu la bonté de répondre à ma lettre. Je ressens cela comme je le dois et suis, Monsieur, avec respect votre très humble et très obéissante servante.

JAUCOURT SAINT-HILAIRE.

Le duc du Maine au ministre de la Guerre[2].

A Versailles, le 10ᵉ mars 1710.

M. de Saint-Hilaire, Monsieur, demande le gouvernement de Sarrelouis. Il y a longtemps qu'il est sur les rangs pour en avoir un, et, les incommodités qui restent après de longs services le mettant aujourd'hui au point de ne pouvoir plus faire de campagne entière, le Roi trouveroit, en lui accordant ce gouvernement, le moyen de le récompenser et d'avoir en Flandres un chef de l'artillerie plus en état d'agir et d'y servir plus assidûment qu'il ne

---

1. Vol. Guerre 2139, n° 400.
2. Vol. Guerre 2219, n° 248.

peut faire. Comme il fut question, dès l'année passée, de tâcher à lui faire quelque semblable grâce pour pouvoir mettre un autre commandant de l'artillerie dans ce département, si vous voulez bien, Monsieur, en rendre compte au Roi, peut-être Sa Majesté se détermineroit en sa faveur. Il est tout disposé à résider à Sarrelouis.

L.-A. DE BOURBON.

Réponse en apostille : J'en ai rendu compte au Roi; Sa Majesté en a entendu la lecture; mais elle ne s'est pas encore expliquée sur ledit gouvernement.

Saint-Hilaire au ministre de la Guerre[1].

A Paris, le 20 mars 1710.

Monseigneur,

On me mande de Landrecies du 16 que M. Doujat y vint le 14 et, de concert avec M. Du Pont, qui commande dans la place, ordonna aux officiers d'artillerie de vider une des deux granges de la basse ville que vous eûtes la bonté de me faire donner, le mois d'août dernier, pour resserrer les affûts de pièces de batterie remis à Landrecies, afin de remettre ladite grange au sieur Farget pour y resserrer des avoines, tellement que tous lesdits affûts vont être exposés à l'injure du temps et se perdront en peu de temps, et que, lorsqu'on en pourra avoir besoin, on ne trouvera plus de bois propre fort loin à la ronde pour faire quatre-vingts pareils affûts à ceux qu'on veut sortir de cette grange. Il y a sur la place à Landrecies une petite grange à la ville, où on pourroit mettre lesdites avoines sans rien déranger, et, pour supplément, se servir du cloître du couvent près le gouvernement, et autres lieux dans la ville. J'ai cru, Monseigneur, que je devois avoir l'honneur de vous représenter toutes ces choses,

---

1. Vol. Guerre 2219, n° 289.

afin que vous puissiez donner là-dessus les ordres que vous jugerez convenables.

J'ai l'honneur, etc.

SAINCT-HILAIRE.

P.-S. — Pour remettre quatre-vingts pareils affûts sur pied pareils à ceux qui vont se perdre, il faudra une dépense de près de quarante mille livres et trois à quatre mois pour les faire.

Réponse en apostille : On ne peut pas se dispenser présentement de faire mettre à couvert les avoines; lorsqu'elles seront consommées, qui sera dans deux mois, on remettra les affûts à couvert.

Saint-Hilaire au ministre de la Guerre[1].

A Garches, le 24 octobre 1710.

Monseigneur,

J'ai l'honneur de vous envoyer une lettre que je reçus hier d'Hongrie par la voie de M. le marquis de Torcy. Elle est d'un homme qui me fut envoyé, il y a quatre ou cinq ans, par M. de Chamillart pour faire une épreuve d'une espèce de mantelet portatif à l'épreuve du mousquet, que j'ai jugé de bon service. Je fus obligé alors de faire un voyage de quinze jours en Flandres. Je le remis à mon retour pour en faire une seconde épreuve devant M. le maréchal de Vauban, et ensuite essayer de la faire voir à Sa Majesté comme une chose utile à son service; mais il ne revint point, et je n'ai pas pu depuis avoir de ses nouvelles, quelque perquisition que j'en aie faite. Je ne sais rien non plus de son histoire, pour laquelle il demande sûreté pour son retour en France, et ne l'ai vu que lors de ladite épreuve. Il me parut avoir du génie.

Si vous jugez sa lettre de quelque considération, vous

---

1. Vol. Guerre 2244, n° 310.

pourriez faire informer de lui plus particulièrement par M. des Alleurs, ambassadeur du Roi à Constantinople, et vous aurez la bonté de me faire savoir ce que vous souhaitez que je réponde à cet officier.

J'ai l'honneur, etc.

Sainct-Hilaire.

A cette lettre est jointe la lettre suivante :

Monsieur,

Je crois que vous vous souviendrez que j'ai été envoyé de Versailles auprès de vous, pour examiner un parapet portative (*sic*) dont elle fit l'épreuve dans l'Arsenal et que vous trouvâtes bon, et même vous m'aviez ordonné de me tenir prêt pour le faire voir à Sa Majesté, ce que j'aurois exécuté de tout mon cœur, s'il ne s'étoit présenté quelque chose à ma charge qui m'a obligé de passer auprès des Alliés, qui m'ont employé d'abord, où, n'étant pas éloigné de Son Altesse Électorale de Bavière, qui, entendant parler différemment de moi, me fit dire que je lui ferois plaisir de ne pas agir contre la France et que, si je voulois passer auprès d'elle à Mons, qu'elle me rendroit content, ce qui ne se pouvoit directement faire. J'ai cependant quitté leur service et passé à celui du czar de Moscovie, où j'ai eu l'honneur de servir pendant quelques mois comme lieutenant-colonel, et ensuite de colonel d'artillerie pendant deux ans, avec la paye de général major, ayant rendu des services considérables à ce prince, à la connoissance de tout le monde, par une nouvelle artillerie, dont quelques ministres de S. A. S. le prince Ragotzi étant bien informés, m'ont fait de fréquentes sollicitations pour retourner en France par la Hongrie, où je fais travailler à ladite artillerie sous le même caractère et avec la même paye, qui est de trois cents écus par mois. Son Altesse m'a fait l'honneur de me dire qu'aussitôt que les travaux seront bien en train, qu'elle me fera passer en

France sous sa recommandation, ce que je suivrai de tout mon cœur, dans l'espérance que Monsieur aura la bonté de me procurer de Sa Majesté des assurances comme je ne serai point inquiété au sujet de mes affaires passées. Vous pourrez me les faire tenir par le moyen de M. le marquis des Alleurs à Constantinople. Vous obligerez sensiblement une personne qui vous sera toujours très dévouée et qui est avec respect de tout son cœur, Monsieur, votre très humble et très obéissant serviteur.

Le Maistre.

A Munkacs, ce 29 juillet 1710.

Adresse de Monsieur Le Maistre, colonel d'artillerie au service de S. A. S. le prince Ragotzi, par Constantinople.

Réponse du ministre en apostille : Lui écrire d'expliquer auparavant quelle affaire il a eue en France.

SOMMAIRE

DU TOME CINQUIÈME.

TROISIÈME PARTIE DES MÉMOIRES, 1697-1715 (suite).

ANNÉE 1707. — Les troupes françaises quittent l'Italie, p. 1-3. — Campagne de Flandre; forces des armées; mouvements de l'Électeur de Bavière, 3-8. — La campagne se passe en marches, sans combats importants, 8-13.

Campagne d'Allemagne : l'armée française est commandée par Villars, l'armée ennemie par le marquis de Bareith; leurs effectifs, p. 13-14. — Lignes de Stolhoffen ou de Bühl, 14-15. — Villars passe le Rhin; expédition du marquis de Vivans, 15-20. — Les Français dans le duché de Bade et le Würtemberg; prise de Stuttgart, 20-23. — Passage du Neckar; le général Jahnus est défait à Lorch, 23-26. — Prise de Gmünd; retraite des ennemis vers le Rhin, 26-29. — Villars se rapproche du Rhin; occupation de Manheim et d'Heidelberg; l'armée ennemie campée près de Spire, 29-33. — Villars la poursuit; canonnade de Dourlach; Villars à Rastadt, 33-37. — Le marquis de Bareith est remplacé par le général Thungen, puis par l'électeur de Hanovre; Vivans à Offenbourg; il est surpris et battu, 37-40. — Fin de la campagne, 41.

Expédition des Impériaux dans le royaume de Naples; prise de Naples et de Gaëte, p. 41-46.

Campagne de Dauphiné et de Provence : le maréchal de Tessé opposé à l'armée du duc de Savoie et du prince Eugène qui tente d'envahir la Provence, p. 46-49. — Sailly défend le passage du Var; les Alliés marchent sur Toulon; préparatifs de défense de la ville, 49-53. — Siège de Toulon, combat de Sainte-Catherine; levée du siège et retraite précipitée du duc de Savoie, 53-59.

Campagne d'Espagne : le maréchal de Berwick y commande; force de son armée, p. 59-61. — Bataille d'Almanza; belle conduite d'Asfeld; retraite de lord Gallway, p. 61-70. — Le duc d'Orléans arrive à l'armée; suites de la victoire d'Almanza, 70-75. — Lord Gallway repoussé en Catalogne, 75-76. — Campagne du duc de Noailles en Catalogne, 76-78. — Expédition du duc d'Ossone et du marquis de Bay en Portugal; prise de Ciudad-Rodrigo, 78-81. — Siège de Lérida par le duc d'Orléans; prise de la ville, 81-85. — Le prince de Darmstadt se retire dans le château; diversion tentée par Gallway; prise du château, 85-90. — Petits succès de Joffreville et d'Arènes, 90-92. — Les Alliés s'emparent de la Sardaigne et de Minorque, 92-94. — La flotte anglaise détruite par la tempête aux îles Scilly, 94. — Expéditions navales du chevalier de Forbin, 95-96.

Affaire de la principauté de Neuchâtel, p. 97-100.

ANNÉE 1708. — Entreprise manquée sur l'Écosse, p. 100-106.

Campagne de Dauphiné : le duc de Savoie, contenu par Villars, ne peut rien faire, p. 106-109.

Campagne d'Espagne : siège et prise de Tortose; siège d'Alicante, p. 109-114.

Campagne de Flandre : le duc de Bourgogne et Vendôme commandent l'armée française, Eugène et Marlborough celle des Alliés; premiers mouvements, p. 114-116. — L'artillerie de l'armée en danger; bonnes dispositions de Saint-Hilaire, 116-124. — Incertitude des mouvements des ennemis; position fâcheuse de l'armée française, 124-127. — Bataille d'Audenarde; retraite des Français sous Gand, 127-138. — Renforts amenés par le maréchal de Berwick; les Alliés rasent les lignes d'Ypres, 138-139. — Siège de Lille par le prince Eugène; Marlborough commande l'armée d'observation; la ville défendue par Boufflers; commencement du siège, 139-141. — Tentatives malheureuses pour secourir Lille; l'armée française se retire à Tournay, 141-148. — Journal du siège de Lille; le chevalier de Luxembourg introduit de la poudre dans la ville, 148-153. — Situation de l'armée française; le comte de la Motte battu à Couckelaere, 153-156. — Vendôme s'en va à Bruges; continuation du siège de Lille, 156-159. — Capitulation de Lille; Boufflers se retire dans la citadelle, 159-160. — Expédition manquée de l'Électeur de Bavière sur Bruxelles, 160-164. — Siège et prise de la citadelle de Lille, 164-167.

Campagne d'Allemagne : se passe sans événement marquant, p. 167-168.

Expéditions maritimes, p. 168-169.

Les Alliés s'emparent de Bruges et de Gand, p. 169-171. — Projet du maréchal de Boufflers pour reprendre Lille, 172.

Année 1709. — Campagne de Flandre : positions des deux armées, p. 173-175. — Marlborough assiège Tournay et s'en empare, ainsi que de la citadelle, 175-180. — Mouvements du maréchal de Villars; Artagnan prend Warneton et Nangis l'abbaye d'Hasnon, 180-183. — Le maréchal de Boufflers joint l'armée; marche sur Blaugies et Malplaquet; préparatifs de bataille, 183-186. — Bataille de Malplaquet; description du terrain et du combat; Villars blessé, 183-193.

Campagne d'Allemagne : Harcourt commande l'armée française; ses dispositions, p. 193-194. — Expédition du comte de Mercy sur la Franche-Comté; il est battu par du Bourg à Rumersheim, 194-198.

Campagne de Dauphiné : Berwick s'oppose au duc de Savoie; Dillon bat Rhebinder à la Vachette, p. 198-200.

Campagne d'Espagne : commandement du maréchal de Bezons; intrigues du duc d'Orléans; pas d'événements marquants, p. 200-204. — Succès du marquis de Bay contre les Portugais, 204-205.

Négociations entamées pour la paix, p. 205-207. — Torcy se rend à la Haye; propositions excessives des Alliés, 207-210. — Lettre circulaire du Roi à ses peuples; retraite de Chamillart, 210-211. — Expéditions maritimes, 212. — Mort des princes de Condé et de Conti; affaire du cardinal Ottoboni, 212-214. — Histoire du monastère de Port-Royal; les jansénistes; destruction de Port-Royal-des-Champs, 214-225.

Année 1710. — Reprise des négociations; conférences de Gertruydenberg; exigences des Alliés; rupture des conférences, p. 225-236.

Campagne de Flandre : Eugène et Marlborough opposés à Villars et à Montesquiou, p. 236-239. — Siège de Douay par les Alliés; mouvements de Villars; prise de la ville, 239-244. — Prise de Béthune, d'Aire et de Saint-Venant, 244-246. — Villars quitte l'armée et est remplacé par Harcourt, 246-247.

Campagne d'Allemagne, p. 247.

Campagne de Dauphiné, p. 248-249.

Campagne d'Espagne : complots parmi les grands, p. 249-250. — Combats sur les frontières de Portugal, 250-251. — Stahrenberg en Aragon; il bat les Espagnols à Saragosse, 251-254. — Philippe V se retire à Valladolid; il y est rejoint par Vendôme, 255-256. — L'Archiduc à Madrid; il doit se retirer devant les troupes espagnoles, 256-257. — Vendôme force les Anglais à Brihuega et bat Stahrenberg à Villaviciosa, 257-262.

Débarquement ennemi à Cette, p. 262-263. — Évasion du cardinal de Bouillon, 263-265. — Morts de l'année; brefs du Pape condamnés au Parlement; édits bursaux, taxe du dixième, 265-270.

APPENDICE. — I. Lettres relatives à la bataille d'Almanza, p. 271. — II. Expéditions maritimes du chevalier de Forbin en 1707, 278. — III. Capitulation de Tournay en 1709, 286. — IV. Correspondance de Saint-Hilaire, années 1707-1710, 287-336.

Nogent-le-Rotrou, imprimerie DAUPELEY-GOUVERNEUR.

Ouvrages publiés par la Société de l'Histoire de France
depuis sa fondation en 1834.

In-octavo à 9 francs le volume, 7 francs pour les Membres de la Société.

Ouvrages épuisés.

L'Ystoire de li Normant. 1 vol.
Lettres de Mazarin. 1 vol.
Villehardouin. 1 vol.
Histoire des Ducs de Normandie. 1 vol.
Grégoire de Tours. Histoire ecclésiast. des Francs. 4 v.
Beaumanoir. Coutumes de Beauvoisis. 2 vol.
Mémoires de Coligny-Saligny. 1 vol.
Mémoires et Lettres de Marguerite de Valois. 1 vol.
Comptes de l'Argenterie des rois de France. 1 vol.
Mémoires de Cosnac. 2 vol.
Journal d'un Bourgeois de Paris sous François Ier. 1 v.
Chroniques des Comtes d'Anjou. 1 vol.
Lettres de Marguerite d'Angoulême. 2 vol.
Joinville. Hist. de saint Louis. 1 v.
Chronique des quatre premiers Valois. 1 vol.
Guillaume de Nangis. 2 vol.
Mém. de P. de Fenin. 1 vol.
Œuvres de Suger. 1 vol.
Histoire de Bayart. 1 vol.
Procès de Jeanne d'Arc. 5 v.
Chronique de Morée. 1 vol.

Ouvrages épuisés en partie.

Œuvres d'Éginhard. 2 vol.
Barbier. Journal du règne de Louis XV. 4 vol.
Mémoires de Ph. de Commynes. 3 vol.
Registres de l'Hôtel de Ville pendant la Fronde. 3 vol.
Choix de Mazarinades. 2 vol.
Hist. de Charles VII et de Louis XI, par Th. Basin. 4 v.
Grégoire de Tours. Œuvres diverses. 4 vol.
Chron. de Monstrelet. 6 vol.
Chron. de J. de Wavrin. 3 vol.
Journal et Mémoires du marquis d'Argenson. 9 vol.
Œuvres de Brantôme. 11 v.
Commentaires et Lettres de Blaise de Monluc. 5 vol.
Mém. de Bassompierre. 4 vol.
Bibliographie des Mazarinades. 3 vol.
Chanson de la Croisade contre les Albigeois. 2 vol.
L'Histoire de Guillaume le Maréchal. 3 vol.
Mémoires de Souvigny. 3 vol.

Ouvrages non épuisés.

Orderic Vital. 5 vol.
Corresp. de Maximilien et de Marguerite. 2 vol.
Richer. Hist. des Francs. 2 v.
Le Nain de Tillemont. Vie de saint Louis. 6 vol.
Mém. de Mathieu Molé. 4 v.
Miracles de S. Benoît. 1 vol.
Mém. de Beauvais-Nangis. 1 v.
Chronique de Mathieu d'Escouchy. 3 vol.
Pièces inédites du règne de Charles VI. 2 vol.
Comptes de l'hôtel. 1 vol.
Rouleaux des morts. 1 vol.
Mém. et corresp. de Mme du Plessis-Mornay. 2 vol.
Chron. des églises d'Anjou. 1 v.
Introduction aux chroniques des comtes d'Anjou. 1 vol.
Chroniques de J. Froissart. T. I à XI. 13 vol.
Chroniques d'Ernoul et de Bernard le Trésorier. 1 v.
Annales de S.-Bertin et de S.-Vaast d'Arras. 1 vol.
Histoire de Béarn et de Navarre. 1 vol.
Chroniques de Saint-Martial de Limoges. 1 vol.
Nouveau recueil de comptes de l'argenterie. 1 vol.
Chronique du duc Louis II de Bourbon. 1 vol.
Chronique de J. Le Fèvre de Saint-Remy. 2 vol.
Récits d'un ménestrel de Reims au XIIIe siècle. 1 v.
Lettres d'Ant. de Bourbon et de Jeanne d'Albret. 1 vol.
Mém. de La Huguerye. 3 vol.
Anecdotes et apologues d'Étienne de Bourbon. 1 vol.
Extraits des auteurs grecs concern. les Gaules. 6 vol.
Mémoires de N. Goulas. 3 v.
Gestes des évêques de Cambrai. 1 vol.
Établissements de St Louis. 4 vol.
Chron. normande du XIVe s. 1 v.
Relation de Spanheim. 1 vol.
Œuvres de Rigord et de Guillaume le Breton. 2 v.
Mém. d'Ol. de la Marche. 4 vol.
Lettres de Louis XI. 11 vol.
Mémoires de Villars. 6 vol.
Notices et documents, 1884. 1 v.
Journal de Nic. de Baye. 2 v.
La Règle du Temple. 1 vol.
Hist. univ. d'Agrippa d'Aubigné. 10 vol.

Le Jouvencel. 2 vol.
Chron. de Jean d'Auton. 4 vol.
Chron. d'A. de Richemont. 1 v.
Chronographia regum Francorum. 3 vol.
Mémoires de Du Plessis-Besançon. 1 vol.
Éphém. de la Huguerye. 1 vol.
Hist. de Gaston IV, comte de Foix. 2 vol.
Mémoires de Gourville. 2 vol.
Journal de J. de Roye. 2 vol.
Chron. de Richard Lescot. 1 v.
Brantôme, vie et écrits. 1 vol.
Journal de J. Barrillon. 2 v.
Lettres de Charles VIII. 5 v.
Mém. du chev. de Quincy. 3 v.
Chron. de Morosini. 4 vol.
Doc. sur l'Inquisition. 2 vol.
Mém. du vic. de Turenne. 1 vol.
Chron. de Perceval de Cagny. 1 vol.
Journal de J. Vallier. T. I et II.
Mém. de St-Hilaire. T. I à V.
Journal de Fauquembergue. T. I et II.
Chron. de Jean le Bel. 2 v.
Mémoriaux du Conseil. 3 vol.
Chron. de G. Le Muisit. 1 vol.
Rapports et Notices sur les Mém. de Richelieu. T. I.
Mém. de Richelieu. T. I à III.
Mémoires de M. et G. du Bellay. T. I à III.
Mém. du mar. de Turenne. 2 vol.
Grandes Chroniques de France. T. I.
Mém. du mar. d'Estrées. 1 vol.
Corresp. de Vivonne relative a Candie. 1 vol.
Correspondance du chevalier de Sévigné. 1 vol.
Lettres du duc de Bourgogne. T. I.
Mém. de Beaulieu-Persac. 1 v.
Mém. de Florange. T. I.
Histoire de la Ligue. T. I.
Corr. de Vivonne relative a Messine. T. 1.

SOUS PRESSE :

Lettres du duc de Bourgogne. T. II.
Mém. de Mercoyrol de Beaulieu.
Mém. de Florange. T. II.
Mém. de Richelieu. T. IV.
Mém. de Du Bellay. T. IV.

ANNUAIRES, BULLETINS ET ANNUAIRES-BULLETINS (1834-1913).

In-18 et in-8e, à 2 et 5 francs.

(Pour la liste détaillée, voir à la fin de l'Annuaire-Bulletin de chaque année.)

Nogent-le-Rotrou, imprimerie Daupeley-Gouverneur.

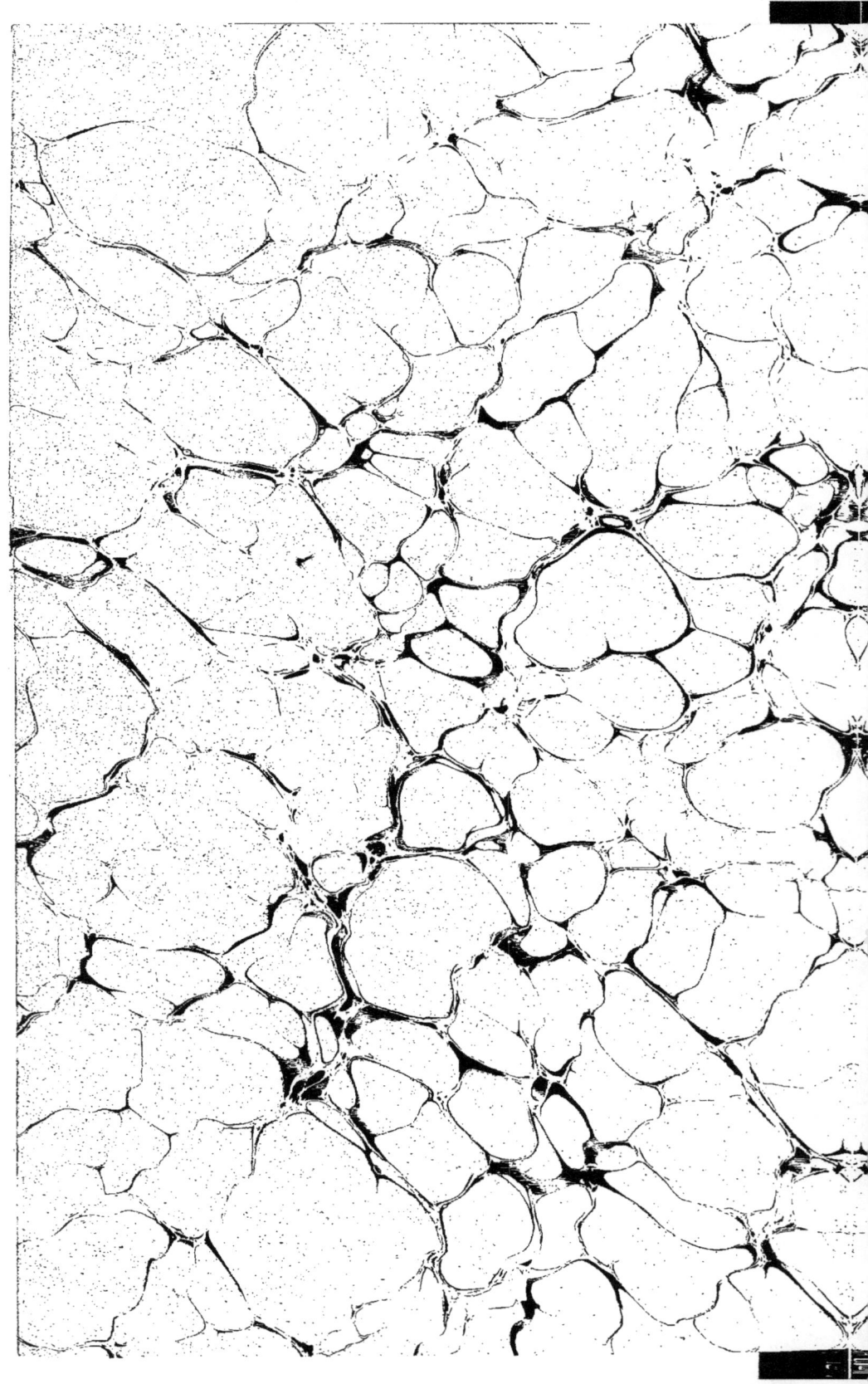

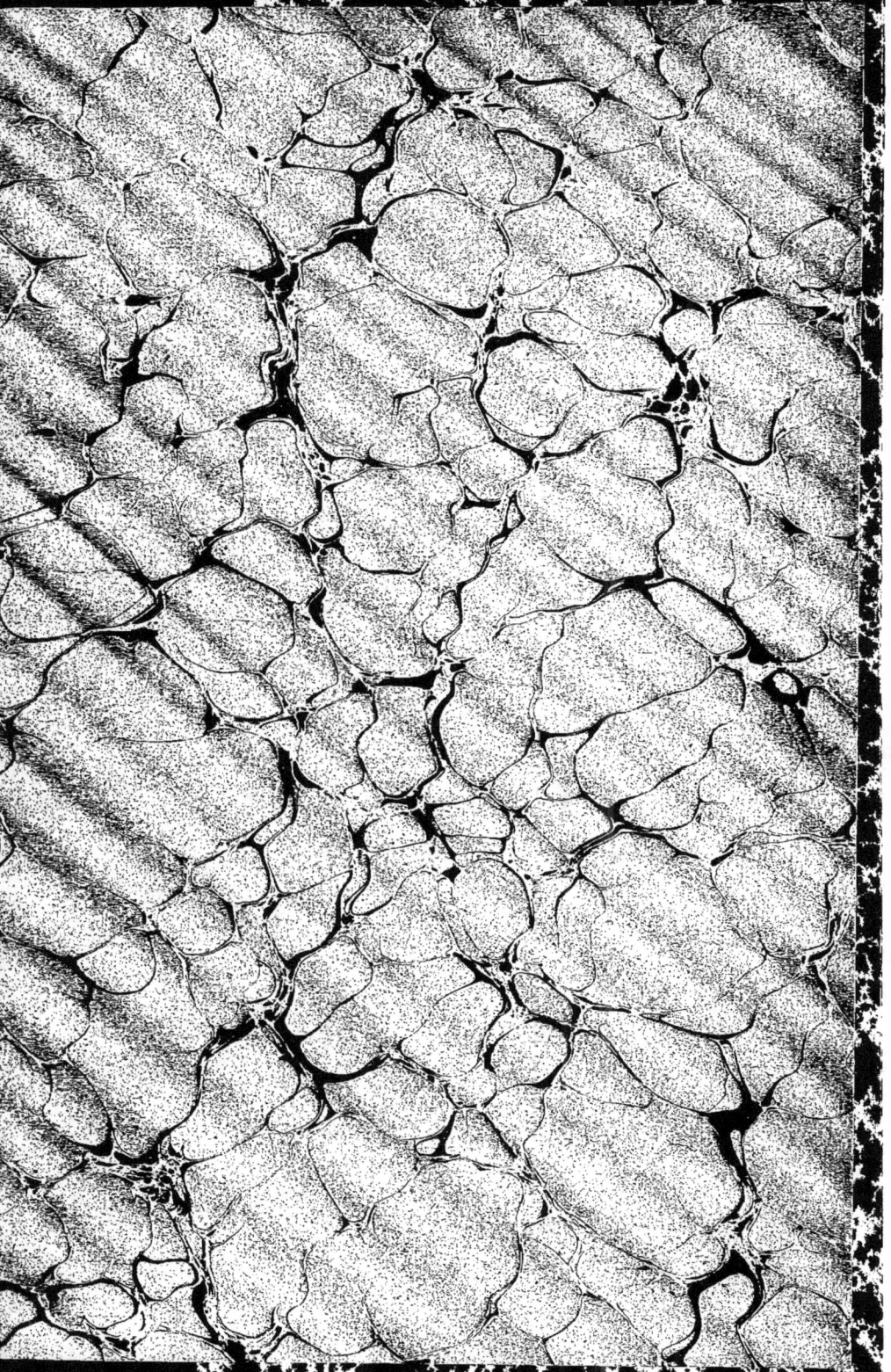

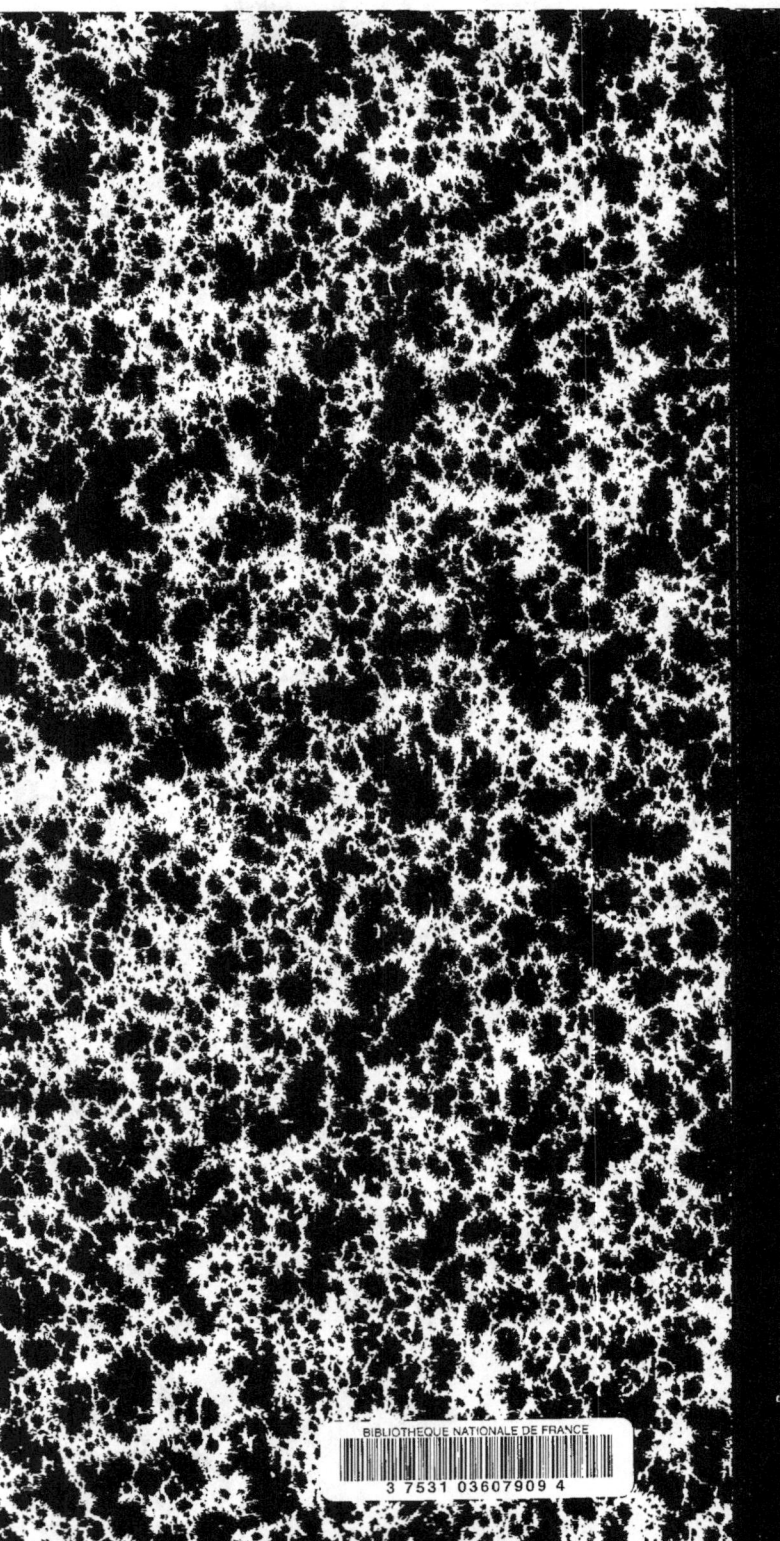

www.ingramcontent.com/pod-product-compliance
Lightning Source LLC
Chambersburg PA
CBHW050253170426
43202CB00011B/1663